慈愛と福祉　岡山の先駆者たち

2

発刊のごあいさつ

公益財団法人 山陽放送学術文化財団　理事長　桑田　茂

「福祉は人そのものである」とよくいわれます。人が人として幸せに生きる条件を整えることだからです。福祉という言葉さえなかった時代から、様々な困難・苦難のなかにあって人々の生活を守り、その実現のために血の滲むような努力をしてきた多くの先駆者たちがいます。

岡山孤児院を開設し、三千人の孤児の父となった石井十次は、「愛の道に坂なし。大胆の中に妙法あり」といって、子どもたちに愛を伝えていくことで福祉を実践。自立して共に生きる社会や生活を保障し援助する仕組みを具現化してきました。また、家庭学校を創設し日本の感化救済事業の基礎を創った留岡幸助、日本にセツルメント（地域総合生活支援）をもたらしたA・P・アダムス、救世軍を日本に創設し社会鍋や慈善病院、廃娼運動などを展開した山室軍平らの生涯をかけた挺身も特筆すべき史実です。

彼らの理念や行動力は全国的にも高く評価され、それを引き継いだ多くの人たちの努力によって、世界に冠たる福祉制度が整備され、福祉施設も開設されてきました。しかし、郷土ゆかりの先人たちが日本の福祉の道を切り拓いてきたことは意外に知られていません。

本書は、この史実をより多くの県民に知っていただくため、公益財団法人山陽放送学術文化財団が主催し岡山日蘭協会が共催して、一昨年6月から開催してきたシンポジウム「慈愛と福祉の先駆者たち」（全8回）の後半4回分をまとめたものです。

シンポジウムでは、講師の先生方から時代と格闘してきた先人たちの信念や勇気、開拓性や実行性、そして今後の研究課題までもが浮き彫りにされました。また、ご清聴いただいた皆さまからも「先人の功績や思想を学び直したい」という声が多く寄せられていることから、第1巻に続きシンポジウムを記録集として刊行、郷土の文化遺産として継承することにいたしました。

最後になりましたが、シンポジウムの開催とその出版にひとかたならぬご協力を賜りました皆さまに深く感謝申し上げます。

２０２０年４月

『慈愛と福祉 岡山の先駆者たち2』の発刊に寄せて

岡山日蘭協会 会長　越宗 孝昌

岡山は「福祉の先進県」と呼ばれています。その潮流を辿るべく、明治期以降、福祉や社会事業で先導的な役割を果たした岡山ゆかりの人物に焦点を当てた連続シンポジウム「慈愛と福祉の先駆者たち」を２０１８年６月から今年２月まで計８回開催してきました。このたび発刊された「慈愛と福祉岡山の先駆者たち２」は、２０１９年度開催の４回分をまとめたもので、第１巻と合わせてすべてを網羅する形となります。

連続シンポにおいて、講師陣が示された内容は、歴史的事実だけではなく、目の前にいる社会的弱者を何とか救いたいとの強い思いをもって行動する先人の内面にまで踏み込んでいます。今回収録されたのは、山室軍平、アリス・ペテー・アダムス、三木行治、田渕藤太郎、三宅精一です。他の３人と比べると知名度は劣りますが、田渕は大正期に岡山県内初の養老院（老人ホーム）を開設して高齢者支援に先鞭をつけ、三宅は戦後に世界初の点字ブロックを考案するなどバリアフリー社会に光を当てた事業家です。この１冊には先進県のルーツを知る手掛かりが詰まっていることはもちろん、私どもの生き方に重要な示唆を与えてくれるものがあると感じています。

２０１４年11月に発足した岡山日蘭協会の核となる事業として翌年４月に公益財団法人山陽放送学

術文化財団主催、岡山日蘭協会共催という形で始まった連続シンポは、日本の近代化を牽引した岡山ゆかりの蘭学者を紹介する「岡山蘭学の群像」が２０１８年2月で10回を数えたのを機に、新シリーズ「慈愛と福祉の先駆者たち」がスタートしました。

明治維新の後、新政府が富国強兵・殖産興業に邁進した陰で貧富の差が拡大、デフレ政策や相次ぐ戦争、災害により全国の農山漁村は疲弊し、餓死者も多数出る状況がありました。この事態に岡山県内では、石井十次や大原孫三郎ら社会福祉の未来を切りひらく〝巨星〟が出現。各地でも篤志家が生活援助のための「講」を立ち上げたり、僧侶と医師がチームを組んで貧窮者を無料で治療するなどの相互扶助や保健衛生の取り組みが展開されました。その背景には、蘭学者がもたらした西洋医学や社会科学の影響があったといわれています。

山陽放送学術文化財団は半世紀以上にわたり医歯薬学、理学、工学、農学、人文社会科学の５分野で、岡山、香川両県の研究者を対象に基礎研究の助成事業を継続してこられました。学術調査や研究会・講演会、書籍発刊などを通して地域の歴史発掘と文化の継承にも努められております。

連続シンポ「慈愛と福祉の先駆者たち」の質的高さも山陽放送学術文化財団ならではのものです。多くの方々が福祉の先進県の潮流に触れることで、地域における助け合いの輪がなお一層広がっていくことを願い、「慈愛と福祉　岡山の先駆者たち2」発刊のお祝いの言葉といたします。

２０２０年４月

目次

山室軍平　社会鍋と救済事業 地の塩となった社会事業家

2019年6月6日（木）●山陽新聞社さん太ホール

アダムス　岡山での宣教と人民救済

２０１９年９月４日（水）●山陽新聞社さん太ホール

田渕藤太郎・三宅精一　地域共生社会を夢見た人々

2019年11月27日（水）●山陽新聞社さん太ホール

私なき献身 福祉県を築きあげた 三木行治

2020年2月6日(木)●山陽新聞社さん太ホール

社会鍋と救済事業
地の塩となった
社会事業家

山室軍平

山室 軍平（やまむろ・ぐんぺい　1872年～1940年）

哲多郡則安村（現新見市）の農家に生まれた山室軍平。14歳のとき上京して築地活版製造所の印刷工となり、キリスト教の街頭宣伝に触れて入信する。苦学しながら新島襄を慕って同志社英学校で学ぶ。その頃より石井十次と知己となる。1895（明治28）年にキリスト教プロテスタントの一教派救世軍が来日し、入隊する。山室は日本の救世軍の創設に力を尽し、日本人初の士官として伝道と社会事業に従事した。58歳で東洋初の中将となり日本救世軍の司令官を務めた。

この間、更生保護、社会鍋、慈善病院や結核療養所、職業紹介、労働セツルメント、廃娼運動、禁酒運動などさまざまな事業や社会運動を展開し、福祉の向上に大きく貢献した。特に、明治末期に始まった社会鍋の募金活動は、いまも都市の歳末風物詩として親しまれている。また貧しさ故に売られた女性を遊廓から救済する救世軍の自由廃業運動は社会的に大きな反響を呼んだ。

写真提供　扉／山室軍平　救世軍日本本営
社会鍋　救世軍日本本営

映像紹介

「記録の中の山室軍平」

岡山映像ライブラリーセンター
小松原　貢（こまつばら みつぐ）
岡山市生まれ。山陽放送の報道記者としてニュースやドキュメンタリー番組を担当。撮影も行った。
総収蔵量31万コンテンツ余のセンターでは、自社の撮りためた映像や音声のほか、県民らから寄せられた映像なども展示。「戦争の記憶」「映像歳時記」など過去の記録映像を中心にしたセミナーも行っている。

私は岡山映像ライブラリーセンターの小松原貢と申します。今日は「社会鍋と救済事業　地の塩となった社会事業家　山室軍平」というタイトルのシンポジウムです。その山室が写っている動画をここでご紹介します。

山室軍平という人は、岡山県北の山間、現在の新見市哲多町に貧しい農家の三男として生まれました。その後親戚筋の養子となり、上京して活版所の職工として働いていました。その町で福音教会の伝道師に出会い、洗礼を受けることになります。そのあたりはこの後講演される先生方が詳しく話されると思います。山室軍平は福音教会の思想に従って活動を続け、サルベーション・アーミー、救世軍の中将にまで上り詰めました。私は山陽放送学術文化財団が入手した映像を元にご説明しようと思います。

この映像はサルベーション・アーミー、救世軍の中将でアメリカの総司令官だったエバンゼリン・ブース女史が1929（昭和4）年11月に日本を訪れた時のものです。映像の初めに写っている海岸線が東京湾の入り口から見た横浜です。船が埠頭に入ると、待ち受けていた群衆が日の丸と救世軍日本本営の旗を手に「万歳」と「ハレルヤ」のコールで出迎えました。群衆はブース女史が埠頭に上陸するとどっと取り囲みます。ブース女史、この映像で右のほうにいて左を向いている女性ですが、その人たちを前に「私は子どものころから日本に来るのが夢でした。今日その夢を達成することができました」と嬉しそうに話しました。その言葉を通訳しているこちらから見て左側の軍服の男性が今日の主人公、山室軍平です。山室はこの時日本司令官で、階級は少将でした。

船の上にて（右：ブース女史、中央は山室軍平）

一行は遊説に備えるために車で横浜の海浜ホテルに入り、そこで数日間滞在します。その間に鎌倉の女学校を訪れたり、地元の子どもたちと触れ合ったりしています。映像の説明には、ブース女史が遊説に向けて体調を整えているとあるのですが、私はむしろ、ブース女史本人が日本の若い人たちと触れ合って、日本人の人となりなどを肌で感じていたのではないかと思います。

その理由の一つがこの映像です。ブース女史が鎌倉の浜辺で子どもたちと野球に興じているところです。バッターボックスの女史は本当に楽しそうです。こうした子どもたちとの触れ合いを通じてブース女史は「日本は子どもの楽園だ」と話していたといいます。

次の映像ですが、キャプションに「東京のインペリアルホテル前の通りの情景」とありますように、これは東京都千代田区の帝国ホテル前の通りです。野菜を積んだ大八車や乗り合いバス、トラックなどが行き交っています。我々映像アーカイブの人間から見ると、こうした風俗をとても面白く感じます。特に、大八車のような遅い速度の軽車両が、自動車と同じ地位で道を利用していることのおもしろさです。

ブース女史の一行は帝国ホテルから移動して、東京都杉並区の救世軍の駐屯地に入りました。ここがそうです。駐屯地の入り口には、女史を待ち受ける大勢の救世軍の軍服姿の人たちが整列しているのが分かります。駐屯地の玄関前でブース女史は記念の植樹を行いました。この時も山室少将が常にそばに付いています。言葉に困らないようにという配慮でしょう。女史はじめみんながためらっているように見えるのは、おそらく写真屋さんがシャッターを押すタイミングを計りかねているためだと思います。

植樹を終えると日本の救世軍の女性祈祷師、山室少将の右側に居る羽織姿の女性ですが、「大きく育ち、果物がたくさんなりますように」と祈ります。山室少将はその言葉をブース女史にずっと通訳していました。

セレモニーが終わり、救世軍の隊員に訓示を行ったブース女史は駐屯地を後にします。この映像はその時の模様を撮影したもので、説明文には、ブース女史と山室少将の左後ろが救世軍訓練校の校長で中佐の植村益蔵、その隣にいるのが植村の奥さんだと書かれています。

ブース女史は駐屯地を離れて東京都北区にある大日本元老院の渋沢栄一子爵の屋敷を訪れます。映像のキャプションによると、この先頭を歩く山高帽に乗馬服の小柄な男性が渋沢栄一子爵で、この当時89歳でした。渋沢子爵は救世軍の熱心な支援者で、来日したブース女史のためにここで歓迎会を開いています。ちなみにこの庭園は現在も旧渋沢庭園として保存されています。

渋沢子爵はご存知の方も多いと思いますが、明治政府の大《おお》蔵大輔《くらだいふ》、今でいう財務省の官僚として、維新直後の日本が近代国家として成長していくための骨組みを作った人です。官僚を退いてからは実業家として第一国立銀行、理化学研究所や東京証券取引所など多種多様な会社の設立、経営に関わり、「日本の資本主義の父」と呼ばれています。２０２４年の新紙幣発行の時には一万円札の顔になることが決まっています。

渋沢栄一邸を訪問

映像では、その渋沢子爵がブース女史を案内して庭を歩く姿が写っています。山室少将はこの時ももちろんそばにいて渋沢子爵の説明を通訳しています。また映像では、渋沢子爵やブース女史の後ろに地位の高そうな人達が大勢同行しているのが分かります。救世軍の総司令官を当時の日本がどれほど歓待していたのかがうかがえる一場面だと思います。

東京を発ったブース女史の一行は京都、大阪を経て岡山に到着します。この映像は女史が車で講演会場となった岡山市の公会堂に到着した時のもので、後ろに写っているのがその建物です。岡山市公会堂は昭和３（１９２８）年に旧岡山藩主池田家の寄付で建てられたもので、現在の岡山県庁の東隣、相生橋の西詰にありました。戦災には遭ったものの修復されて昭和42（１９６７）年まで使われていました。当時の岡山のイベントホールです。これほどの歓迎を受けて行われた講演会ですが、講演会そのものは撮影されていません。財団でもいろいろ探してみたのですが、唯一残っていたのが、救世軍の発行した機関紙「鬨聲《ときのこゑ》」に掲載されていたこちらの写真です。ご覧の通り、公会堂の二階席までいっぱいになっている様子が分かります。写真の説明には「ブース女史の話に聞き入る女学生たち」とありました。超満員なのは岡山だけでなく、東京はじめ日本各地で行われた講演会でも同じなのですが、なぜか動画としては全く残って

ブース女史の話に聞き入る女学生たち
（岡山市公会堂）

おらず、岡山での写真も、これ以外にはブース女史本人が写っていない山陽新報の写真があるだけです。神の言葉を撮影してはならないという考えがあったのかもしれません。

私のご紹介する映像と画像は以上です。では座を先生方にお譲りします。どうもありがとうございました。

講演1

「山室軍平の生涯と思想—伝道と社会事業」

京都ノートルダム女子大学特任教授
室田保夫（むろた やすお）

京都府出身。博士（社会福祉学）。専門は近代日本の社会福祉の歴史。特に、社会福祉に関わった人物の思想や理論をその時代の経済、政治、文化、社会を背景に研究している。同志社大学大学院修了後、関西学院大学教授などを経て現職。関西学院大学名誉教授。

著者に『山室軍平の研究』（共著）、『留岡幸助の研究』、『石井十次の研究』（共著）、『キリスト教社会福祉思想史の研究』、『近代日本の光と影』など。

はじめに

皆さん、こんにちは。今、ご紹介にあずかりました室田保夫です。昨年の12月に留岡幸助のことをお話いたしました。その時にお聞きいただいた方もいらっしゃるかと思いますが、本日は留岡と本当に親しい友人で、同じ岡山の、それも高梁から比較的近い現在の新見市の出身山室軍平についてお話しします。

先ほど山室軍平の非常に貴重なフィルムを拝見しました。実は、私は山室軍平が元気に動いている姿を見たのは初めてです。石井十次などはそういう動画がありますが、正直感動いたしました。

それでは今日お配りしているものを、まず見ていただきたいと思います。プログラムの山室に関する資料と本日の私の簡単なレジュメがあります。一枚のＡ４のものですが、表裏で最初にレジュメがありますので、前に置いて参照していただいたらいいかと思います。

山室軍平

山室軍平という人は、これまで救世軍の山室といわれていますが、平民伝道者、社会事業家、あるいは社会運動家、廃娼運動の闘士、人道の戦士とか、いろいろ形容詞が付きます。それは一つの山室の像で間違いはないのですが、山室軍平について初めて聞く人もおられるかもしれませんので、今日は全体的な人物像につき、まず私が紹介します。明治５（１８７２）年に生まれ、昭和15（１９４０）年までの68歳の人生をどういうふうに過ごしてきたのか、あるいはいかなる考え方をしていたのかなどについてお話をしたいと思います。一時間弱でその生涯を辿るというのは、なかなか至難の業なのですが、山室とはこういう人かなということをまずはお聞きいただければいいかと思います。そしてその後、林先生から、廃娼運動のご専門でいらっしゃいますので、山室の重要な活動の一つ、あるいは救世軍の活動の大きな柱である廃娼運動、その点について詳しくお話していただく、そういうかたちで進めていきたいと思います。

レジュメを見ていただきますと、「山室軍平の生涯と思想」ということで、「はじめに」から、「一、岡山から東京へ」、という具合に、亡くなるまでを簡単にお話します。最後に「おわりに」ということで併せて8項目、時間が限られていますので、ポイントだけになってしまうかもしれません。短時間で山室軍平という人物、人となりについて知っていただくことが、私の最初の講演の役目でございます。これらに関連するような写真とか資料を映していきますので、手元のものと私の資料、それらも参照しながらお聞き下さい。

一、岡山から東京へ

早速ですけれども、「一、岡山から東京へ」というところに入っていきます。山室は、岡山県の高梁よりもう少し北の方（哲多郡則安村）で明治5（1872）年に生まれました。お父さんは佐八でお母さんは登毛《とも》、その八人兄弟の末っ子として生まれております。今は新見市に入っていますが、やはり山間の町です。明治5年というのは、中学や高校ぐらいの社会で習うことには、太陽暦がこの年から採用されたとか、あるいは新橋─東京間で汽車が走ったとか、それから学制の発布とか、あるいは廃娼運動でいうとマリア・ルーズ号事件（ペルー船マリア・ルーズ号による人身売買に端を発した日本とペルーの紛争事件）とか、いろいろなことが起きた、明治初期の文明開化の時であります。

先ほど言いましたように、山に囲まれた町なのですが、私も三年ぐらい前に山室の生家に行きました。今も山室さんがお住まいになっておられます。部屋には徳富蘇峰の素晴らしい額があったり、山室が生まれた部屋だというところも残っておりましたので、感動いたしました。そういうところで育っていくわけですが、ポイントとして一つは、お母さんが、軍平がこれから健康で人様に迷惑をかけないような、そういう大人に育ってほしいということで、卵絶ちをしたというエピソードです。山間の地で唯一の滋養のものであった卵を絶って神様にお祈りするということがありました。これは要するに願掛けです。山室にとっては、ひとりの庶民の母親が自分の子どもに対して真心を込めて祈りをしているということですが、彼の思想形成において、すごく大きな意味を持っているだろうと私は思います。

軍平の生れた家

軍平が学んだ弘業小学校

それから先ほど言いました明治５（１８７２）年というのは、学制の発布というのがあります。要するに、「邑《むら》に不学の戸なく家に不学の人なからしめん」ということで、教育制度がスタートしたのです。山室が通ったのは弘業小学校ですが、今は本郷小学校という校名になっています。この本郷小学校に山室軍平の記念碑が建っていますから、もし行かれることがあれば、ぜひそこを見学されたらいいかと思います。

小学校を卒業したあと、足守町（現岡山市北区足守）の杉本弥太郎（養父）という人物のところへ養子にいきます。山室家というのは貧しさも加わり、そういう状況となりました。ここでのポイントを二つ、三つ話しておくと、杉本家は質屋が生業でした。質屋ですから、貧しい人がお金に困った時に、質草を入れてお金を借りるというところです。そういうところで、貧しさというのを彼なりに10歳ぐらいで感じていたと思います。山室もあまり裕福でない家に育ったということもありますから、そういう理解できる環境みたいなものもありますし、質屋で育ったということも重要です。杉本家の養子になってから、軍平は弘業小学校時代からかなり勉強もできたし、学問をしたいという欲求も人一倍ありましたから、松浦黙の漢学塾に行って学んでいきます。そこで『陰騭録《いんしつろく》』とか、『巧過格《こうかかく》』という、いわゆる善書というものを学んだわけです。その本で、こういう実践をすると自分はいい人になれるのだというようなことを勉強していきました。だから、善人になるということが山室にとってはすごく大きな目標となり、読書しながらそういう体験をしたということ。それから、義理の父、杉本弥太郎が家で四書五経をはじめいろんな知識を教授したことで、一般的な教養を広く学ぶことができ

養父の杉本弥太郎と

ました。

そういった勉強をして、ますます彼は、将来は中学校へ行き、高校へ行き、帝国大学へ行く、という夢を膨らませていくわけです。その頃は、帝大は東京大学しかなかったのですが、そういう大望を抱く。しかし、それが叶えられないことが分かりまして、結局彼は家出を決行します。それが14歳の時です。今でいうと中学1年か2年ぐらいでしょうか。そういうようにして彼は家出をします。今なら非行少年かもしれないけれども、それだけの決心をして、勉強しながら大きな自分の望みを実現したいという思いでした。そこが人生の大きな転機だといえます。もし家出しなければ、救世軍との出会いなどもなかったかもしれません。

かくして、東京に向けて出発します。全然あてもなく、東京にひとりで14歳の少年が行ったのです。足守とか近くの高梁出身の人たちの世話になって、築地の活版工、つまり印刷工として働くことになります。それで何とか最低限の生活というのを保障されていきます。そこでは、結局は自分で勉強していかなければなりません。早稲田大学の前身東京専門学校とか、中央大学の前身英吉利《いぎりす》法律学校の講義録を手に入れて、そこで独学していく、そういう苦労をしていきます。

そして一つ、彼が思い出として書いているのは、スマイルズの有名な『セルフ・ヘルプ』(Self Help)という本ですが、これは中村正直という明治初期の思想家が、『西国立志編』というタイトルで訳した本です。

軍平が働いた築地活版所(1874年頃)

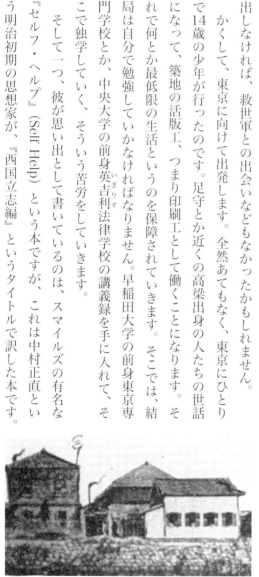

それはよく立身出世の本と呼ばれています。山室にとって大きな望みを抱いて勉強したいがために東京へ出て、そして自分は立身出世して故郷に錦を飾るのだと覚悟していたと思われます。実家の両親や足守のお義父さんに孝行したいということもあったと思いますが、こうした大きな望みがありました。しかし、彼も14歳から15歳、16歳、17歳と少しずつ少年から青年になる中で、職工たちのあいだではいろいろな誘いがあったと、彼は思い出とか自伝の中で語っています。お酒を飲めとか、タバコを吸えとか、あるいは遊郭へ誘われたかもしれません。そういうように、彼にとっていろいろな誘惑があった。それを彼の言葉で言うと、「嗚呼如何シテ此肉欲ノ力ヨリ免レン」（『山室軍平選集』10巻、3頁）という危機感があった。要するに、彼は善書を読みながら、自分はいい人になりたいと思っていましたが、そういうこととは反対の状況に追いこまれます。彼にとって一つの人生の危機的状況でありました。

路傍伝道に出会った祝橋
（東京・築地）

そういう時に、たまたま築地の近くの「祝橋」、ここでキリスト教の路傍伝道に遭遇します。路傍伝道に遭ってキリスト教のことを聞きますが、最初は全然分からなかった。聖書の一部を渡されても、全然知識もないから理解できるはずがありません。しかし一つの勘なのか、面白そうだなということで、彼はキリスト教について深く知るようになって、メソジスト系築地福音教会で洗礼を受けます。メソジスト系というと、救世軍創設者ウィリアム・ブースもメソジスト系であるし、あるいは質屋で働いたりするような同じような経歴を持ちます。また職工たちに対してもキリスト教を説きますが、それは全然受け付けられないという状況でした。ブースと同様に、誰にでも分かるようなキリスト教にしたいという思いがあったと思います。

そういう中で彼は築地教会の役員になって、徳富蘇峰を講演に招くということになります。蘇峰はちょうどその時、福沢諭吉の後の日本のオピニオンリーダー的な存在になっていて、『将来之日本』という有名な本を出したり、『国民之友』というような、石井十次に大きな影響を与えた雑誌も出しています。その徳富に講演を、無名の山室が頼んだのです。徳富蘇峰はそこで講演をして、その時の講演の内容が、要するに京都に新島襄先生という素晴らしい先生がおられ、この先生の話を聞くと、30分ぐらいでも一週間さわやかな気持ちになれる。「キャラクター（人格）」という題で話したようです。それを聞き、すぐに彼は教会を辞めました。6月の初めにその講演を聞いて、6月末にはもう京都へ行くという、すご

徳富蘇峰

新島襄

山室軍平関連年譜

山室軍平 関連	西暦	和暦	救世軍 関連
	1829	文政12	ウィリアム・ブース 英国ノッティンガムで生まれる
旧暦7月29日 岡山県哲多郡則安村で生まれる	1872	明治 5	
弘業小学校入学	1877	10	
	1878	11	The Salvation Armyと改称。ブース 大将となる
杉本弥太郎（岡山県足守町）の養子となる	1881	14	
東京へ家出。山室姓に戻る。築地活版製造所の職工となる	1886	19	
キリスト教受洗。築地福音教会員	1888	21	
新島襄を慕い 同志社予備学校に入学（翌年　普通学校へ）	1889	22	
石井十次と共に濃尾大震災の救援活動	1891	24	石井十次 岡山孤児院内に東洋救世軍を創設
同志社中途退学。高梁で伝道	1894	27	
岡山孤児院の茶臼原事業を助ける。	1895	28	救世軍来日。『鬨 声』発刊。山室入隊
救世軍来日、入隊救世軍士官（日本人第一号）。			
『ときのこゑ』の編集（15号）より	1896	29	横浜・岡山での活動開始。
佐藤機恵子と結婚（救世軍初の結婚式）。『平民之福音』刊行	1899	32	岡山県各地で活動開始
	1900	33	自由廃業運動が活発化。元娼妓のための救済所を設
渡欧、救世軍第三回万国大会（ロンドン）に出席	1904	37	『ときのこゑ』200号。救世軍第三回万国大会
戦場書記官になる	1905	38	傷病軍人の慰問。救世軍名古屋軍人館。学生寄宿舎
『ブース大将伝』刊行	1906	39	労働紹介所、木賃宿等を設置。満洲婦人救済会
ブース大将来日。通訳。中佐。書記長官	1907	40	ウィリアム・ブースの来日。『少年兵』刊行
大学殖民館開設。「満洲」行き	1908	41	大学殖民館。救世軍労作館。慰問籠
慈善鍋（後の社会鍋）の事業開始。英国訪問	1909	42	法律顧問。無料代筆。「慈善鍋（後の）社会鍋」開始
			国（内務省）から最初の下付金
『公娼全廃論』刊行	1911	44	第二労働寄宿舎。月島労働寄宿舎
救世軍病院開設	1912	大正元	初代ブース大将死去。白米廉売
石井十次の葬儀委員長。『社会廓清論』刊行	1914	3	金森通倫入隊
藍綬褒章を受ける	1915	4	愛隣館。希望館
救世軍結核療養所開設。妻機恵子死去。『山室機恵子』刊行	1916	5	飛田遊郭反対運動
水野悦子と再婚。英国訪問	1917	6	山室機恵子記念会堂完成。婦人ホーム改築
内務省救済事業調査会委員嘱託される	1918	7	皇室より救世軍10年間金1000円下賜（10年間）
関東大震災の勃発により、救済活動	1923	12	関東大震災の救援活動『ときのこゑ』休刊
勲六等瑞宝章を受ける	1924	13	民衆館開く
救世軍日本本営の司令官となる	1926	15	ブラムウェル・ブース大将来日
英国・米国訪問。中将に昇進	1930	昭和5	深川 本所 浅草で深夜の配食運動
救世軍最高の名誉『創立者章』を受ける。悦子死去	1937	12	『ときのこゑ』1000号
3月13日 死去。『平民の福音』発行停止処分	1940	15	救世軍士官学校は救世学院。

い決心の早さです。こうした経緯で、彼は同志社へ入っていくことになります。

二、同志社で学ぶ

6月に上洛した時には、まだ同志社に入っていたわけではなく、サマースクール（夏期学校）というのがあって、そこはキリスト教に関心のある若い人たちが勉強する場でありました。山室は、そこで初めて新島の演説を聞きます。それも短いものでした。新島も大学設立運動などでかなり体が弱っていた時ですが、演説を聞いて感激致します。そしてその夏休みを利用して、同志社の学生たちは特に岡山へ来る。それから吉田清太郎などとともに高梁伝道に行きます。山室はまだ学生でもありませんでしたが、一緒に連れて行かれ、その時に石井十次に初めて会います。ですから、まだ同志社にも入っていないので、「東京福音学校の山室君来る」と石井十次の日記には書かれています。そういうかたちで伝道する。それから9月に同志社に帰って、そこで彼は同志社の予備学校に入学する。これも無謀なことで、彼は全然お金がなくて

石井十次

同志社大学礼拝堂

生活にも困っているような状況なのですが、彼の才能を惜しんだ人たちが、三年間の課程より、九年間かかるけれども普通学校を経て専門の勉強することを進言。彼はそこへ入って勉強することになります。

しかし、同志社に入学しましたが、結局明治22（1889）年9月に入学して、半年も経たない明治23年1月23日に、新島先生はもう亡くなります。それで彼はすごくショックを受けたわけです。新島が亡くなった時に山室は、「新島先生ヲ弔フノ文」（『同志社文学会雑誌』31号）という弔文を書いています。新島先生は愛国者・慈善家・君子賢人、誠実なキリスト教徒であって、もう完全な人間であると評価して、こういうような言葉で終わります。「謹ンデ其遺志（新島の残した志）ヲ継ガンコトヲ其在天ノ霊（神様）ニ誓フ」と。だから自分は、新島の精神、スピリットを神に誓って継ぎたいということを書きます。その遺志とは一体何だろうか。その一つは大学設立運動の中で彼が訴えていた「一国の良心」とか、そういうものだったと思います。そのほか「平民主義」「愛国」「愛神愛人」などもあるかと思いますが、そういう覚悟をするわけです。

そしてこの同志社時代で、それまで考えていたものは感覚的にありましたが、それを言葉として、

同志社時代の仲間たち（軍平は後列左）

あるいは論文として言語化していきます。山室の同志社時代の日記を見ると、80ぐらいの小論を書いています。あるいは活字になったものもありますが、そこでどういう考えがあったのかなということを見てみました。先ほどのレジュメの裏側に、《山室の資料》として6つほど挙げていますので、それを見てください。最初から難しい文章があります。

これは山室の二十歳ぐらいの文章なのですが、論文の骨子をみておきましょう。【資料1】の「完伝道者」という論文に「嗚呼伝道者ナル哉」とあります。「上一天萬乗ノ王者ヨリ下茅屋破窓ノ貧農ニ至リ……馬車ニ乗リテ横行スル者ヨリ曳テ夜山ヲ越ユルノ人ニ至リ」云々。順番に上はそういうお金持ちであったり、身分の高い人。下の方は貧しかったり、あるいは馬を引いて野山を下ったり、あるいは朝早く牛を飼って野を耕すような人だったり、そういう人たち全体に伝道していくのだと、それが「完伝道者」という論文の趣旨です。つまり、パーフェクトな伝道者というのは、いかなるものかというような論文を書くわけです。当時、中流階級より上の人たちがキリスト教の対象でしたが、文中にある、貧しい人たち、あるいは下層の人たちまで視野に入れて伝道していきたいという、山室は後に救世軍に入るのですが、ウィリアム・ブースの一つの救世軍の精神とつながっていく素地がそこにあったのではないかと思います。このように同志社の学生たちの助けによって、多くのことを勉強をしていきます。

そして次の【資料2】を見てください。これも長い文章で、書翰の中の一つです。ここで私の目に止まったのは、こういう文章です。「我寧ロ名アル英雄名アル豪傑トナル能ハザルモ、隠レテ無名ノ英雄無名ノ豪傑タルヲ勉メン哉」。この文章は山室の今後の一生、先ほどの底辺、あるいは民衆に対する伝道とともに、自分は名ある伝道者、つまり有名な英雄とか名を残すような豪傑になれなくても、隠れて無名の英雄、名もない英雄、無名の豪傑になりたいと。平たく言えば縁の下の力持ちです。彼はここの文章の中でどういうことを言っているかというと、例えば水車を回すのは水であると。しかし、水は枯れ葉の下をくぐって、誰も水の働きは分からないけれども、水車を大きく回す。あるいは、汽車を走らすには石炭を燃やすと。その石炭を燃やすのは、擬人化すると石炭が自分の身を焦がして焼かれて、それで汽車が走っていくんだと。そういうような人間に、自分はなりたいというようなことを覚悟をするわけです。言ってみれば無私といいますか、そういうことを彼は考えています。ですから、これまでは大志を抱いて家出をしました。そして築地時代においては、『西国立志編』などを読みながら、自分は立身出世することを考えてきましたが、そういう立身出世より、無名の英雄というか、そういう人物になりたいという。そこはやはり同志社時代に築いたキリスト教であり、また彼が新島の遺志を継ごうとした、そういう影響があったのだと思います。

それから、同志社時代の日記の中には、例えば「日本魂に受洗すべし」というような論文もあります。「日本魂」というのは、我々日本人が昔から持っているものであり、それにキリスト教の洗礼をする。彼は同志社時代に吉田松陰に関心を持っています。つまり、吉田松陰に授洗させるほどの人物を生んで、花をして実を結ぶとい

吉田松陰肖像画

う、そういうことを期待したいと言います。彼の考え方には、一つのナショナリズムもあり、また国家に対する骨太な明治時代の一つの生き方みたいなものが、二十歳ぐらいの時に築かれていったのではないかと思います。

しかしながら、そういう中で彼は同志社を中退することになります。信仰と神学の問題で難しかったのかもしれません。彼が信じていたのはオーソドックスな神学でしたが、ユニテリアンやユニバーサリズムという新しい神学が入ってきます。それは科学に基づいた自由神学でした。だから、三位一体とかあるいは奇跡を否定したり致します。そういうものが入ってきて、金森通倫とか横井時雄とか同志社の先生方がそれに同調していく。だから、ものすごく彼はそこで悩むことになります。そしてまた、自分は将来労働者となるのだけれども、同志社を出たあと何になるか。伝道者もあるけれども、どう生きたらいいのかという、やはり青年らしい悩みがあるわけです。そういうことが重なって、もう同志社で学ぶことはないであろうと、多分そう思ったと思いますが、同志社を中退して、そこから一年以上彷徨生活を送ります。

まず岡山の高梁教会。半年間彼は高梁教会に行って、生まれ故郷の近くだったということもありますが、そこで彼の言葉で言うと、伝道師の真似ごとをし、伝道生活を致します。そして

高梁教会堂（1889 年頃）

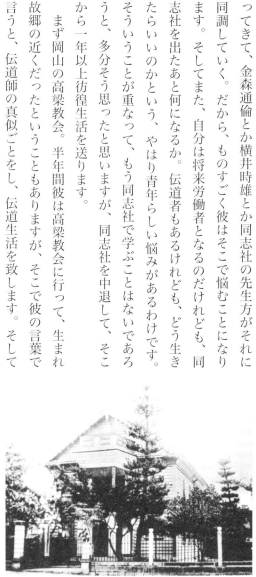

半年して、今度は石井十次の関係で、宮崎県の茶臼原《ちゃうすばる》というところの開拓を子どもたちと一緒にやるために宮崎へ行きます。そこでの経験を彼に言わせると、結局自分も農業、農民になれない、それもやはりできないと。それで半年後、今度は四国の今治に行きます。今治に行った時に、ちょうど牧師がいなくて、2、3カ月の間、牧師生活をやるわけです。そこでかなりの数の信者を増やしていく。それは、おそらく彼の伝道者として非常に充実した時だったかもしれません。そういうことがあって、最終的に悩みながら東京に戻って、伊藤為吉という新進気鋭の建築家の家に弟子入りします。留学して帰ってきて、職工軍団というものを作った伊藤為吉のもとに身を預け、大工の修業をします。その東京へ帰る途中に、石井十次に岡山で会います。救世軍がちょうどその時日本に来ますが、非常にいいタイミングでした。明治28（1895）年9月、つまり日清戦争が終わったあとなのですが、ロンドンの救世軍本部から司令官と15人ぐらいの救世軍人たちが来て、日本で伝道を始める。それで救世軍の来日に合わせて石井に頼まれます。どう言ったかは正確には分かりませんが、「山室くん、救世軍とはどういうものか見てきてくれ。自分が行きたいけれども行けないから」と。そういう石井の思いを抱いて東京へ帰っていく。そして、救世軍に入るわけです。

三、救世軍に入る

救世軍は1865年にイギリスのウィリアム・ブースによって始められたものです。1878年にサルベーション・アーミーとして軍隊様式でやろうという、それが万国主義というか、世界各国に広げていくというものです。それで日本においては、日清戦争後に来ました。そこで山室は救世軍に入っていきます。最初は上から目線であまりいい印象を持ちませんでしたが、結果として明治28（1895）年11月30日に彼は救世軍に入隊します。下士官として救世軍に入っていく。

ここで二点だけお話します。明治30年代初期、救世軍に入った時、一つは佐藤機恵子という女性と結婚します。のちの山室機恵子ですが、この人は岩手県花巻の出身の人です。「雨ニモマケズ」で有名な宮沢賢治の家の近くが実家だったそうです。私も2年前にそこに行って、今はもう更地になって何もないのですが、佐藤家と宮沢家は近所であり、親交があったようです。その佐藤機恵子と結婚する。それから結婚式を救世軍式でやって、2週間の休みを得た。この2週間を山室はハネムーン以上に人生にとって意義あるものにしようと考

『平民之福音』

佐藤機恵子と結婚

えます。それは従来より胸中に温めていた著作の出版でした。山室は横浜の旅館を借りて、そこで『平民之福音』という名著を2週間で書いてしまう。これは今は絶版となっていますが、日本のキリスト教入門書の典型的名著といわれているものであり、その文才に頭が下がります。それが一つ。

もう一つは『ときのこゑ』(鬨聲)というのを編集しています。これは救世軍の機関紙です。英国の万国本部では『War Cry』といいます。戦いを始めるときの「ときのこゑ」です。最初は難しい漢字で「鬨聲」ですが、後に「ときのこゑ」とひらがなになります。山室は第15号から編集をずっと担当して、月2回のものですが、忙しい中でも『ときのこゑ』の編集は欠かさず継続してやっていくことになります。山室の生存中だけでも一〇〇〇号を越しており、彼の書いたたくさんの文章があります。他に、この明治30年代の初期において、廃娼運動がありました。これは「自由廃業運動」のことなのですが、これについては後に林先生から詳しく説明していただくことになると思います。そういうことで、明治30年代の初期では、こうした活動をやっていったということです。

WILLIAM BOOTH. GENERAL. EDWARD WRIGHT. COLONEL.
鬨聲 THE WAR CRY.
大佐ライト(日本) 将軍ブース(英國)
日本東京救世軍本營
明治廿八年十一月二日發行 第壹號

"WHERE IS THE OTHER MAN"

Steaming in mid-ocean, the captain of a trading vessel discovered on the horizon what appeared to be a deserted ship. On coming up with her and finding no evidence of life in reply to his summons, he despatched a boarding party, which, after a search, came upon the prostrate body of a solitary seaman in a state of complete exhaustion and insensibility. The poor fellow was taken back to the trader, quickly wrapped in flannels, and put to bed. After a time he opened his eyes, and taking in the situation with the rapid glance of returning consciousness, laid a feeble hand on the arm of his attendant and drawing down his ear to the parched lips whispered in accents of terrible apprehension—"WHERE IS THE OTHER MAN?" They returned to the derelict and found and saved him also.

In God's strength, the Officers and Soldiers of the Salvation Army—themselves rescued from among the moral wreckage of a wicked generation—are trying to save "the other man." WILL YOU HELP THEM?

「鬨聲《ときのこえ》」創刊号(1895年)

四、明治末期の都市社会事業

私は伝道と社会事業というサブタイトルを付けましたけれども、それを説明する前に2点ほど指摘しておきたいことがあります。第一は、明治37（1904）年に救世軍の万国大会がロンドンで開かれます。それで初めて日本の代表が行くことになり、そこに山室が選ばれて行きます。下の写真に山室（後列左端）もいるかと思います。それがなぜ重要かというと、初めての外遊ということは当然なのですが、行く前に内村鑑三と会って、「私はブースに会って、こういうことを申したい」と一つの覚悟を口にしています。何を進言したいかというと、もう少し自分たち日本人の主体的なもの、日本人の独立、そういうことを申したいというわけです。その思念を英国でブースに伝えます。そしてブースは「分かった」と言ったということです。それでこの最初の万国大会で見たものとして、【資料3】のところを見ていただきますと、ブースに会って自分の思いをぶつけて、うまく交渉でき、そしてロンドンから帰って書いた「帰朝の御挨拶」というのが『ときのこゑ』の215号に載っています。そ

ロンドンの救世軍万国大会への参加

れの一部でこういうことを言っています。「私は勉めて日本及び日本人の光明の側面、少なく共前途多望の点を紹介することを心駆け、決して弱音を吐かぬことを心得て居ました。私は『汚い下着は自宅で洗ふべきもの』と信仰して居る者であります」と。これは日露戦争中です。少し比喩的であまりいい表現ではないかもしれませんが、汚い下着というのは、要するに日本でのいろいろな社会問題のことで、廃娼問題にしろ貧困問題にしろ、そういうことは自宅で洗うと。つまり日本人に任せてほしい、日本人が主体性を持って、それを解決するのだということをブースにも言い、その談判がうまくいったのだと、そう報告をしております。略年表をみていただくと、山室は明治38（1905）年、「戦場書記官」を拝命します。これによって山室色も出てくることになります。これがまず第一点です。

それから明治40（1907）年に、ウィリアム・ブースが初来日いたします。彼は大将で、かなりの高年齢です。因みに来日して数年後にウィリアム・ブースは亡くなります。この時大歓迎会が開かれます。写真には「ブース歓迎集会」とありますが、東京のほうでも市長やいろいろな人たちが、ここで歓迎会を開くことになります。東京市の歓迎会では、尾崎行雄市長、大山巌元帥、渋沢栄一子爵、そういう有名な人たちが参加し大歓迎会が開かれました。いちばん大きかったのは、明治天皇に

ウイリアム・ブース大将歓迎（1907年）

ウィリアム・ブースが謁見し、出会ったということです。ふつう、明治天皇に会う時には、きちんとした礼服を着て会うのが恒例ですが、ウィリアム・ブースは軍服のまま会ったということで、救世軍にとっても平たく言えば大宣伝になったのです。だから、明治天皇に会うというのは、救世軍がキリスト教の団体として認められているということで、大きな宣伝になっていくわけです。それからウィリアム・ブースは、仙台から東京、それから名古屋、京都、大阪とずっと遊説して回っていきます。岡山まで来たということも、この岡山にとって大きなことでしょうし、岡山孤児院も訪問したり致します。そういうことで、各地でブースフィーバーが起こり、写真にもあるように、街頭演説を行うと数千から一万人も集まったそうです。これが第二点です。

山室がロンドンから帰ってきて、翌年の明治38（1905）年には戦場書記官になって、彼の指導の下で、明治末期にいろいろな福祉施設が出来上がっていきます。明治38年、39年ぐらいから明治末期、大正初期にかけては、社会福祉施設あるいは社会運動とか、そういうことをやります。例えば、「労働紹介所」とは、今でいうとハローワークというか職業紹介事業です。失業したり、あるいは戦争から帰った人たちに新しい職業を紹介するものです。また、若い人に木賃宿といっても馴染みのない言葉かもしれませんが、「木賃宿箱船屋」は安い料金で泊まれる所で、

岡山駅頭のウイリアム・ブース大将（1907年）

つまりお米を炊く燃料、木賃代だけで泊まれる宿屋です。ほかに「一膳飯屋」というのは読んで字のごとくで、ご飯とそれから味噌汁、漬物ぐらいの食事で、非常に安く食べられる所を作った。「女中寄宿舎」は、今は女中という言葉は使わないけれども、例えば明治38年、39年で東北の凶作があった時に、女性たちが郭（遊郭）などに売られないように、寄宿舎を利用しました。そして、その人たちをそこで生活できるように教育していくようなことをしました。「大連婦人救済所」、これはよく「からゆきさん」といわれますが、中国の大連のほうでもちょうど満州が拓けていく時に、多くの「娼婦」が海を渡って行ったということがあります。騙されてそこで売られていくような人たちもいるから、大連のほうに小隊を作って婦人の救済所を設けた。それから「労働寄宿舎」もありました。

その中でも有名なものとしては、先ほどから出ていた「慰問籠事業」があります。これは年末に居住する貧困家庭に慰問籠ということで、写真の下に積んである籠を配るというものです。昔は竹で編んだみかんの籠があって、その中に正月用品として、み

救世軍慰問籠（東京・銀座）

かんとかリンゴ、パン菓子、風船玉、玩具、羽根、手帳、手ぬぐい、絵葉書、餅など、そういうものを詰め込んで、貧しい人たちに対してその慰問籠を配布していく運動を展開したのです。その中には、当然『ときのこゑ』なども入っていて、救世軍の説明やキリスト教の伝道にも使用し、それを貧困家庭に一軒一軒配っていったのです。『ときのこゑ』などの新聞を見てみますと、「本日、東京で貧しい家庭に二千個配った」などと書かれています。そういうような運動を致します。そして、その慰問籠運動のためには当然お金がいるわけですから、それをするために「慈善鍋」あるいは「集金鍋」というものを作った。これが後の「社会鍋」といわれるもので、今でも年末になると、京都や大阪でも続いています。年末に、救世軍の人たちによって集金をしてもらうことになりますが、「慈善鍋」の活動は、救世軍の廃娼運動とか救済運動の象徴的なものです。

極寒の中での社会鍋（札幌）

各地で行われる社会鍋は年末の風物詩となった

　少し余談ですが、慈善鍋とか社会鍋というのは、例えば高浜虚子は「来る人に我は行く人慈善鍋」という俳句を作っています。パソコンで検索してもらったら、俳句と慈善鍋・社会鍋ということでたくさん出てきます。どういうことかというと、「慈善鍋」「社会鍋」というのは、それだけで季語になるわけです。つまり、民衆の中で俳句などに表していく時に、それが使われるようになっていく。そういうところまで、この慈善鍋、社会鍋という言葉が浸透していきました。

　それから、「大学殖民館」というセツルメント運動（１２４ページ）もここで展開していきます。つまり、大学殖民というセツルメントの運動ですが、そこに学生を寄宿させて、その地域にいろいろ貢献する。講演会であるとか、医療部とか、夜学をしたり英語を教えたり、悩み事の相談とか、そういうことをしながら地域の改善を図っていく。また、「医療事業」ということでは、大正元（１９１２）年に救世軍病院というのをつくります。これも要するに、お金がなくて病院に行けないような人たち、そういう人たちに対して医療にかかれるようにする。救世軍病院は、ほかにも地域の貧困家庭を回るという救済事業もやります。やはり、スラムとか貧困とか、そういう問題が明治末期で非常に大きな課題になってきました。というのは、スラムの中で結核

救世軍病院開設（1912年）

の問題が大きな課題になってきます。そこで結核の療養所を創らなければならないということで、「結核療養所」が大正５（１９１６）年にできます。これに寝食を忘れて尽力したのが山室機恵子です。しかし、そのために彼女は開所式（11月）を迎えることなく、その４カ月前の７月12日に亡くなりました。山室にとってそういう悲しいこともありました。要するに今指摘したかったのは、明治末期、日露戦争後から大正初期にかけて、都市部で社会事業が飛躍的に展開されていき、それがまた地方にも広がっていくのですが、そういうようなものが大正、昭和の中で社会福祉施設として継続的に続いていくわけで、救世軍を代表するような施設や運動が、この時期に出来上がっていきました。

救世軍の伝道とともにある社会事業や廃娼運動など、社会問題へのアプローチの根源は【史料４】にあるようにキリスト教という思想を基礎にしている。明治42（１９０９）年、開教五十年記念会が開催され、山室は「基督教と社会改良」（『開教五十年記念講演集』）という題で講演しました。ここで山室は、キリスト教は「神を世の中に紹介する事」、「愛を実行する事」、「純潔の徳を唱道する事」、「弱者を顧みる事」、「正義を紹介する事」、そして「救の力を紹介する事」「社会改良以上の宗教である」とし、「社会改良など云ふより遥かな遠大なる目的を理想を有する宗教」であ

救世軍結核療養所開設（1916年）

ると表現したことにも窺えます。

五、大正期の山室

大正期に限りませんが、救世軍と皇室の問題もぜひ知っておいていただきたい。救世軍と皇室は非常に関係が深いのです。最初にウィリアム・ブースが来た時に明治天皇に会ったことから、皇室との関係も深くなり、それからここに出ている資料は明治天皇が亡くなった時です。明治天皇が亡くなった時、あるいは大正天皇が即位された時の記念事業は、全部『ときのこゑ』に掲載されています。昭和天皇にかけても、皇室記事がかなり増えていきます。明治天皇においては、ここで感謝の念などを言っていますが、「明治憲法の第28条の中で、信教の自由を明治天皇

ときのこゑ
天地諒闇
哀辭
皇恩無量
大行天皇陛下
先帝陛下

明治天皇崩御を伝える『ときのこゑ』

は認めてくれて、キリスト教徒は自由に信仰できるようになった」と感謝を述べています。あるいは、何か自然災害が起きた時には下賜金を出し、そういう慈悲深いことをやっていただいたと。また、世の貧民弱者に対して、同情を寄せてくれたと。救世軍は皇室からの下賜金をかなり多くもらいながらやっていたので、その点ですごく皇室との関係が深い。おそらくこれは、イギリス救世軍とロイヤルファミリーとの関係からかもしれません。だからウィリアム・ブースが来た時も、日英同盟が明治35（1902）年にできていますから、そういう政治的背景もありましたけれども、それ以上に救世軍というのは、皇室、あるいは明治天皇に対する山室のいろいろな願い、あるいは尊敬の言葉が常にありました。

当時は、今みたいに国とか地方公共団体から助成金をもらうわけにはいかなくて、石井十次でさえ寄付金に頼っていかないといけないような状況でした。だから寄付金を得るにはどうすべきか。その時に石井十次も皇室から毎年千円をもらったりするのですが、それが多いか少ないかということではなくて、皇室からお金をもらうことは、その施設は皇室から認められた施設であるという宣伝効果があるわけです。その点では、救世軍というのは皇室との深いつながりがあって、皇室からお金ももらっている。そういう意味も込めて、「救世軍というのは信頼できるものなんだ」という現実的な効果も

「恩賜病棟」で療養する患者

あったかと思います。

それから藍綬褒章も皇室からいただいております。こちらの写真は「日本帝國褒章之記」というものです。細かくてどういう文章が書かれているか見えにくいかと思いますが、山室軍平に対してこういうものが与えられたということです。それは当然救世軍を通して、彼がいろいろな社会事業とか貧民救済に対して、多くの貢献をしたことでもらったものです。明治14（1881）年にこの制度ができており、これには「七百四十六號」と記してあります。それぐらい信頼があったし、山室も正直嬉しかったと思います。そういう皇室と救世軍と山室との関係を知っておいていただけたらと思います。

最後に大正期の大きな出来事であった関東大震災（1923年9月発生）のことについて、少し紹介しておきます。この大震災に際し救世軍は山室の指導の下、いち早く救援活動を展開していきます。慰問隊活動としてちり紙、手ぬぐい、木綿反物、衣類等の日用品から味噌、醤油などの食料品に至るまで、種々の日用必需品を調達し、東京市内のバラックに住む罹災者を訪問した。そしてセツルメント活動として日々バラックの中に入り、共に住んで、毎日巡回し、多面にわたって奉仕していった。また幼児保育園事

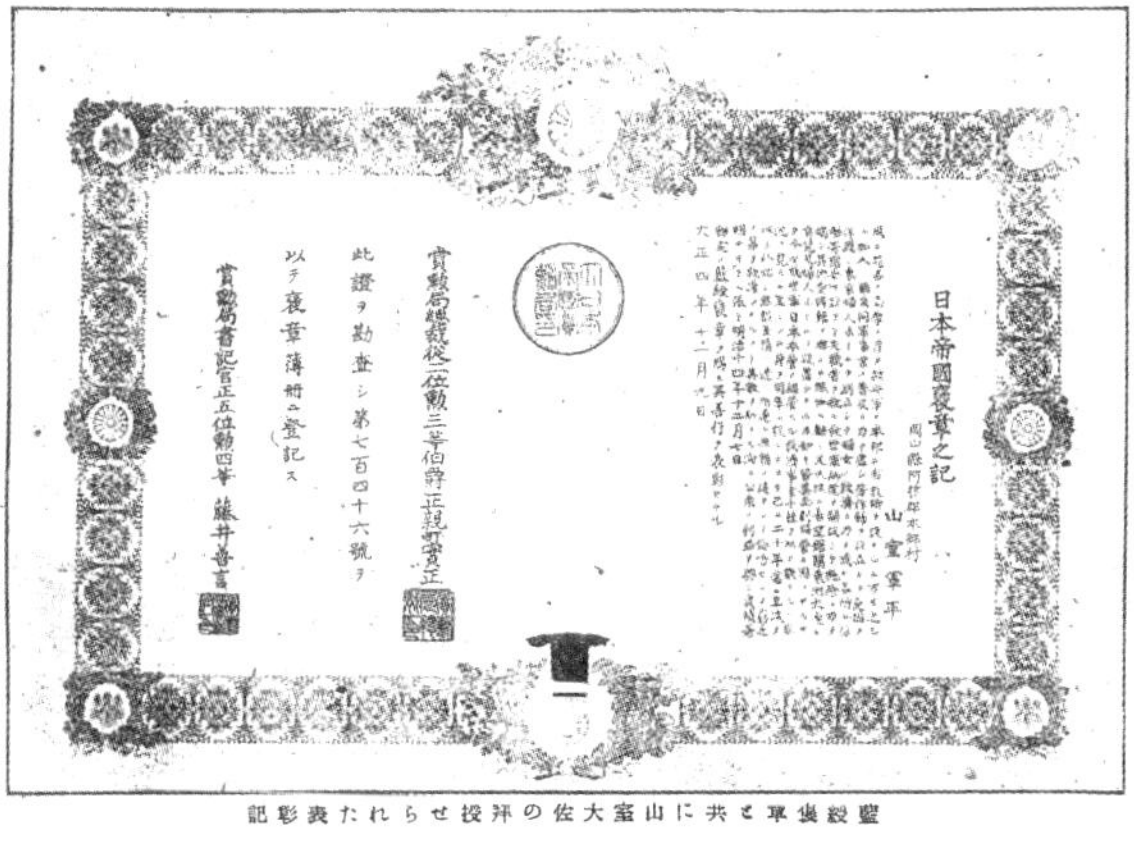

日本帝國褒章之記受章

業として日曜学校を開き、児童の両親や隣人のために講演会や説教会を開催しました。さらに病人・幼児・老人に対して牛乳を配布し、健康状態や失業の不安に対応していく救療事業を行い、また職業紹介事業所を設置したりしている。一方で、各バラックの住民たちに対して『平民之福音』一万部を配布し、精神的な不安にも対処した。このような細部に到る人々の日々の生活ニーズに即した対処を展開しました。

関東大震災　慰問隊出発

六、昭和期の山室――改革と苦難

司令官はそれまでロンドンから派遣されていたのですが、彼はアジアで初めて司令官になります。それから昭和のはじめに中将となります。出世することがいいことなのか、先ほどの「無名ノ英雄」というところと矛盾するかもしれませんが、中将にまでなりました。昭和というのは本当に大変な時代で、昭和６（１９３１）年9月に満州事変があって、昭和20年までは15年間の、まさに戦争の時代でありました。日本は満州（中国東北部の旧地域名）への移民を強行して、最終的に満州国をつくるということで、リットン調査団が調査しまして、そこで満州国は認められなかった。よく昔のニュースで流れる映像が、松岡洋右が国際連盟の席上、憮然として退席して連盟から出て行くところです。そこで日本はまた孤立した状態になっていくわけです。

この時代、日本国内では五・一五事件、二・二六事件と軍部がらみの事件がありました。それに合わせるかのように今度は、救世軍の内部から、救世軍の日本の独立、あるいは英国との関係を断ち切れ、というような要求を突き上げてきます。山室は昭和10（1935）年、一度救世軍の司令官を辞めます。しかし、その問題を解決できるのは山室ぐらいしかいません。だから、彼はもう一度救世軍に戻って、いろんな要求に対して対処していくことになります。そして彼は救世軍という立場から、自分が国家に対してどれだけ奉仕しているかを、やはり救世軍の中で独自色を出して可視化する必要がありました。そういうところから、この6番目を「改革と苦難」という副題を付しています。

この時代、反英運動というものが起こりました。だから、救世軍は英国より独立することが要求されました。また、宗教団体法が昭和14（1839）年に成立して、共産党などの左翼から自由主義者、宗教へと順番に圧力が

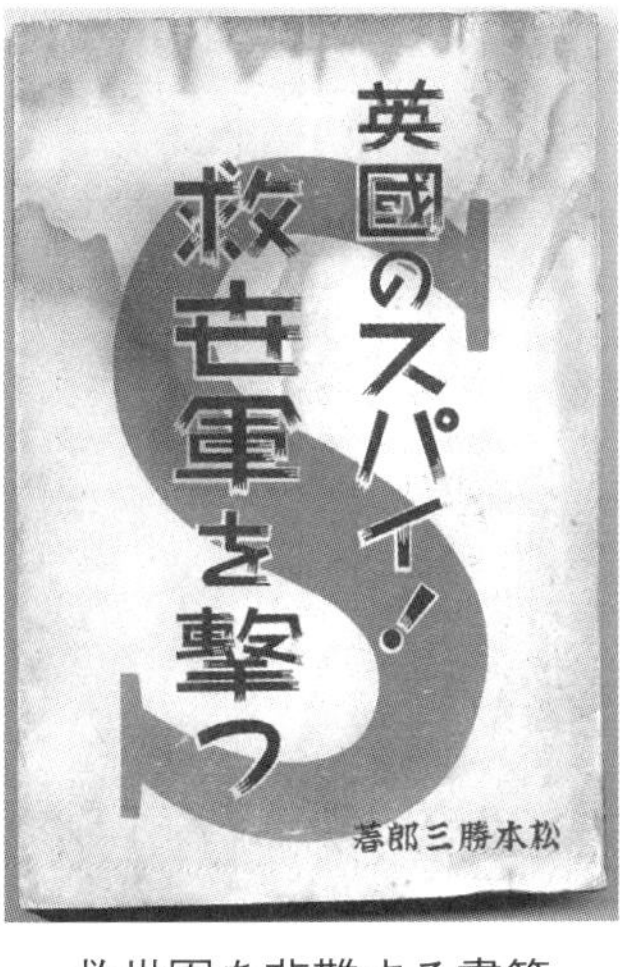

救世軍を非難する書籍

司令官を辞し自宅で寛ぐ軍平（1935年）

及んでいく。キリスト教も当然そうなっていき、『救世軍の仮面を剥ぐ』『日本救世軍の内幕をつく』『英國のスパイ！　救世軍を撃つ』というような本やパンフレットが3冊ぐらい出て、救世軍の内部から改革運動をし、救世軍を英国から独立したものにする要求が出てきました。反イギリスへ、イギリス憎しとなっていく。しかし山室はそれに対しては毅然と反対します。以前は日英同盟で、イギリスとの関係が深い中でブース大将の来日や救世軍を歓迎したのに、今度はこういうような逆の方向へ行くわけです。いわば救世軍の歴史は、政治に翻弄された歴史ともいえます。

特に昭和12（1937）年、日中戦争が始まったぐらいからそういう攻撃もあるし、山室は逆に軍人の援助事業というものを展開していきます。つまり、自分の立ち位置というのを考えないといけない、そういう苦悩の中に彼は入っていくわけです。それが一つの苦難というところです。例えば、報国茶屋（軍隊慰問事業）というのがあります。北京南部の石家荘に報国茶屋を作って、日本から来る軍人たちを接待して、そこで写真を撮ったりして、手紙を日本の国に送って安心させるようなサポートをするとか、軍隊が来た時にそこで医療を設けていくというような、そういう活動もしています。

最後のところに挙っているのは、【資料6】の「ヨブ記を読む」です。山室は昭和15（1940）年の3月13日に亡くなり

説教をする軍平

ますが、その前の1月に「ヨブ記を読む」という論文を『ときのこゑ』（一〇五一号）に発表しました。「それにつけても、私共は最も大切なるは、ヨブの忍耐を学ぶことである」と述べています。ヨブは、自分は正しいことをしているのに、なぜこれだけ圧迫されなければならないのか、非難されなければならないのか、攻撃されなければならないのかというのですが、今、ヨブの生き方のように、救世軍の苦難、いろいろ攻撃されたりする中で、かかる悩みや苦難が山室にもあったのではないかと思います。

また山室は昭和15年1月23日、新島襄五十周年記念会で、「時《じ》艱《かん》にして偉人を憶ふ」と題して講演し、新島の精神、思想を理解し如何に尊敬したか、という点においては自負していると語っています。最後の講演でした。まさに時代は国難のみならず、救世軍においても、艱難《かんなん》な時代に直面していた。もう一度、今は新島思想を想起することが、この難局に立ち向かう唯一の方法だと思ったのでしょうか。そして3月13日に天に召されたのです。

山室軍平の葬儀（1940年）

山室の遺骨は、今、妻機恵子、悦子とともに多磨霊園に眠っています。その一角には「憂ふる者の如くなれども常に喜び、貧しき者の如くなれども人を富ませ、何も有たぬ者の如くなれども凡ての物を有てり」というような聖句が縷刻《るこく》されています。

おわりに

山室の人生をかけ足でみてきました。山室については社会問題への認識が弱い、戦争に対して協力をしたとか、いろいろと批判もあります。しかしながら、清沢洌という人が、こう言っています。山室軍平あるいは救世軍というのは、そういう弾圧を受け、山室が死んだあとも救世軍の人が警察から取り調べを受けたりするわけですが、そういう弾圧があるけれども、社会事業というのは当然その国の行政、国家政策の中で一緒にやらなければならないものである。その社会事業というものまで、あるいはそこまで長く築き上げたものに対してまで、例えば『平民之福音』とかそういう書物に対して絶版処分するようなことは、おかしいのではないかと批判しています。

目の前の困っている人に、どのように対処していくか。あるいはマザー・テレサのようにひとりの死にゆく人、あるいは誰にも認められないような人がいたら、体制とか国家ではなく、それをどういうふうに救わなければならないか、そういうことを考えた生涯だったと思います。

ですから山室という人物は、国策への追従、天皇制や女性観等、批判もありますが、いろいろない面、学ぶべき点がたくさんあり、国際的にも活躍した人でもあります。近代日本にとって必要な人物でした。本日は山室軍平について、簡単に彼の生涯を述べるに止どめました。今後も、私はまたいろいろと勉強していきたいと思います。

どうもご清聴ありがとうございました。

※文中［資料］とあるのは当日配布資料の史料番号

講演2

「山室軍平と廃娼運動―日英関係史の視点から」

同志社大学人文科学研究所助教
林　葉子（はやし ようこ）

千葉県出身。博士（文学）。専門は近現代日本史。特に、公娼制度や廃娼運動に関する日英帝国関係史、売春防止法制定史を研究している。大阪大学大学院文学研究科博士後期課程修了後、同大学院助教などを経て、現職。著書に『性を管理する帝国―公娼制度下の「衛生」問題と廃娼運動』、『戦後日本思想と知識人の役割』（共著）、『男女別学の時代―戦前期中等教育のジェンダー比較』（共著）など。

皆さま、こんにちは。ただ今、ご紹介にあずかりました林葉子です。

山室軍平は、同志社出身者の中でも、その思想と行動が最も重要視されてきた人物のひとりです。【図1】は、今も同志社大学のクラーク記念館に掲げられている山室のタブレットですが、そこには「神と人道との為に」と書かれてあります。彼がキリスト教の深い信仰に基づき、社会的弱者の救済という課題に取り組み続けたことを意味しています。

山室軍平についてはこれまでにも、いくつかの重要な研究が発表されていて、私が現在所属してお

【図1】山室軍平像のタブレット

ります同志社大学人文科学研究所でも、1980年代に共同研究が行われていました。その共同研究の成果として刊行された『山室軍平の研究』（同朋舎出版、1991年）には、さきほどご講演なさった室田先生も執筆なさっています。同志社では、小倉襄二先生が早くから廃娼運動史研究に取り組んでおられて、この本にも論文が掲載されています。また、これからお話する内容との関連では、村山幸輝先生の石井十次日記を資料として用いた岡山の救世軍についての論文や、山室の救世軍万国本営への訪問の旅に焦点を当てた坂口満宏先生の論文も重要です。この共同研究では、現在も人文科学研究所に山室軍平文庫として収められている一次資料が、数多く用いられました。それらの資料の大部分は、すでに1960（昭和35）年に、山室軍平のご息女である山室民子氏から同研究所に寄託されたものでした。

イギリスの救世軍万国本営の機関誌から

これまでの山室軍平研究は主に、そのような日本に所蔵されている日本語の資料に依拠して行われてきました。本日は、それらに加えて、イギリスのロンドンにある救世軍国際遺産センター（The

Salvation Army International Heritage Centre）に保管されている英文資料を参照しながら、特にその中の日本関係記事に着目して、山室軍平と廃娼《はいしょう》運動について、お話したいと思います。

救世軍国際遺産センターは、ロンドンの南の方に位置するデンマーク・ヒル駅のすぐ近くにあります。救世軍の創始者の名前を冠したウィリアム・ブース・カレッジの中の救世軍史の展示館と同じフロアに設置されています。そのカレッジの入り口の両脇には、ウィリアム・ブースの像【図２】と、妻のカサリン・ブースの像【図３】が配置されています。救世軍国際遺産センターの閲覧スペースは【図４】のようになっています。閉架式で、救世軍に関する重要資料が数多く所蔵されています。私は２０１２年に初めてそちらに伺って以降、同センターの資料をいろいろと見せていただきました。救世軍と直接関係がない外部の閲覧者に対してもオープンな雰囲気で、丁寧にご案内いただきました。

【図2】ウィリアム・ブース立像

【図3】カサリン・ブース立像

ところで、本日のタイトルにある「廃娼運動」は、耳慣れない言葉だと感じておられる方もいらっしゃると思います。後ほど、改めてご説明しますが、その廃娼運動こそ、山室軍平らが率いた救世軍の存在を、20世紀初頭の日本社会に広く知らしめた社会運動でした。日本ではその頃、自由廃業運動という廃娼運動の新しいスタイルが考案され、全国で大きな反響を巻き起こしましたが、やがてそれは、日本だけでなくイギリスでも、救世軍の機関誌――ここでは救世軍国際遺産センター所蔵の『ウォー・クライ』(*The War Cry*)【図5】と『オー

【図4】救世軍国際遺産センターの資料閲覧室

【図5】救世軍本営留学の日本人が写る *The War Cry* の表紙（1908 年）

【図6】*All the World* の表紙（1895 年合冊版）。左は日本に初めて救世軍の司令官として来日したライト夫妻

ル・ザ・ワールド』（*All the World*）【図6】を扱いますが――そうした救世軍の機関誌を通じて、世界中で広範囲に伝えられました。つまり山室軍平は、廃娼運動に関与することによって日本の代表的な社会運動家になっていくのと同時に、イギリスを中心として世界に広まりつつあった救世軍を介して、アジアに良い変化をもたらすことが期待できる有望な人物として、国際社会においても知られることになったのです。

軍隊を模したキリスト教団体

救世軍はプロテスタントの一教派ですが、その名のとおり「軍」でもあって、軍隊を模した組織であるというところが最大の特徴の一つです。そのリーダーたちは「大将」「中校」「少尉」等の階級に位置付けられています。救世軍に属する人たちは、自分たちのことを「救世軍人」と呼びました。また、「兵士」という呼称も使っています。女性たちは「女兵士」と呼ばれました。ただし、軍隊組織とはいっても、救世軍は実際の戦争を行うことを目的とするものではなく、暴力的な行為は批判しています。精神的な「闘い」を重視し、その機関誌の中では戦争のメタファーを多用していて、「戦闘的」であることを肯定的に捉えています。

山室軍平が、イギリスから来日した救世軍人と一緒に写っている写真が『オール・ザ・ワールド』には掲載されています【図7】。一番右が山室です。この写真が撮影された時期、彼の救世軍での階級は「中校」でした。原本のキャプションでは、名前がYamamuraと誤って記されています。短期間で任地を転々とするイギリスの救世軍の士官たちにとって日本語の修得は難しかったようで、このような誤記は、イギリスの機関誌に掲載された日本関係記事の中にしばしば見られます。

山室の左隣の人物がヘンリー・ブラードというイギリス人の救世軍の司令官です。このブラード大佐は、本日のテーマである廃娼運動に救世軍が最初に強く関わった時期に、日本の救世軍のリーダーでした。

この写真で注目したいのは、イギリス人も皆、和服を着ているということです。ブラード大佐は、日本に来る前にはインドで伝道していて、来日時はボンベイの港から日本へと出立しました。彼は、インドにいた時にはインドの服を着ていて、その写真も残っています【図8】。救世軍は、特に衣服（制服）を重要なものと見なしていて、救世軍人の心得を記したウィリアム・ブース著『軍令及軍律　兵士の巻』（救世軍日本本営、1902年）では、制服の着用によって救世軍に属していることが一目で分かることが重視され、その見た目のスタイルも宣教の一部分だと捉えられています。制服を着ていれば流行に惑わされることなく、装飾品も不要で経済的であるとも述べられ

【図8】インドの衣装をまとったヘンリー・ブラードと妻

【図7】イギリスから来日した救世軍人と山室軍平(右端)(1901年)

ています（186〜191頁）。服だけではなく、救世軍は見せ方や伝え方の部分を重視しており、言葉の選び方や歌い方などについても詳細に定めています。ただし、それらのルールは日本人を西洋風にしたり日本人らしさを減じたりすることを意図するものではなく、むしろブースは、救世軍の信仰生活を日本人の生活習慣にも馴染むものにしていきたいと述べています（2〜3頁）。

救世軍の岡山軍営

【図7】の一番左の人物は、マチルダ・ハッチャーという名の「女兵士」です。私は、ロンドンの救世軍国際遺産センターで、彼女が執筆した「OKAYAMA」というタイトルの記事を見つけました【図9】。「OKAYAMA」は、もちろん岡山のことです。著者名のところには「エンサイン・ハッチャー（Ensign Hatcher）」と記載されています。「エンサイン（Ensign）」というのは、日本語では「少校」や「少尉」と訳されます。

この「OKAYAMA」という記事は、1898（明治31）年10月に『オール・ザ・ワールド』に掲載されたもので、まだ日本に救世軍が来てから3年ほどしか経っていない頃の記事です。この

OKAYAMA.

BY ENSIGN HATCHER.

IT was in the beautiful month of May that I came to take charge of the Okayama district. Everywhere nature had on her brightest and gayest robes, and the fields were at their best. In one direction, as far as the eye could scan, only the bright yellow blossom of a plant from which oil is made could be seen; in another, field after field of pink clover; again, acres of rice fields in their prettiest green dress. Along the roadside and on the banks the wild roses, azaleas, violets, and lots of other flowers, vied with each other in shedding their sweet perfume.

I climbed a little hill, at the top of which was a small cemetery. Sitting down on a gravestone I could get a fair view of the city in which I had come to work. Behind me every thing was as bright and fair as anyone could desire to behold; before me lay a city almost buried in heathen darkness and superstition.

Looking down on the city, I thought of all the

【図9】'OKAYAMA'（1898年）

記事では、ハッチャーの岡山での伝道の様子が伝えられています。岡山の美しい景色——田んぼが広がり、クローバーの花が咲いていていて。紅花についての言及もあります。ハッチャーは日本家屋に宿泊し、そこで椅子を使って過ごすのですが、畳には戸惑っています。また、ムカデに驚いたという記述もあります。このハッチャーに限らず、日本に来たイギリスの救世軍の人々は、両国の生活環境や習慣の違いにしばしば困惑することがあったようです。こういった記事からは、宣教のために来日して異文化に慣れていくのに必死な人々の姿、しかし、そんな中でも日本人に期待し、ひたすら伝道を進めていく——そういった懸命な姿を窺い知ることができます。

この「OKAYAMA」という記事のように、イギリスで刊行された機関誌の中で日本の一地域に焦点を当てて論じた記事は多くはなくて、ほとんどは日本の本拠地がある東京、そして時々、横浜や群馬が取り上げられる程度ですから、岡山はイギリスの救世軍万国本営にも日本の重要な拠点の一つであると認識されていたことが分かります。

もともと岡山には1879（明治12）年、アメリカン・ボードの宣教の拠点としての「岡山ステーション」が置かれ、早くからキリスト教の伝道が行われていました（竹中正夫「岡山県における初期の教会形成」『キリスト教社会問題研

【図 10】イギリスのハドリーにあった救世軍のファーム・コロニー

究』第3号、1959年、参照)。救世軍が岡山軍営を設置した時期、同志社出身で岡山教会の第2代目の牧師であった安部磯雄は、岡山市だけでなく岡山県全体にキリスト教が比較的早く伝播した理由として、岡山では教育がしっかり普及していて、岡山の人々が男女問わず聡明だったからだと説明しています(安部磯雄『社会主義者となるまで』改造社、1932年、142頁)。安部は救世軍が来日する前から深い関心を寄せていて、1894(明治27)年7月にイギリス・ロンドンを訪れた際には、テムズ川河口付近のハドリーというところにあった救世軍のファーム・コロニー【図10】を訪れ、ウィリアム・ブースと面会しています(前掲書、229~231頁)。その後、彼は救世軍の岡山軍営にも関与し、山室軍平と同じく、廃娼運動を長期にわたって率いることになりました。

救世軍は、日本では最初に東京の京橋に第1軍営を置き、次いで、横浜軍営、東京第2軍営、八王子軍営と拠点を増やしていって、1896(明治29)年夏、岡山市大黒町(現岡山市中区中納言町)に岡山軍営を開きました。同年7月4日発行の『ときのこゑ』には、岡山軍営の設

【図11】*All the World* に掲載された石井十次の家族写真(1900年)

置が予告されています。それは、救世軍の「日本第5軍隊」と位置づけられました。また、その約1ヶ月前には、岡山孤児院の石井十次が東京第1軍営を訪れていたことが記録されています。なぜ、岡山が救世軍の最重要拠点の一つとなりえたかということを考える時、石井の存在も大きかったと考えられます。

実は、『オール・ザ・ワールド』には、石井十次の家族写真も掲載されました【図11】。しかしこの写真が添えられた記事自体は石井の活動や岡山軍営のことを紹介するものではなく、写真には「典型的な日本の家族（A Typical Japanese Family）」というキャプションが付けられています。この時点で、石井についての情報はイギリスにも部分的に渡っていたけれど、彼が何をしている人なのかということまでは理解されていなかったのかもしれません。

救世軍で活躍する「女兵士」

岡山軍営を最初に率いたのは、ヘレン・クラークという女性です【図12】。彼女はジョン・ロブソン【図13】という救世軍人と結婚しますが、それは、ヨーロッパから来日した救世軍人同士が日本で結婚した最初のケースでした（'Council Days at Tokio, Japan', *All the World*, October 1900）。クラークは、岡山軍営のリーダーになる前には、東京第1軍営を率いていました。その当時の東京第1軍営の人々の集合写真は『オール・ザ・ワールド』にも掲載されています【図14】。前列中央の女性がクラーク、前列右から2人目が山室軍平です。今でこそ、集合写真の中央に女性が位置することは珍しく

【図 13】ジョン・ロブソン

【図 12】ヘレン・クラーク

【図 14】救世軍・東京第1軍営の集合写真（1898 年）

ありませんが、この時代には女性が男性に囲まれて真ん中に座っているというこの構図は、斬新なものとして受けとめられたことでしょう。

クラークは、岡山での活動を始める前から高く評価されていた人でした。彼女は、どんなに酷い目にあっても決して伝道を諦めなかったといいます。単に言葉で罵倒されるだけでなく、暴漢から蹴倒されて気絶するようなこともあったようです。しかし、それでも彼女が宣教を続けて、その結果として新たな信者を得たことが日英双方の機関誌で紹介され、その「勇敢な戦い」が褒め称えられています。(Ibid.「軍営近事　東京第1軍営」『ときのこゑ』18号、1896年7月18日)。女性が「勇敢」であるがゆえに賞賛されることも、この時代の日本においてはまだ珍しいことでした。

このように、救世軍について特筆すべきこととして、19世紀末の時期には、すでに女性たちがリーダーシップを発揮できる組織になっていたということが挙げられます。救世軍は来日の時点で、明確に男女平等という理念を掲げていました。ただし現実には、完全なる男女平等とはいえない側面もありました。しかし、当時の日本社会全体の女性差別的な状況と照らし合わせて見るならば、救世軍はきわめて革新的な、平等原理に基づく組織であったということができるでしょう。

19世紀末の軍隊は一般に、世界のどこの国でも男性中心の組織でした。看護婦だけは、「従軍看護婦」として軍隊の中に入っていくことが可能でしたが、原則的には、軍人といえば男性でした。日本では、女性が軍隊に入隊することは、自ら望んで申し出た場合であっても認められませんでした。

そのような時代において、救世軍では、女性も「軍隊」の「士官」になることができて、彼女たちをトレーニングするための「女士官養成所」まで用意されていました。当時の日本におけるキリスト教系の団体の中で、これほどに女性たちが男性と対等に遇されていた例は、他に思い当たりません。

私は2年ほど前に、公娼制度とその廃止を求めた廃娼運動の歴史についてまとめた本を出版し（『性を管理する帝国——公娼制度下の「衛生」問題と廃娼運動』大阪大学出版会、２０１７年）、その中で、日本の廃娼運動を全体として見れば男性中心の活動だった事実を指摘しました。廃娼運動は女性の人権に関わる社会運動ですが、その運動体の中でさえ女性差別が見られました。廃娼運動のリーダーシップをとっていた人のほとんどは男性で、女性たちの多くは指導される側、啓蒙される側に位置づけられる傾向にありました。

その傾向は、聖書の解釈にも関係しています。コリントの信徒への手紙の1の14章34節には、「婦人たちは教会では黙っていなさい。婦人たちには語ることが許されていません。律法も言っているように、婦人たちは従う者でありなさい」とあります。それを文字通り受けとり、いつでも女性たちは黙って男性に従っていなければならないのだと考えて、特に廃娼運動のようなセクシュアリティに関わる政治的な事柄に積極的に関わろうとする女性たちを批判する人もいました。

しかし救世軍は、来日して間もない頃に正面からこのコリントの信徒への手紙の1の14章34節について論じ、リーダーシップを発揮しようとする女性たちを支持しています（「婦女の官職を帯ぶ理由」『鬨聲《ときのこゑ》』第2号、１８９５年11月）。「婦人たちは…黙っていなさい」というのは「パウロが機に応じて授けし一時の教訓」に過ぎないのだと解釈し、同じ聖書の中から、イエス・キリストの復活を伝えたのが女性だったことなど別の複数の根拠を挙げて、それを説明しています。また、救世軍は女性にも男性と同様に官職を授けると明言し、それこそが「基督教の特色」であるとも述べています。そのような記事に励まされた女性たちは、当時、少なくなかったはずです。そして、そのような救世軍だったからこそ、先鋭的な廃娼運動を展開できたのでしょう。

近代公娼制度という奴隷制度

廃娼運動とは、公娼制度の廃止を求める社会運動のことです。そして近代日本の公娼制度の実態は、一言でいえば奴隷制度でした。貧しい女性たちを借金で縛り、あの手この手を使って搾取して逃げ出せないようにすることが、必要悪として公認されていました。廃娼運動は、すでに１８９０年代の初期の頃から、近代公娼制度が女性の人権を酷く侵害している奴隷制度だということを具体的なデータに基づいて暴き、それを廃止すべきだと主張していました。

その公娼制度は１９４６（昭和21）年にＧＨＱによって廃止されましたが、１９５６（昭和31）年に売春防止法が制定されるまでは、もともと公許地の遊廓《ゆうかく》だったところが「赤線」と名前を変えて、戦後も買売春が公然と行われていました。

公娼である娼妓《しょうぎ》についての法は全国的に統一されていたわけではなく、国が定める大まかなルールの他に、各府県がそれぞれに規則等を設けていました。時期によっては、「廃娼県」と呼ばれた一部の府県で、公娼制度が廃止されていたこともあります。

ここ岡山県にも公娼制度があって、廃娼運動が行われました。岡山県には、【図15】のグラフに示したように複数の公許地（遊廓）があり、そこで娼妓と呼ばれた女性たちが性を売らされていました。救世軍が廃娼運動の一つの戦略として自由廃業運動を支援し始めた１９００年頃には、全国に約５万人の娼妓がいたといわれています。

岡山県では１８７６（明治９）年４月22日、岡山県布達・乙第79号として「娼妓并貸座敷規則」が定められました。そこでは「娼妓渡世」、すなわち娼妓（公娼）として性を売る稼業を行うための鑑札を得るには、満13歳以上でなければならない、と記されています。13歳といえば、現在であれば、まだ小学校を卒業したばかりの幼さの残る少女たちです。その「規則」には、彼女たちが性を売る場所は必ず貸座敷でなければならないということや黴毒《ばいどく》検査を毎月２回受けなければならないこと、そしてその検査費用も自分の稼ぎの中から上納しなければならないことなどが定められています。この規則は、１８７２（明治５）年の芸娼妓解放令に言及し、娼妓が廃業を望

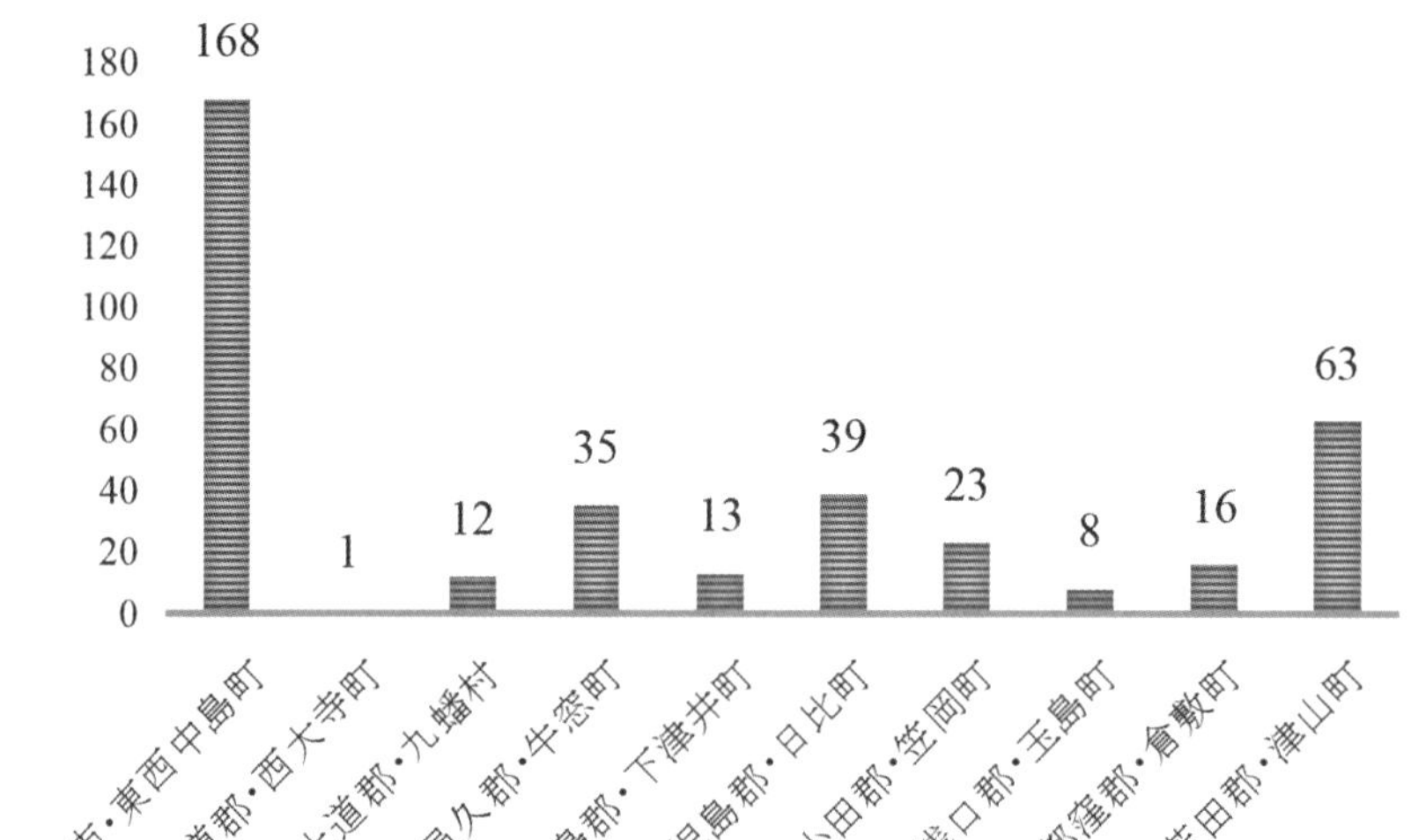

【図 15】岡山県における公許地別の娼妓数

む場合には理由なくその「自由」を妨げてはならないと定めています。しかし、そのように廃業の「自由」を守るというルールが予め設定された岡山県においても、後述するように、楼主が娼妓の廃業を力づくで妨害する事例がたびたび新聞で報じられることになりました。

1877（明治10）年10月8日には、岡山県内での貸座敷営業の「免許地」が定められました（岡山県布達・甲第94号）。そこでは、前年の「娼妓并貸座敷規則」が「貸座敷規則」と「娼妓規則」とに改められ、より詳しい内容になっています。娼妓は自分の稼ぎの中から岡山県に「賦金」を上納しなければならず、その金額は、上等、中等、下等の3つのランクに分けられました。貸座敷では、店頭に店の看板を掲げるだけでなく、娼妓の名札や写真を掲げて、そこに彼女たちの「價」（値段）を記すことになっていました。娼妓になった女性たちは、移動が厳しく制限されていて、「免許地」の外に出る時には付添人を付けなければなりませんでした。

そのように値段を付けられ売り物にされた娼妓たちは、他の女性たちと厳格に区別されました。「貸座敷規則」では、「芸娼妓に紛らわしき挙動」のある人を見つけた場合にそれを警察に通報すれば、事実だった場合には通報者に「褒美」をやると定めています。そのようにして娼婦と娼婦ではない女性とを分けることが、公娼制度という性管理制度の要でした。

近代日本の公娼制度の下で公認された売春は一部だけで、むしろその制度の力点は、〈公認／非公認〉の境界線を定めることによって、非公認のものを徹底的に排除するというところにあります。つまり、近代公娼制度というのは、国家の管理下から逃れて自由に売春を行おうとする女性たちを取り締まって罰するための制度でもあるのです。

テレビで時代劇を見るのが好きな方の中には、遊廓といえば、江戸時代の遊廓のイメージを強く持っておられる方も多いのではないでしょうか。近年、マンガや映画でも遊廓に関するものが増えていて、もともと遊廓だった場所を探訪するのがブームになっているようです。遊廓を粋なものとして肯定的に捉え、その建物の意匠に焦点を当てて、「おしゃれ」だと評する本なども珍しくありません。今では、花魁浴衣と呼ばれるものが販売され、花魁風と称する着物姿で写真をとるサービスまで存在しています。

しかし、そのような現代社会で消費されるノスタルジックな遊廓や娼妓のイメージの多くは、実態からかけ離れています。そもそも、明治期以降のいわゆる近代公娼制度は、江戸時代の公娼制度とは大きく異なります。両者はかなり違うもの、あるいは全く違うシステムだと考えたほうが、むしろ正確にイメージできるかもしれません。明治期以降の近代公娼制度は、性の自由を認めるのではなく、逆に、人々のセ

【図 16】娼妓、芸妓、妾を描いた風刺画（1878 年）

クシュアリティを、厳格に管理するための制度でした。現代と比較しても、そのような管理下の日本社会は今よりずっと息苦しいものでした。

例えば【図16】のように、公娼を含め、婚外の性行為の相手とされた女性たちは、しばしば動物視され、蔑視されていました。左に描かれた娼妓は狐の姿、中央の妾はサイ、右の芸妓は猫として描かれています。羽根つきの羽根や鞠つきの鞠として弄ばれている男性たちのイラストには口髭があることから、高級官吏だとわかります。狐やら猫やらの獣としての女性たちに彼らが手玉に取られていると風刺するイラストです。私娼のイラストは哺乳類でさえなくて、【図17】のように鳥（鷹）にたとえられたり、蝿として描かれたりしました。当時、彼女たちの人間としての尊厳が無視されていたということが、よく表れています。

【図17】私娼「狩り」を描いた風刺画（1878年）

明治期以降の公娼制度は、特に性病の蔓延を防ぐための身体管理を目的としていました。そのため政治権力の側は、国民の婚外の性行為について、遊廓の中でのそれは蔑視しながらも一応認めているけれど、その外側での自由な性行動は決して許そうとしませんでした。公娼制度というのは、公娼として登録しない女性たち（私娼）が売春するのを徹底的に弾圧するための制度です。公娼制度のもとでは警察が私娼をつかまえて罰します。その様子は、頻繁に当時の新聞の記事になりました。【図17】は、そのような私娼の「狩り」を描いた風刺画です。鳥として描かれた私娼について、ここでは「鼻もぎ鳥ども」と呼んでいます。「鼻もぎ」とはどういう意味かというと、梅毒の末期症状である鼻の陥没を、彼女たちが「鼻をもいだ」結果と見なした表現です。私娼こそが社会に性病を蔓延させる悪者なのだと、彼女たちを非難しているのです。

このように娼婦たちが蔑視されている状況のもとで、廃娼運動が起こりました。１８８０（明治13）年頃から、群馬の県議会等で公娼制度の廃止を求める社会運動が始まります。１８８６年には、東京婦人矯風会《きょうふうかい》が結成されます。「婦人」矯風会とはいうものの、矯風会は女性だけで構成された団体ではなくて、男性がリーダーだった時期も長かったのですが、最初は女性がリーダーです。その浅井柞《さく》という人は矯風会の機関誌の創刊号で「娼婦も等しく之《こ》れ人なり、われらが姉妹同胞にあらずや」と述べています（「矯風会之目的」『東京婦人矯風雑誌』１号、１８８８年４月）。つまり、娼婦も自分たちと同じ人間で、平等なのだ、という意味です。現代の日本においては、そのような娼婦の人権についての主張を表立って否定する人なんていないでしょう。娼婦にも人権があるというのは、あたりまえのことだからです。

しかし、浅井が「娼婦も等しく之れ人なり」と論じた時代には、娼婦的だと見なされた女性たちを「人」ではなく動物と見なして侮蔑する言葉が、新聞や雑誌等のメディアにはあふれかえっていました。

そんな時代背景と併せて考えてみると、「娼婦も等しく之れ人なり」という言葉が発せられたことの意味が、いっそう深く理解されることと思います。

山室軍平は1892（明治25）年、西那須野（現栃木県那須塩原市）にあった育児暁星園の本郷定次郎との出会いをきっかけに、買売春問題に取り組み始めることになります。本郷は旅の途中で、軽度の知的障害のある若い女性が人身売買の被害に遭いそうになっていることを知り、彼女の13円の借金を肩代わりすることによって助け出しました。山室はそれを知って、彼自身も極貧の若者でしたが、同志社の学生に訴えて寄付を募り、本郷に8円ほどのお金を渡しました。山室は、後にこのことを振り返って「これは私が今で言う、婦人救済の事業に多少でも関係した、初度の経験であった」と記しています（山室軍平『私の青年時代　一名、従軍するまで』1929年、125頁）。

廃娼運動は、すでに1890年頃に最初の隆盛期を迎えていたので、当時クリスチャンの若い男性たちの間で、公娼制度は奴隷制度であるという認識が広まり始めていました。その後、一時下火になった廃娼運動が再び1900年頃に盛んになったのは、自由廃業運動という新しい廃娼運動のスタイルが打ち出されたからです。山室軍平はその新たな潮流の先頭に立って、本格的に「婦人救済」という課題に向き合うことになりました。

性病検査を強いられていた娼妓たち

明治期以降の公娼制度が奴隷制度であると批判された理由の一つは、娼妓に定期的な性病検査を強制していたことです。その性病検査は、検黴《けんばい》と呼ばれていました。【図18】は、明治初期の性病検査の診察台のイラストです。検黴の制度が導入された当時、女性たちはこのような診察台の上で医者に性器を見られるのを強く恥じる感覚を持っていました。明治時代に「衛生」という概念が広がっていって、定期的な検査が娼妓に対して行われるようになっていくわけですが、当時の娼妓にとっては、それが非常に重い心の負担になっていたことが、様々な史料から分かります。「普段、性を売っている人たちなら、他人に裸を見られることに慣れているから、検査くらい平気なんじゃないか」と想像する人がいるかもしれませんが、それは事実とは異なります。このような医学的な検査が強制されるのは、お金と引き換えに性行為を行うよりも辛いことだと受けとめる女性たちもいました。

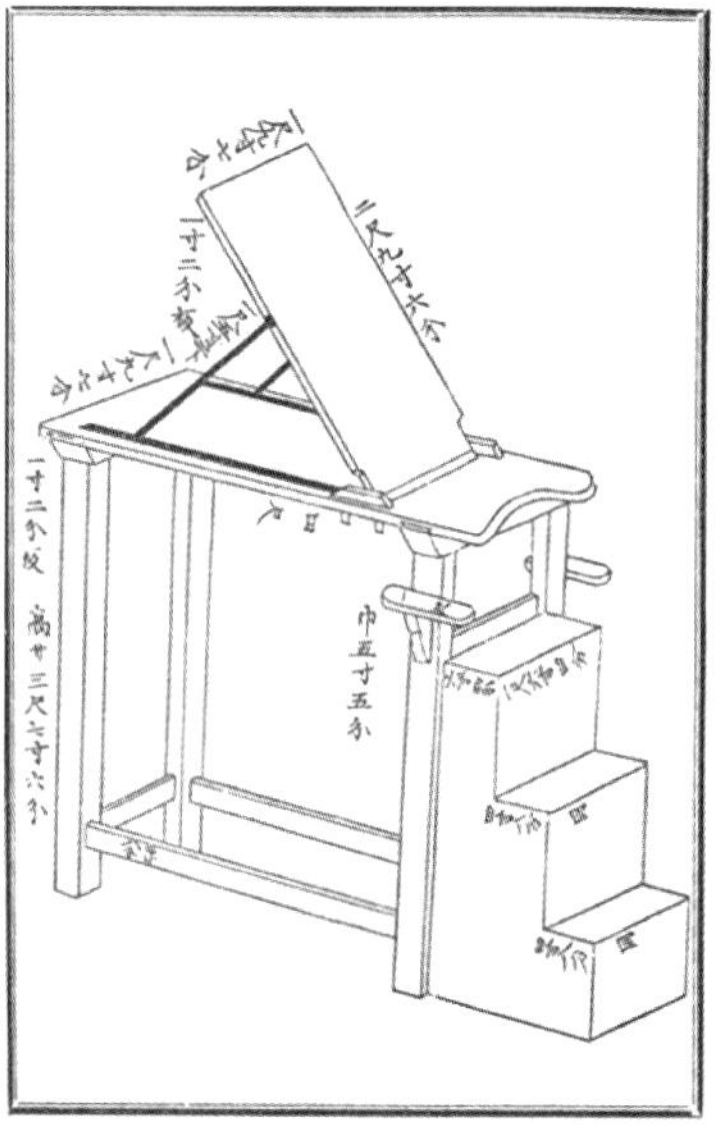

【図18】検黴に用いられた診察台

　性病検査を行う病院は、黴毒《ばいどく》病院や駆黴院《くばいいん》と呼ばれました。【図19】は、名古屋にあった駆黴院の後方の壁の写真です。私は、この写真は近代公娼制度の本質を非常によく表していると思い、さきほどご紹介した私自身の単著のカバーにも用いています。

　この写真を見ると、駆黴院という場所が、病を治したり人を癒したりするのが主目的ではなく、性病に罹患した人たちを隔離するための施設であったことがわかります。壁の上には忍び返しが付けられていて、外側から入れないだけでなく、内側からも出られない。つまり、この壁の外に出たいと願った女性がそれだけ多かったということを、この写真は示しています。駆黴院が本当に娼妓たちの健康を守ることを目的とする施設なら、こんな壁など建てる必要はなかったはずです。娼妓たちにとって、それが酷い場所だったから、こんな壁を建てなければ、みんな逃げ出してしまうのでしょう。写真の左側の男性は、娼妓たちが逃げ出さないように見張っていた門番ではないでしょうか。こうして隔離された場所に、遊廓に売られたあげくに性病をうつされた女性たちが入れられていました。

REAR WALL OF SEGREGATED HOSPITAL FOR PROSTITUTES—NAGOYA.

【図19】名古屋の駆黴院

自由廃業運動とは

遊廓でも駆黴院でも、娼妓たちは残酷な扱われ方をしていたので、そこから命がけで逃げ出そうとする人が後を絶ちませんでした。けれども、遊廓の楼主《ろうしゅ》たちにとっては、娼妓の女性たちは、いわば金づるでしたから、彼女たちが逃げ出さないように人を雇って監視の目を光らせていました。そのため、娼妓たちは自由に娼家から出ることは許されず、たとえ逃げ出せても、どこかで捕まえられて連れ戻され、逃亡の罰として暴力を振るわれることが多かったのです。しかしそれがわかっていても、多くの娼妓たちが遊廓での虐待に耐えかねて逃亡を試み、そのことが新聞で頻繁に報じられていました。

そんな新聞記事を見て、あるひとりの外国人宣教師が心を痛め、どうすればその娼妓たちを助けられるのだろうかと考え続けていました。そしてついに彼が廃娼運動の新たな戦略として考え出したのが「自由廃業」という方法です。【図20】は、その考案者であるユリシーズ・グラント・マーフィーの写真です。当時の日本の新聞や雑誌は、彼の名前を「モルフィー」または「モルフ」と表記しています。

【図20】ユリシーズ・グラント・マーフィー

マーフィーは、娼妓たちが彼女ら自身の望む時に廃業できるようにする法的権利を法廷で認めさせるため、名古屋を拠点に法廷闘争を開始します。名古屋では、1891（明治24）年10月の濃尾大震災後の惨状の中で、困窮している家の娘たちを遊廓に売り飛ばそうと狙って人買いが集まり、その後、被災地の周辺では娘を売ることが盛んになっていました。さきほどご紹介した【図19】の名古屋の駆黴院の写真も、もともと、マーフィーの著作に掲載されていたものです。山室は、後に「濃尾の大震災は、これ迄にない程全国的に、人々の同情心、慈善心を動かし」て「日本の社会事業は、濃尾の大震災に萌芽を発し」たと記していますが（前掲『私の青年時代』117頁）、マーフィーもまた、濃尾大震災後の名古屋の女性たちの状況に「慈善心」を動かされ、そこを一つの出発点として自由廃業運動の戦略を練り始めたのです。

マーフィーはアメリカ合衆国出身ですが、日本に宣教師として派遣されるにあたって日本語を学び、日本のことをよく勉強し、日本の法律を読み解いていくうちに、日本の公娼制度に大きな矛盾があることに気づきました。その矛盾とは、娼妓は「稼業」、すなわち一種の「営業」と位置づけられているのにもかかわらず、彼女たちが自分で「廃業」を決めることが実質的には不可能であったという点です。それが変だと気づいた彼は、「稼業」ならば「廃業」もできるはずだと法廷で訴えました。

マーフィーの主張は認められ、１９００年には、娼妓取締規則の中で娼妓の廃業の権利が明確に認められます。こうして、遊廓の中の女性たちは、やめたい時に、いつでも娼妓をやめられるという「自由廃業」の法的権利を得ることができました。

ところが、そのように法が変わった後でも、遊廓の楼主たちは、娼妓が「自由廃業」の権利を行使するのをなかなか認めようとはしませんでした。娼妓たちが廃業届を出そうとすると、直接的な暴力も含む様々な手段によって、その届を出させないように妨害工作を行いました。

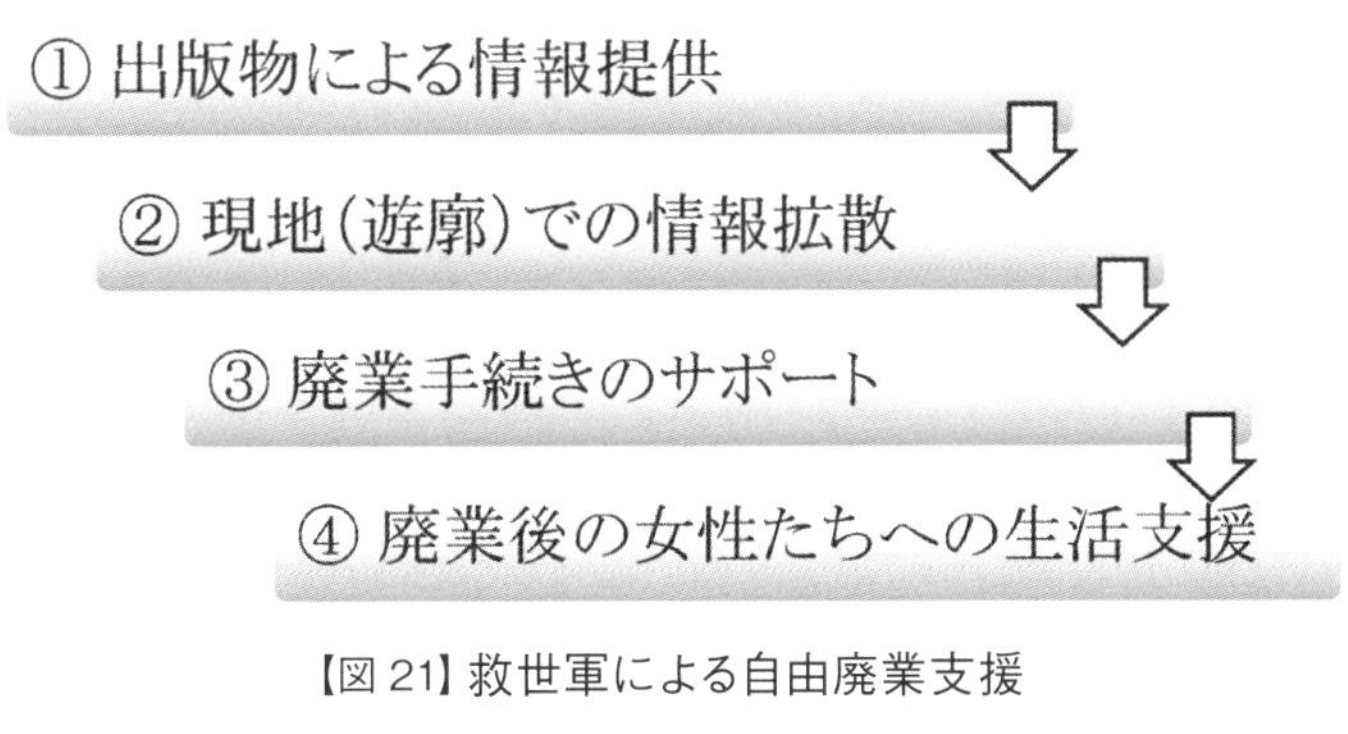
① 出版物による情報提供
② 現地（遊廓）での情報拡散
③ 廃業手続きのサポート
④ 廃業後の女性たちへの生活支援

【図 21】救世軍による自由廃業支援

そこで、救世軍はマーフィーに全面的に協力して、娼妓が自由廃業をしやすくなるように支援活動を行なったのです。その救世軍の自由廃業支援の活動は【図21】のように四段階に分けて捉えることができます。

① 出版物による情報提供

まず、娼妓には「自由廃業」の権利があることを当事者である彼女たちに知らせるために、ふりがな付きの読みやすい記事を、自分たちの機関紙『ときのこゑ』に掲載しました。特に、1900年8月1日発行の『ときのこゑ』は自由廃業についての記事を前面に打ち出して話題になりました【図22】。その第1面のいちばん上には「娼妓は偽善者より先に天国に入るべし」と記されています。

巻頭記事のタイトルは「女郎衆に寄る文」です。そこには、次のように記されています。娼妓たち

娼妓は僞善者より先に天國に入るべし　COLONEL BULLARD. (NATIONAL HEADQUARTERS TOKYO, JAPAN.)

(明治二十八年十一月二日遞信省認可)

ときのこゑ

救世軍日本公報

鬨聲　第百十二號

女郎衆に寄る文

口から出任せの追従輕薄はもういやと云ふ程聞ておいでなさらうが、眞實あなた方の爲を思ふて、相談相手になつて與れる人は一人もない、氣の毒なる御身の上を思ふにつけ、どうしても默つて居られませぬから、一筆かいてあなた方に差し上げるわけであり升、

たとひ九尺二間の裏棚で、たどんだまを固め、燐寸の箱を張り、又は田舍で日に燒けて眞黑になりながら田の草をとり、肥たごを擔いで働く共、若し正直律義な家業をして、亭主兒供一緒に暮して居るとなら、誰に遠慮もなくて、貧乏な中にも樂みと云ものがあります共、今日あなた方の樣にかごの中の鳥同然、狹い廓の内に閉こめられて、よしや幾らか奇麗な着物を其身につけて居るにもせよ、夜逆氣にそまぬ人々の機嫌きづまを取り、親不孝者、不忠義もの、酒のみ、虛言者、泥棒など世間で一番賤しい人間に、かはる／＼其からだを玩具にせられ、折々は悪い病氣をうけ、お醫者

出來ぬと云ふとが、ちやんと明白に定まつて居ります故、あなた方が唯是非共此賤らしい仕事を止ると云ふ覺悟を定め、廢業屆と云ふものを其筋へ差出しさへすれば、其借錢の有無に拘らず、あなた方は直ぐに女郎を止めるとが出來る樣になつて居ます。勿論女郎屋の亭主はあなた方に仕事を止めさせるとを好まぬ故、何とか色々故障を入れ、又は若い衆などを賴んで邪魔をするかも知れませぬが、唯道理は右申す通り明かでありますから、根氣好く辛抱してどこ／＼迄も推通して行きますならば、つまりあなた方は自由の身になれる筈なので、此事に付ては先達中、名古屋あたりで段々裁判沙汰などもありましたが、何時でも女郎衆の申分が通つて親方の方が負になつて居ます。扨あなた方がいよ／＼汚氣家業を止めたとすれば何うかと申すに、勿論これまでの樣にしたらなく、身を持つて居る樣なとでは、忽ち食ふに困つて復もや曖昧な商賣でも、始めねばならぬ樣な心配がある故、あなた方は此際非常に奮發をして、何でも地味で律義な家業を覺え、堅氣な稼人になつて身を堅めるとを心がけねばなりませぬ。其れには東京芝區芝口二丁目に救世軍の本營と云ふ所があつて、其處へ賴めば色々あなた方の相談相手になつて與れ、又隨分後々の世話をして與れるとになつて居り升。此救世軍は世界中何處の國でも、あなた方の樣な不幸な婦人を救ふ爲に、非常に骨

【図22】『ときのこゑ』の「醜業婦救済号」(1900年8月1日)

は、廓《くるわ》の中に閉じ込められ、他人の機嫌をうかがい、身体を玩具のように弄ばれ、病気をうつされ、医者に嫌な検査をされ、（楼主の搾取によって）かえって借金が増し、たまたま良い客に出会っても、自分のところに通ったせいでその客が親に勘当されたり離婚したりしたことを後から聞かされる。それは「苦しくて、悲しくて、恥ずかしく、また罪の深い商売」である。もしもその仕事をやめたいなら、たとえ借金が残っていても「自由の身」になる権利があり、救世軍はそのための相談相手になるし、後の世話もみる、と。そのように述べて、救済所について具体的に案内しています。

このように自分たちの機関紙である『ときのこゑ』を用いるほか、マーフィーとも協力して自由廃業案内の小冊子を出版しました【図23】。

② 現地（遊廓）での情報拡散

そのような自由廃業支援についての情報は、娼妓たちに届か

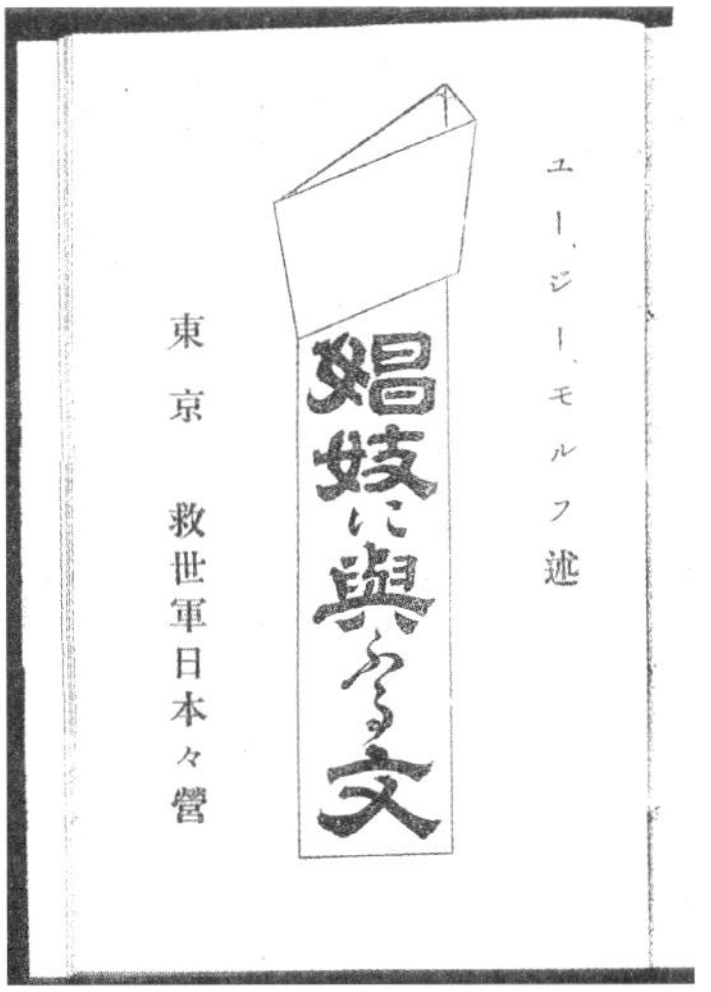

【図 23】『娼妓に与ふる文』
(1902 年)

【図 24】救世軍人による遊廓でのビラまき
(1903 年)

なければ意味がありません。しかし、娼妓たちは自由に本や雑誌を入手することはできなかったので、救世軍の人たちは自ら、【図24】のように遊廓まで『ときのこゑ』などを届けに行きました。

③ 廃業手続きのサポート

救世軍は、ただ自由廃業の情報を提供するだけでなく、廃業届を警察に提出するまでの手続きも手伝いました。なぜなら、娼妓たちが廃業届を出そうとしても、それを楼主たちが妨害することが多かったからです。

【図25】は、救世軍の「行軍」を描いたイラストです。救世軍人は、こうして集団で遊廓の中まで出向いて行って、娼妓たちに直接働きかけようとしました。しかし楼主たちにとっては、それは金儲けの邪魔でしかありません。楼主たちは、こっそり法の網の目をくぐって娼妓たちから搾取し続けたいと考えているので、しばしば暴力的な手段を用いて、救世軍の自由廃業支援活動を阻止しようとしました。

【図26】は、救世軍の男性たちが遊廓関係者に暴行された時の写真です。負傷した頭に包帯が巻かれています。救世軍の伝道は、音楽を奏でながら「行軍」する独特なスタイルで知られていますが、その演奏のために用いる太鼓は無残に破かれています。このように、暴行され負傷した救世軍の人々の姿は街の人々に何度も目撃され、新聞でも報じられたので、全国的に知られることになりました。知識層ではなく一般庶民に広く読まれていた新聞も、盛んに自由廃業運動の様子を報じて、救世軍の人々は一躍、庶民の英雄になりました。

【図25】救世軍の行軍

【図26】救世軍人負傷の図

④ 廃業後の女性たちへの生活支援

さらに、廃業した娼妓たちが、その後の生活に困らないよう救済所を新設して、就業や生活習慣改善のためのトレーニングを行いました。その救済所は、１９００年７月に創設された当初、「醜業婦救済所」と呼ばれましたが、１９０１（明治34）年６月には「婦人救済所」と名称を変え、その後１９０８（明治41）年からは「東京婦人ホーム」と呼ばれるようになりました【図27】。そこには、元娼妓の女性たちだけでなく、芸妓、酌婦、親から勘当された女性、不倫して夫に暴力を振るわれている女性など、性的なトラブルを抱える様々な女性たちが入所しました（山室軍平『山室機恵子』救世軍出版及供給部、1916年、54頁）。

救世軍の自由廃業支援の活動は、情報提供から廃業後の就業支援まで、細部にも目配りのきいた計画的なものでした。単に、表向きのポーズで廃娼を支持するのではなく、本気で女性たちを助け出そうとしていたことが分かります。

岡山でどのように自由廃業が広まったかというのは、1900年の夏頃からの『山陽新報』を見ると分かります。救世軍は、全国に先駆けて東京で活動を開始したので、『山陽新報』でも救世軍人が東京の吉原遊廓で演説をした後に遊廓の妓夫たちによって殴打された事件が、最初に報じられました。それが1900年8月9日のことです。

同月12日の紙面には、岡山出身の女性が高知の遊廓で虐待されていることを報じる記事が掲載されています。その岡山出身の吾妻という娼妓は、遊廓での稼業を続けているうちに妊娠しましたが、楼主は彼女を責め苛《さいな》み、妊娠6ヶ月頃まで売春を続けさせました。吾妻は弱り果て、たとえ死んでも性行為はしたくないと拒否したところ、楼主は彼女に朝から晩まで客引きを

【図27】婦人救済所で裁縫を学ぶ女性たち（右奥が山室機恵子）

させたり洗濯をさせたりして、臨月近くになっても酷使しました。そのような娼妓虐待は、当時の新聞で頻繁に報じられていて、国民の多くは、娼妓たちが自由廃業を望む理由の一つがそのような待遇の酷さであったことを知っていたと考えられます。

1900年8月26日の『山陽新報』の記事では、同月22日に西中島遊廓の関係者が臨時大集会を開催し、東京の洲崎遊廓と提携して遊廓の利益を守ろうと決議したことが報じられました。その後、救世軍人が東西の中島遊廓で遊説をし、その影響から廃業を計画し始めた娼妓がいるとも記されています。同月30日には、「自由廃業者現わる」というタイトルで、東中島遊廓の娼妓のひとりが岡山署へ廃業を望む手紙を出したことが報じられています【図28】。

西中島遊廓では、楼主らが自由廃業の動きを止めようとして数名の無頼漢を雇い、娼妓に対して、廃業しようとするなら命がけで引き戻す、と脅迫しました（『山陽新報』1900年9月7日3面）。しかし、それでも自由廃業をしようとする娼妓が続々と現れたので、東西の中島遊廓の関係者は「驚き怖れ」、なんとかして自由廃業を食い止めよ

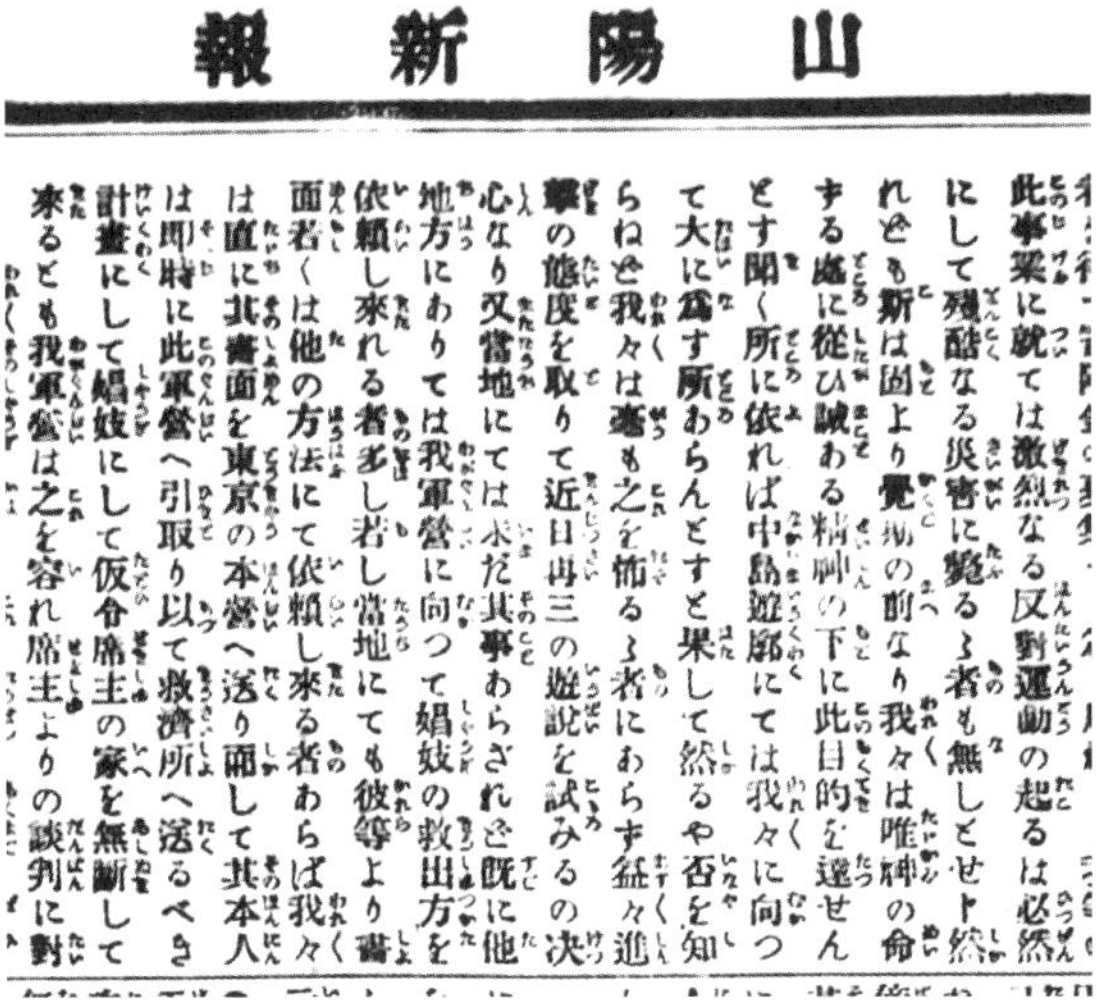
山陽新報

此事業に就ては激烈なる反對運動の起るは必然にして殘酷なる災害に罹るゝ者も無しとせず然れども新は固より覺悟の前なり我々は唯神の命ずる處に從ひ誠ある精神の下に此目的を遂せんとす聞く所に依れば中島遊廓にては我々に向つて大に爲す所あらんとすと果して然るや否を知らねど我々は毫も之を怖るゝ者にあらず益々進撃の態度を取りて近日再三の遊説を試みるの決心なり又當地にては未だ其事あらざれど既に他地方にありては我軍營に向つて娼妓の救出方を依頼し來れる者多し若し當地にても彼等より書面若くは他の方法にて依頼し來る者あらば我々は直に其書面を東京の本營へ送り爾して其本人は即時に此軍營へ引取り以て救濟所へ送るべき計畫にして娼妓にして假令席主の家を無斷して來るとも我軍營は之を容れ席主よりの談判に對

【図28】自由廃業の動きを報じた『山陽新報』（1900年8月30日）

うと、今度は娼妓たちを教育する女紅場（女性のための手芸や計算、礼儀等を教える簡易教育機関）を作ることにしましたが（同9月18日4面）、自由廃業を望む娼妓が続出する流れを止めることはできませんでした。

娼妓たちは暴力を振るわれたり酷使されるだけでなく、金銭的にも搾取されていました。岡山市の西中島遊廓で行われていた搾取の一例が、『山陽新報』（１９００年９月19日４面）に掲載されています。

照子という娼妓名を付けられたある女性は、最初、４００円の前借金で、６年３ヶ月の年季の契約をしました。娼妓稼業を始めてから３年９ヶ月経った時点で、すでに２７００円も稼いでいたはずでしたが、なぜか最初の借金の４００円は、１０２０円に増えていました。楼主が「飯代」や「化粧代」と称して借金を勝手に増やしていたからです。それで照子は廃業したいと訴え、この事情を警察署長に伝えたところ、署長は事実関係を調査して、照子の訴え通りであることを確認しました。しかし、自由廃業のための示談では、彼女の稼ぎ高は４５０円と計算され、借金１０２０円からこの４５０円を差し引いて、結局彼女は６７０円の借金を背負って遊廓から出ていくことになりました。３年９ヶ月もの間、売春を強いられ続けていたのに、その間に借金が２７０円も増えてしまったのです。

１９００年10月13日の『山陽新報』では、津山でも自由廃業者が出たことが報じられています。同年11月7日の同紙は、日比（玉野市）にも自由廃業者が現れたと伝えています。それらの自由廃業のケースは、すべてが救世軍の関与によって行われたわけではないのですが、岡山県での自由廃業運動の広まりは、救世軍の東西中島遊廓での演説が発端の一つであったと考えられます。

こうした救世軍の活動の中で、これまでの歴史研究において取り上げられることが多かったのは、男性たちによる遊廓内でのビラ撒きや廃業手続きのサポートの活動でした。【図26】の写真などが、その勇敢さと華々しさを物語るものとして紹介されました。それに対して、女性たちが中心となって運営した婦人救済所のことについては、あまり調査が進められていません。しかし私は、救世軍の白由廃業支援の活動を全体として俯瞰した場合に、むしろその婦人救済所の運営こそ注目されるべき活動ではなかったかと考えています。

救世軍の婦人救済所の重要性

今日は山室軍平についてのシンポジウムですが、婦人救済所を実質的に担っていたのは、山室軍平の妻である山室機恵子でした（【図27】）。彼女をはじめ、救世軍の女性たちの活動の歴史については、今後、もっと調査が進められるべきだと思います。

【図29】は、イギリスで発行された救世軍の機関紙『ウォー・クライ』の1907（明治40）年4月20日号の表紙です。上部には、LAND OF THE CHERRY BLOSSOM（桜の国）というタイトルが掲げられています。つまり、この表紙のテーマは日本です。このように、イギリスの『ウォー・クライ』の表紙に日本の救世軍の写真やイラストが取り上げられたことは、何度かありました。

その日本の活動を表現した表紙の中央の集合写真に写っているのは、婦人救済所の入所者とそのスタッフです。乳児もふたり、写っています。上部の丸く囲われた2つは、司令官のブラード（左）とその妻（右）の写真です。下側の集合写真に写っているのは、日本の救世軍を率いていた日英のリーダーたちです。

この表紙からは、いろいろなことが読み取れます。まず驚くのは、日英の幹部スタッフの集合写真よりも上に、救済所の入所者の女性たちの集合写真が配置されているということです。当時のメディアは一般に、写真の配置に対しては敏感です。どの写真を上に配置するか、何を中央に置くかということは偶然ではなく、そのメディアを制作している人たちの意識の反映だと見ることができます。「偉い」とみなされている人、あるいは注目すべき事柄として重視されていることが、上部あるいは中央に配置されるのが一般的なパターンです。そのため、男尊女卑の社会においては、男性の写真は女性のそれより上、あるいは全体の中

THE WAR CRY
AND
OFFICIAL GAZETTE OF THE SALVATION ARMY.
No. 1,804.] LONDON, SATURDAY, APRIL 20, 1907. [PRICE ONE PENNY.
LAND OF THE CHERRY BLOSSOM
GIRLS AND OFFICERS OF THE RESCUE HOME TOKYO.
Striking Photographs from the Scene of The General's Far Eastern Campaign.

【図 29】*The War Cry* の表紙に掲載された婦人救済所の人々

心に配置されることが多いのです。しかし、この表紙では、元は娼婦だった女性たちの集合写真が中央に置かれ、それが救世軍の幹部スタッフの写真よりも上に置かれています。このことから、この『ウォー・クライ』を編集した人たちが、いかに婦人救済所を大切なものと見なしていたかが伝わってきます。

もう一枚、愛隣隊と呼ばれた救世軍の女性たちのグループの集合写真をご覧ください【図30】。これは、婦人救済所とは異なり、逆に貧しい人々を救済するための救世軍内の女性たちの集まりです。ただしこの愛隣隊には、廃業した元娼妓の女性も入っています。私は、山室機恵子の顔は、別の顔写真を見て知っているので、写真中央の女性が山室機恵子だということは分かるのですが、この写真の中で、どの人がもともと娼婦だったかということは分かりません。この愛隣隊では、元娼婦とそうでない人とを区別しておらず、皆、同じ

【図 30】愛隣隊

ような姿で写っているので分からないのです。つまり、救世軍に救済された女性たちは、ここでは同時に〈救済する者〉にもなっています。〈救済する者／救済される者〉の関係が、固定的ではなく流動的です。

廃娼運動の評価をめぐって

そのような、救世軍における元娼妓の女性たちの立ち位置を把握することは、救世軍の廃娼運動全体の評価にも関わる重要な論点であり、今後、しっかり研究を進めていきたいテーマです。

これまでの歴史研究の中では、自由廃業運動を含む廃娼運動に対する評価は、ずいぶん大きく揺れ動いてきました。廃娼運動は、女性の人権擁護のための尊い闘いとして高く評価されることがある一方で、しばしば、廃娼運動家も娼妓たちを差別していたのではないかと疑いの目を向けられてきました。その娼婦差別の疑いの根拠とされてきたのが「醜業婦《しゅうぎょうふ》」という言葉です。明治期には、公娼制度を支持する存娼派の人々も、その廃止を求める廃娼派の人々も、双方ともに売春を「醜業」、すなわち醜い稼業だと見なしています。廃娼派の人の中からは、そのような言葉を廃娼運動の中で使用することに対して批判の声も挙がりましたが、それでも「醜業婦」という言葉は頻繁に使われていました。山室軍平や救世軍に関しては、この問題をどのように考えたらよいのでしょうか？

先に『ときのこゑ』の「娼妓救済号」では、娼妓という稼業を「苦しくて、悲しくて、恥ずかしく、また罪の深い商売」と表現していたことをご紹介しました。公娼制度下の娼妓たちが、「苦しくて、悲しくて、恥ずかしい」思いをしていたのは歴史的事実であり、その証拠となる史料は、大量に残されています。そして、それが事実だったからこそ、たくさんの娼妓たちが遊廓からの命がけの脱出をしたのです。しかし、「罪の深い商売」という表現についていえば、ほんとうに罪深いのは娼妓にされた女性たちではなく、公娼制度を維持することに執着していた為政者や、そのような制度に便乗して金儲けに走った楼主や、貧しさゆえに売られた少女たちを買い漁っていた客でしょう。

買春客は、娼妓に対して、ただ性行為を行うだけでなく、彼女たちの体を傷つけて虐めたり、ひどい場合は八つ当たりで殺したりしました。そんな娼妓殺しの事件は、新聞でもたくさん報じられていました。そのような暴力をふるう者たちや、その暴力を必要悪として黙殺した者たちこそ「罪深い」と非難されるべきです。

ただし、救世軍の機関紙にある

ときのこゑ

救世軍日本公報

鬨聲　第百五拾九號

自由廢業案内

(一)なぜ娼妓をしてはいけませぬか。

娼妓をして不可いわけは、一つは大層罪の深い仕事だからて、又一つには此上もなく淺ましい勤だからてム升。罪のふかいと云わけは、女たる者が操をけがし、ぜに金故に知ぬ男に腐身をゆるすと云は、まことに異に相すまぬ惡いとで、さういふ勤めをする人があるお蔭で、家を外に遊び歩き、親不孝をする者やら、妻子を泣すものやら、身代をつぶす者やら、主人の金をつかひ込

(三)自由廢業のしかたを敎へて下さい。

娼妓の自由はいげふは、少しも六かしいとはない。唯思ひ立つ日を吉にちと定めて、何時でもさつさと、御受持のけい察署へまかり出で、私しは只今から娼妓をやめますから、何卒名前を帳面から消して下さいましと、御願中せば直ぐにきゝとゞけて、素人にならして戴けるのであり升。

(四)若し樓主や若衆に邪魔をされたら、何う致しませう。

娼妓の自由廢業をじやまする者は、樓主でも、若衆でも、誰でも皆二十五日以下の重禁錮か、又は二十五圓以下の罰金と云ふ、嚴ちうな御規則がありがたくも、内務省から出て居まして、日本國中どこでも皆その通りてござりますから、かまふとはない、

度をし、又こち
居ねばならぬよ
て丞ふと云ふ
りませぬ。鬼
ひ廢業すると
たといふ樣なの
つかない。目
くためしも
をしてもらひ、
な世話女房に
ら丞ふた方が
(八)救世軍て
がかゝりますか
此は金錢づくの
居る婦人達を
たいと云のが

【図31】『ときのこゑ』(1902年8月1日)

「罪の深い商売」という言葉だけを捉えて、救世軍が娼妓たちだけに責任を負わせていると解釈するのは、短絡的な評価です。『ときのこゑ』では同時期に、娼妓たちが嫌がっているのにお客の相手をさせているのは強姦と同じことだと、公娼制度そのものや買春客を非難しています。(ユ・ジ・モルフ「刑場に行く勿れ」『ときのこゑ』1900年8月20日号)。

また、「罪の深い商売」という表現を解釈するにあたって大切なことは、遊廓では楼主らが娼妓に、客に嘘をつくよう強要していたという歴史的背景を把握しておくことです。娼妓たちは、自ら望んで嘘をつくのではなく、嘘をつくように楼主から指導されています。そういう指導のマニュアルが史料として現存しています。

そして例えば娼妓たちは、大嫌いな客でも好きなフリをして、客がたくさんのお金を使うように仕向けなければなりませんでした。彼女たちは、客からたくさんのお金をもらわなければ自分自身が楼主に酷い目にあわされますから、必死です。自分の命を守るために必死で嘘をつくということを繰り

【図32】『死地に行く勿れ』(1900年)

返しているうちに、だんだん嘘をつくのが上手になってしまいます。客の中にはその嘘に騙されて遊廓でお金を使い込み、経済的に破綻する人が少なくありません。すると、楼主に強要されていて仕方なかったとはいえ、自分のついた嘘によって誰かが困窮するのを目の当たりにすることになって、彼女たちは胸が痛むわけです。自分が望んで嘘をついたわけではなかった、仕方なかったとわかっていても、自分にお金を使い込んだために追い詰められた客から心中に誘われたりするのは、重い精神的負担だったはずです。

娼妓たちが経験していた苦しみは、ただ嫌な相手と性行為をすることだけに起因していたのではなくて、そのように近代公娼制度という醜悪なシステムの歯車にさせられたことによる精神的な苦痛の問題が含まれています。当時、救世軍の「罪の深い商売」という表現に共鳴して、廃業しようとする娼妓が多かったことの背景には、そのような遊廓における悪しき慣習の問題があります。

そのようなことを総合的に捉えれば、当時の救世軍の人たちの娼妓との向き合い方は、差別的などではなく、むしろ、きわめてフェアであったと考えられます。救世軍の人々が、娼妓にされてしまった女性たちの心の動きをよく理解し、廃業したいと望む娼妓たちの望みを叶えるために徹底的なサポートを行い、廃業した後の彼女たちの生活にも気を配り、自分たちと同じ仲間として受け容れようとしたことが、数多くの史料から確認できます。

特に婦人救済所での活動は高く評価されるべきです。娼妓となった女性たちに対して、そのように具体的解決のために動くことができた人たちは、当時の日本社会においては稀でした。

終わりに ──「弱者の友」とは誰か

救世軍が刊行した本の中に、『弱者之友』と題された書籍があります（救世軍本営発行、１９１１年）【図33】。その副題は「救世軍の慈善事業一班」となっていて、救世軍の婦人救済所を含む慈善事業は「弱者の友」になろうとする試みであったことが分かります。救世軍はたしかに、娼妓のほかにも、出獄した人々や貧しい労働者、病者など、社会的な弱者を助けるための事業を、次々に展開してきました。

しかし、「友」になるとはどのようなことかと、改めてじっくり考え始めてみると、案外、その答えを出すのは難しいことに気づかされます。例えば、弱り切っている人に「もっと強くなれ」と励ますのと、「今は仕方ない」「あなたは悪くない」と慰めるのと、どちらが「友」として適切なのか？

山室軍平自身は、非常に意志の強い人でした。彼が書いたものを読むと、その尋常でない精神力に驚かされます。彼は、いつ飢え死にしてもおかしくな

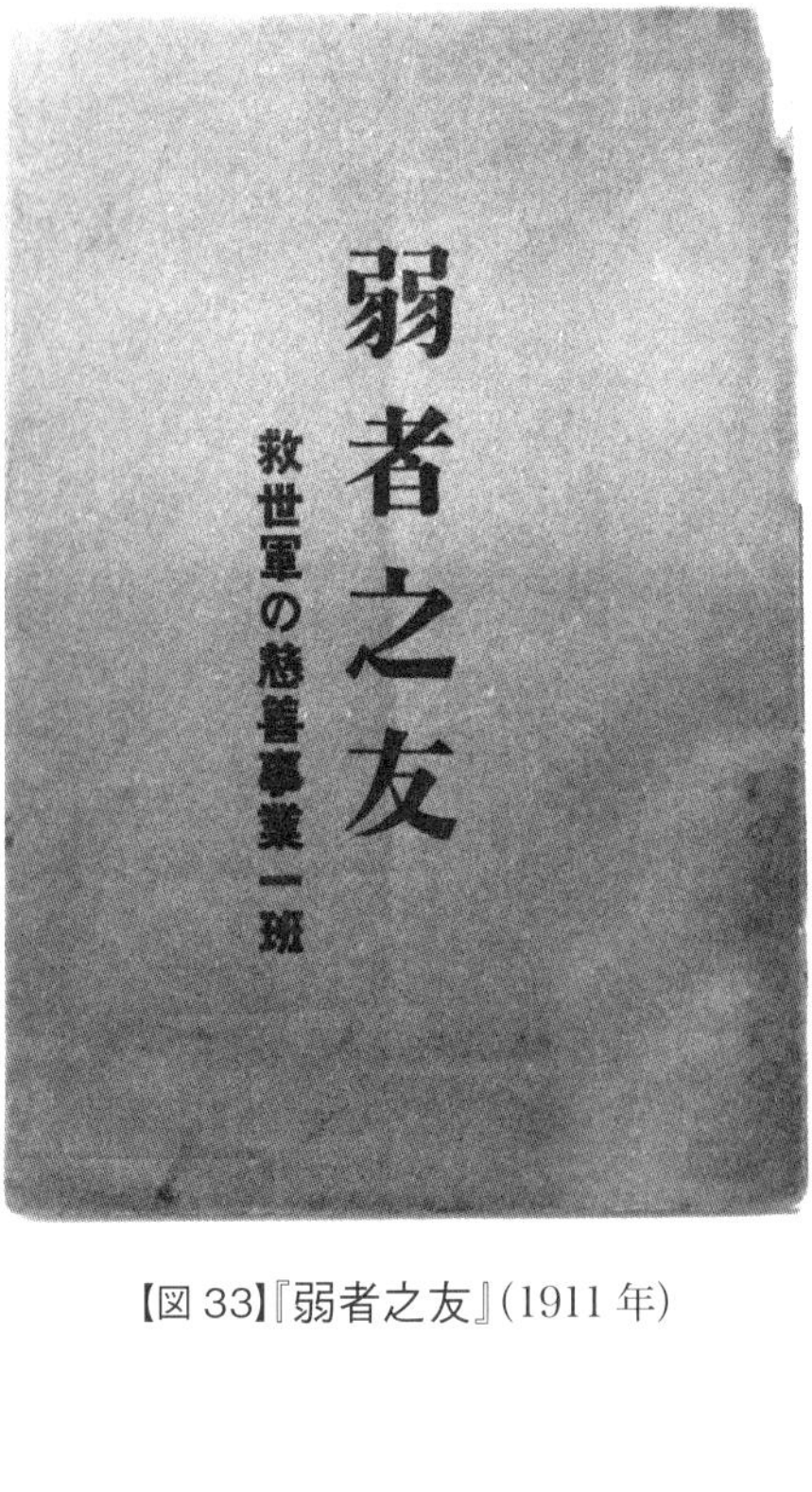

【図33】『弱者之友』（1911年）

いような貧しい学生時代を耐え抜き、這い上がって次々と自分の立てた目標を達成していきました。才能にも恵まれていて、廃娼運動の中でも、彼の演説の巧みさは際立っていたようです【図34】。そのような卓越したパフォーマンス力ゆえに注目を集め、公娼制度のもとでどれほど娼妓たちが苦しんでいるのかを、日本全国に広く知らせることができました。

彼の強みは、庶民にも届く言葉を持つことができたという点です。それまで知識人層だけで論じていた公娼制度の存続をめぐる机上の議論から一歩踏み込み、多くの庶民をも巻き込んで、幅広く具体的な自由廃業のための支援活動を創始しました。その活動は、イギリスの救世軍の機関誌でも報道されたことによって、国境を越え、広く世界に知られることになりました。

しかし山室は、自分を強く律するのと同じように、他人にも厳格に接する傾向がありました。例えばその極端な例は、１９０４（明治37）年にイギリスの万国本営へ旅した時の、彼のレポートに見ることができます。山室らが乗った船は途中で香港に寄港しましたが、そこからその船に乗り込んだ人たちの中に、28名の日本人女性がいました。彼女たちは肌を露わにして薄着で船中を歩き、やがて乗

【図34】演説する山室軍平
（東京・日比谷公園、1927年頃）

客相手に売春を始めました。そのようにして海外で性を売る日本人女性が数多くいることは、当時、よく知られた事実であり、日本の新聞でも報じられていましたが、自分の眼でその姿を見て、山室は驚いたようです。

なんとかしたいと考えた彼は、襷をつくり、そこに警句を書いて身につけて船の中を歩きまわったのですが、その警句というのが「日本人のかおにどろをぬるよりはせうぢき（正直）のこじき（乞食）となりてみちばたにしね」というものでした（「安南国サイゴンより」『ときのこゑ』205号、1904年7月1日）。

「日本人」の面子にこだわること自体は、日露戦争期には珍しいことではありませんが、「道端に死ね」というのは、行き過ぎた表現です。彼は、自らも飢え死にしそうになった時に、道端の柿の木から柿をとって食べようとしてしまった自分を激しく責めるような人で（前掲『私の青年時代』97～98頁）、他人も同じ調子で責めているのでしょう。しかし、そのような点を割り引いて考えたとしても、それは「弱者の友」の言葉だとは思えません。

山室にとって「弱者の友」とは、心の弱い人が悔い改めて正しくなった時、そういう心の強さを持った時に、その人たちの友になるという意味でした。心が弱い人たちがそのまま許されて友になるのではなく、強くなったら友になる。しかし、それは本当に「弱者の友」なのでしょうか？

その山室の考え方の背後には、強さに対する彼のこだわりがあります。強くなるということ、そこへの志向が、「軍隊」組織や「兵士」らしさを好む、あるいは「戦闘的」、「戦争的」といった表現を頻繁に用いる救世軍を、彼が自ら選んだということに結びついていると私は考えます。

そう考える時、救世軍は、なぜ「軍」だったのかという根本的な問いとも向き合わざるをえなくなります。ブースも山室も、最初は実際の戦争は良くないものだと、戦争反対の姿勢を示していました。軍隊は組織として優れているから、ただその優れた組織の在り方を模倣するのだと説明しています。しかし、そういった戦略が有効であった面と、そのことによってつまずいた面と、両方あるのではないでしょうか。今日は時間の都合で触れませんが、山室は廃娼運動雑誌の中でも、結局、日本軍の戦争を支持するような発言をするようになっていきます。自分たちの救世「軍」としての在り方と、日本の本物の軍隊が行っている実際の戦争とを重ね合わせたようなメタファーがその発言の中で用いられ、彼は実際の戦争にも加担していきました。この問題は、これからもずっと考え続けたいテーマです。

本日は以上です。ご清聴ありがとうございました。

（本研究はＪＳＰＳ科研費ＪＰ15Ｋ01917、ＪＰ18Ｋ11898の助成を受けたものです）

「質問に答えて」

京都ノートルダム女子大学特任教授　室田保夫

同志社大学人文科学研究所助教　林　葉子

司会
RSK山陽放送アナウンサー　廣瀬麗奈

司会：それではここからは私廣瀬の進行で、皆さまから寄せられました質問にお答えいただきます。室田先生、林先生、よろしくお願いします。

まず、室田先生、先ほど林先生も話されていましたが、救世軍はなぜ軍隊の形式をとったのかを教えてください。

室田：救世軍というのは、１８６５年に東ロンドン伝道会によって設立されたもので、その後、救世軍と改称された１８７８年までに十何年間あるのですが、78年にサルベーション・アーミーと名付けたということで、「アーミー」を付けたのは、効率がいいのは軍隊様式であるからという理由だったと思います。そして、おそらく当初、ウイリアム・ブースがメソジスト派であったという教派的特徴、つまりキリスト教の団体としての性格や当時の英国の状況によるものではないかと思います。あとは詳しい林先生、先ほど説明されていたように思いますが、もう一度教えて下さい。

林：救世軍の刊行物の中では、繰り返し、軍隊は組織として優れているということが記されています。例えば、１８９７年8月7日に発行された『鬨の声（ときのこゑ）』には、「救世軍の組織」という記事があって、その点について説明しています。ブースは救世軍の前身であるキリスト教伝道会では、効率的に伝道を進めることができなかったため、組織を軍隊式に一新して「救世軍」にしたところ、事業を発展させることができたとのことです。その記事には、救世軍が軍隊組織であることが「世の人の誤解を惹く（ママ）ところ」だとも記されていますので、救世軍は、創立当初から「なぜ『軍』なの

か?」と問われ続けていたのだろうと推察されます。さきほど言及したウィリアム・ブースの『軍令及軍律　兵士の巻』(救世軍日本本営、1902年)には、「完全に組織せられたる軍隊」(4頁)という表現もありますので、組織の在り方が特に重視されていることが分かります。

19世紀末の日本では、軍隊の組織を優れたものだと捉えたり、それを模倣したりするのは珍しいことではありませんでした。例えば学校などでも軍隊式は取り入れられていきます。ですから、救世軍だけがそういった発想を持っていたのではなくて、当時の時代性の反映でもあると思います。その頃は、「将来は軍人さんになりたい」と願う男の子はたくさんいました。そのような時代には軍隊式ということが肯定的に捉えられ、そうした心性が救世軍人の英雄視にもつながったのではないかと考えています。

司会:ありがとうございます。

それでは続いて室田先生にお聞きします。明治44(1911)年、医療を受けられないで困っている人のためにと、

「済生勅語」が出されていますが、救世軍の運動がこれに影響を与えたのでしょうか。

室田：「済生勅語」は、明治44年2月11日に出されたわけですが、これは日本国民に対して、明治天皇から出され、「無告ノ窮民ニ対シ施薬救療以テ済生ノ道ヲ弘メヨ」ということで、われわれはこれまでイデオロギー的な天皇制の問題として片付けていたのですが、これを救世軍との関係はと初めて問われて、そういう捉え方もあるのか、正直、面白い視点だなと思いました。

というのは、その勅語が出る前の明治40年に、ブースと天皇が会見したということをお話しましたが、そこで皇室とブースたちが貧しい人や医療にかかれない人たちに対して、厚い実践活動をやっているということとはつながるのですが、明治天皇の方からこの話が出たのかどうか、宮内省や『明治天皇紀』を含め、そのあたりはもう少し検討しないとはっきりしたことは分かりません。現在のところでは、それを肯定することはできませんが、いいご指摘をいただいたと思います。ありがとうございました。

司会：ありがとうございました。

続いて、また室田先生への質問ですが、山室軍平が同志社を中退したのはなぜでしょうか。

室田：先ほどの講演では、時間も限られていたためにはしょってしまったかと思います。彼は5年間同志社普通学校に行き、さらに専門の方へ進みたかったのですが、それを途中で辞めてしまったことについて、先ほどは2点ほど話しました。一つには、彼はオーソドックスな信仰であったけれど、ユニテリアン派といった新しい神学が入ってきて、科学的な実証性のないものを排斥しようという論争が起こり、同志社の教授である金森通倫や横井時雄という人たちが新神学に走ったということから、大きな衝撃を受け動揺したためと考えられます。また、自分は将来どうすべきか、どういった職業に就くべきかということに非常に悩んでいて、精神的に「自分は如何に生きるべきか」という迷いから、同志社を飛び出したのではないかと思われます。

さらに考えられることとしては、吉田清太郎などが援助はするのですが、お金がなくて生活が大変だったのではないかと。さらにもう一点、私が思うに、今ならば「もう少し勉強すれば卒業証書をもらえるのにな」と考えるのでしょうが、当時は同志社に限らず中退というケースは結構多くありました。中退者の人が意外に後で出世したりすることもあったので、わざわざ卒業証書をもらうことに意味は無かったと考えられます。ですから、「これだけ勉強したら、もういいや」という発想もあったのではないかと思います。つまり、「中退の思想」です。

そのように複合的な要素がいくつかあり、あとは自分で考えていこうという考えで、中退したのではないかと考えています。

金森通倫

司会：なるほど、今のように形にこだわるのではなかったのかもしれませんね。中身が大事だと。

では、また続いて室田先生にですが、渋沢栄一と救世軍とのつながりについて、寄付ということも含めて教えてほしいという質問です。

室田：渋沢栄一は実業家で、お金儲けするというよりは、社会福祉においてもいろいろな事業を行っています。例えば、今の全国社会福祉協議会の前身である「中央慈善協会」というのが日露戦争後にできました。渋沢は昭和６（１９３１）年に亡くなりますが、そこの会長を長くしていましたし、東京養育院の院長、その他にも、渋沢はいろいろな寄付行為を行っています。大原孫三郎もそうですが、フィランソロピーということで自分のお金を社会に還元し、様々な形で社会事業を行っています。

社会福祉施設ということでは、石井亮一が創った、日本で初めての知的障害児者施設である「滝乃川学園」（東京）の経営が危なくなり、なくなろうという時に、渋沢栄一はかなりのお金を援助しているし、前の講演でお話した留岡幸助の「家庭学校」にも援助していて、いろいろ

ブラムウェル・ブース大将が来日
左は渋沢栄一、左奥は山室軍平（1926 年）

な所に寄付行為を行っています。
ちょっと違う観点で捉えると、富豪からお金を援助してもらうことに対しては、それほど拘泥《こうでい》しなかったと思うのです。内村鑑三などはそれを結構批判していますが、人から寄付してもらうという発想は、例えば皇室から下賜金をいただくということにつながっていて、非常に現実主義であり、自分がもらったお金をうまく使うということが、人々の幸せのために役立つのだという考えを常に持っていたので、ウイリアム・ブースの来日時や本日のビデオにもありましたように、渋沢邸で歓迎したりもしていましたから、救世軍と渋沢栄一、そして渋沢と社会福祉事業というのは深いつながりがあったと考えています。

司会：ありがとうございます。
では、続いて林先生に伺います。「廃娼運動」「女性解放」などと一口に言いますが、その道のりは大変だったと思われます。それについてはいかがでしょうか。

林：日本の廃娼運動は、公娼制度の廃止を求める活動を粘り強く続けましたが、結局、敗戦までそれを実現できませんでした。戦後、ＧＨＱの力によって、公娼制度関連の法律は廃止されますが、昭和31（１９５６）年に売春防止法ができるまでは、女性に売春をさせることによって搾取したり暴力を振るったりする人たちが野放しにされているのに、国家として、そんな状態に問題があるという認識を明確に示すことができなかったのです。現行の売春防止法も、「買春」ではなく、女性の「売春」

を「防止」するというものですから、女性差別的な側面があり、いろいろと問題があります。なぜ女性たちの性が大切にされないのか、なぜ女性の人権が守られてこなかったのかということは、これからもずっと考え続けていきたいテーマですが、廃娼運動が行われてきた時代にそれが十分に実現できなかったからといって、その社会運動が全部ダメだったというような単純な話ではなく、その未熟な運動の中にも見られた様々な可能性の芽について、丁寧に考え続けていくことによって、今後の日本社会を良くしていく上でのヒントが得られるのではないかと考えています。

司会：ありがとうございました。

では、最後になりますが、おふたりの先生に私から質問させていただきたいと思います。山室軍平についていちばん興味のある点は、どこでしょうか。

林：社会の中で弱くさせられた人々を、本当に一途に、どうすれば助けられるのかと考え、行動し続けた、その誠実さは胸を打つものがあります。人間ですから、そのような人でも間違ったことを言ったり書いたりしたことはあったでしょう。しかし今の社会でも、国の政策や経済情勢の変化の結果として社会的弱者はどんどん生み出されていて、その問題と向き合う際の姿勢について考える時には、山室軍平の辿ったような道を一度は通り抜けなければ、次のステップに行けないだろうと思います。非常に重要な歴史的人物として、その彼の経験の意味を、社会全体で考えていく必要があるだろうと思っています。

室田：去年の12月に留岡幸助について、講演をさせてもらった時のタイトルは「近代日本と留岡幸助」というものでしたが、近代日本ということでは同じような視点を私は持っています。前の時には150年という近代化の枠の中でしたが、「近代日本と山室軍平」ということで捉えると、社会事業家というのはどのような形で位置付けられるのかをきちんと考えていきたいと思っています。

そういう点で、山室軍平という人は非常に大きな魅力がある人物であったことと、一例ですが、キーワードの一つとして、『最暗黒の英国とその出路』（ブース著　In Darkest England and The Way out）の中に「暗黒」という言葉があります。講義の最後に、私は「では現在において、暗黒とはいったい何なのか」ということを学生に問いかけています。その本が出た時、松原岩五郎も『最暗黒の東京』という本を出したのですが、現代にとって暗黒（光の当たらない場所や人々）とは何だろうと考えることにしています。

学生たちもいろいろと考えて答えてくれます。介護の問題だろうか、孤独死、児童虐待のことだろうかと、社会問題について考えます。そういう課題にどう答えていくかが、現代の日本における暗黒や世界の暗黒について考えていく一つのキーワードになるのではないかと思っています。

ブースの時代は「文明と暗黒」という視点が

留岡幸助

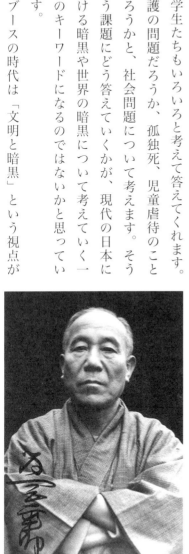

ありましたが、今も政治の光が当たらない福祉の課題、暗黒、影が存在します。「暗黒」（影）をそのように捉え直しています。

そしてもう一つ、社会福祉の歴史なのでそういうのが出てくるのですが、自助・公助・共助という捉え方がありますが、山室は「神助」という言い方もしています。福祉を考える場合、「神助」を普遍的にどのように捉えれば、山室のこの考え方が福祉の中で実現できるのかということを考えてみたいと、現代的な視点から興味を持っています。山室の本を読んでいると、そういったことを教えられます。

司会：ありがとうございます。まだたくさんのご質問をいただいているのですが、お時間となりましたので、これで質問コーナーを終わらせていただきます。

室田先生、林先生ありがとうございました。

図版提供一覧　映像紹介

14頁　船の上にて（ブース女子と山室軍平）　救世軍日本本営記録映画より
16頁　渋沢栄一邸を訪問　救世軍日本本営記録映画より
17頁　ブース女史の話に聞き入る女学生たち　『ときのこゑ』809号、1929年12月15日（不二出版）

図版提供一覧　講演1

20頁　山室軍平　救世軍日本本営
22頁　軍平の生れた家　救世軍日本本営
　　　軍平が学んだ弘業小学校　救世軍日本本営
23頁　養父の杉本弥太郎と　救世軍日本本営
24頁　軍平が働いた築地活版所　山室武甫『人道の戦士』より　玉川大学出版
25頁　路傍伝道に出会った祝橋（東京・築地）　救世軍日本本営
26頁　徳富蘇峰　救世軍日本本営
　　　新島襄　国立国会図書館
27頁　山室軍平関連年譜　室田保夫氏作成
28頁　同志社大学礼拝堂　同志社大学
　　　石井十次　社会福祉法人 石井記念友愛社
29頁　同志社大学の仲間たち　救世軍日本本営
31頁　吉田松陰肖像画　松陰神社
32頁　高梁教会堂　宗教法人日本基督教団高梁教会
34頁　佐藤機恵子と結婚　救世軍日本本営
35頁　『平民之福音』　救世軍日本本営
36頁　『鬨聲』創刊号、1895年（不二出版）　室田保夫氏
37頁　ロンドンの救世軍万国大会への参加　救世軍日本本営
38頁　ウィリアム・ブース大将歓迎　救世軍日本本営
　　　岡山駅頭のウィリアム・ブース大将（1907）　救世軍日本本営
39頁　救世軍慰問籠（東京・銀座）　救世軍日本本営
40頁　極寒の中での社会鍋（札幌）　救世軍日本本営
　　　各地で行われる社会鍋は年末の風物詩となった　救世軍日本本営
41頁　救世軍病院開設（1912年）　救世軍日本本営
42頁　救世軍結核療養所開設（1916年）　救世軍日本本営
43頁　明治天皇崩御を伝える『ときのこゑ』400号、1912年8月15日（不二出版）　室田保夫氏
44頁　「恩賜病棟」で療養する患者　救世軍日本本営
45頁　日本帝國褒章之記受章　『ときのこゑ』480号、1915年12月15日（不二出版）　室田保夫氏
46頁　関東大震災慰問隊出発　救世軍日本本営
47頁　司令官を辞し自宅で寛ぐ軍平（1935年）　同志社大学人文科学研究所
　　　救世軍を非難する書籍　室田保夫氏
48頁　説教する山室軍平　救世軍日本本営
49頁　山室軍平の葬儀（1940年3月）　救世軍日本本営

図版提供一覧　講演2

4th ed , rev. 神戸大学図書館
74頁【図20】ユリシーズ・グラント・マーフィー 'The Woman Question in Japan', *All the World* , July 1903 , p.366
75頁【図21】救世軍による自由廃業支援　林葉子氏
76頁【図22】『ときのこゑ』の「醜業婦救済号」『ときのこゑ』第112号、1900年8月1日　不二出版
77頁【図23】『娼妓に与ふる文』（ユー、ジー、モルフ述、救世軍日本本営、1902年）の表紙　同志社大学人文科学研究所
【図24】救世軍人による遊廓でのビラまき『救世軍とは何か』救世軍日本本営、1903年、33頁同志社大学人文科学研究所
79頁【図25】救世軍の行軍『ときのこゑ』第137号、1901年9月1日　不二出版
【図26】救世軍人負傷の図『救世軍戦争記』救世軍日本本営、1901年、60頁　同志社大学人文科学研究所
80頁【図27】婦人救済所で裁縫を学ぶ女性たち　救世軍日本本営
81頁【図28】自由廃業の動きを報じた『山陽新報』、『山陽新報』1900年8月30日
84頁【図29】*The War Cry* の表紙に掲載された婦人救済所の人々　*The War Cry* , April 20 , 1907
85頁【図30】愛隣隊 'The Woman Question in Japan', *All the World* , July 1903 , p.367
87頁【図31】『ときのこゑ』第159号、1902年8月1日　不二出版
88頁【図32】『死地に行く勿れ』（ユー、ジー、モルフ述、1900年）の表紙　同志社大学人文科学研究所
90頁【図33】『弱者之友』（救世軍日本本営、1911年）の表紙　救世軍日本本営
91頁【図34】演説する山室軍平（東京・日比谷公園、1927年頃）　山室軍平編『救世軍写真帖』救世軍出版及供給部、1928年　救世軍日本本営

図版提供一覧　対談
98頁　金森通倫　宗教法人日本基督教団岡山教会
99頁　ブラムウェル・ブース大将が来日　救世軍日本本営
102頁　留岡幸助　社会福祉法人北海道家庭学校

岡山での宣教と
人民救済

アダムス

A・P・アダムス（1866年〜1937年）

明治時代中期以降、日本では相次ぐ戦争や災害、国のデフレ政策によって都市部も農村部も貧困状態に陥り、スラム化現象があちこちで起きた。教育者としての専門教育を受けたアメリカの宣教師アリス・ペテー・アダムス。1891（明治24）年に岡山市に着任早々、花畑地区で貧困に苦しむ人たちのためにクリスマス会や日曜学校などを開いて生活支援や教育などの救済活動を開始した。そして5年後には、私立花畑尋常小学校を開設して給食や入浴（地域の施し風呂に発展）などを始めたほか、施療所（診療所）や幼稚園、保育所などを次々に開設。生活困窮者らの生活改善と自立を中心に日本初のセツルメントを展開した。

異国の地で45年間も人民救済に挺身したアダムス。その事業は社会福祉法人岡山博愛会に引き継がれている。

写真提供　扉／アダムス　社会福祉法人岡山博愛会
花畑尋常小学校　社会福祉法人岡山博愛会

講演1

「日本の福祉を先導したセツルメント」

ノートルダム清心女子大学教授
杉山博昭（すぎやま　ひろあき）

山口県出身。博士（学術・福祉）。専門は近代日本の社会福祉の歴史。特に、近代社会福祉の形成に寄与したキリスト教社会事業の実践や思想を中心に研究。日本福祉大学修士課程修了後、特別養護老人ホームや障害者作業所に勤務。その後、長崎純心大学教授などを経て、２００８年より現職。著者に『キリスト教福祉実践の史的展開』『福祉に生きる　姫井伊介』、『「地方」の実践からみた日本キリスト教社会福祉』など。

ただ今ご紹介いただきました杉山博昭と申します。よろしくお願いいたします。

私は、ノートルダム清心女子大学で社会福祉関係の科目を担当しております。大学では専門と関係なく福祉に関する科目をいろいろと教えておりまして、社会福祉士という資格についても担当しています。学生からは福祉のことを広く知っている先生というイメージなのだと思いますが、本来の専門は社会福祉の歴史研究です。日本で行われてきた福祉実践を掘り起こし、その意義を明らかにして今の福祉に継承していく研究をしています。どちらかというと、岡山孤児院を開設した石井十次のような有名な人より、忘れられている実践を掘り起こしていくことが研究のスタイルです。なぜなら、もちろん石井十次のような素晴らしい方もしっかり研究すべきですけれども、しばしば忘れられている実践の中に、今日の福祉に引き継ぐべき課題があると考え、主に無名の実践の掘り起こしをしてきています。

日本におけるセツルメントは岡山から

本日、私からお話しする内容について、全体のメインテーマはアリス・ペテー・アダムスですが、アダムスあるいはアダムスが創設した岡山博愛会を理解するためには、「セツルメント」という実践のことを知っておく必要があります。そうしないと、岡山博愛会がなぜ歴史的に先進的であるのか、どういう歴史的な意味を持つのかが分かりにくいためです。そこで、私の報告ではまず、セツルメントとはどういうことかを説明します。その上で、日本における主要なセツルメントが岡山から始まっている、あるいは岡山と何らかの関係があることに触れていきたいと考えています。

まず、「セツルメント」とは何かということですが、現在ではセツルメントは、ほぼ忘れられている実践と言っていいと思います。今の日本では、厳密な意味でのセツルメントはほぼなくなっています。セツルメントは、貧困な人が多く集まっている地域に関わる実践です。前提として、貧困な人が多い地域の存在というのがあるのですが、現在そういう地域が少なくなりましたので、典型的なセツルメントも少なくなってきているわけです。

このシリーズで取り上げられた実践について、第1回の「岡山孤児院」(※)でしたら今は児童養護施設、第3回の「家庭学校」(※)でしたら児童自立支援施設、第4回の「済世顧問制度」(※)でしたら民生委員制度というふうに、今はこうなっていると簡単に言えるのですが、セツルメントは今はこうなっていると簡単には言えません。岡山博愛会にしても、保育園などは今でもやっていますけれども、病院などはもともと始まったところから移転しています。

※既刊『慈愛と福祉　岡山の先駆者たち1』参照

では、「セツルメント」とはいったい何かということですが、前提として資本主義という仕組みが始まってくる近代初期の状況があります。封建社会から資本主義になっていくわけですが、資本主義になりますと職業選択の自由が与えられ、自由に移動することができます。そうなると、人々は農村地域から都市部に移動していきます。しかし当時、日本でいえば明治時代、都市部だからといって賃金のいい仕事がたくさんあるわけではありませんから、貧困に陥るわけです。現在であればさまざまな社会政策がありますので何らかの対応・救済をしていくわけですが、当時はそういうものはありませんので、貧困がどんどん広がっていきます。貧困に

石井十次が開設した私立岡山孤児院尋常高等小学校(1897年)

陥った人たちは、やがて特定の地域に集まって住むようになります。貧困な人が集中的に集まっている地域では、単に貧困で住民の生活が苦しいというだけでなく、さまざまな課題が集中して起きてくることになります。

児童の不就学で教育が不足します。どうしても貧困ですと、一日一日が楽しければいいという生活スタイルになり、それが無計画な娯楽や行動につながります。さらに貧困な地域では、衛生環境や住環境が悪くなり、不衛生な生活になりますし、栄養不足になります。また、病気に対する基本的な知識が少ないので疾病が広がります。さまざまな生活課題の解決が非常に困難になります。こうなってしまうと、お金を配るくらいではどうしようもなくなり、根本的な解決を図らなければなりません。

そこで、根本的な解決法として、まず支援者が地域に定住します。つまり、外部から助けるのではなく、自分も住民のひとりになって対等な立場で支援します。具体的には、教育や公衆衛生などを通じて、地域の課題を根本的に解決していきます。そうしますと、現に困っている人に対する個々人への支援をもちろんしっかりやりますが、それで終わるわけではなく、そもそも貧困が起きてしまうような社会的な状況そのものを変えるべく、社会改良を志向していくことになっていきます。

こうしたセツルメントは、19世紀の終わりにイギリスで始まったといわれています。最初は、エドワード・デニソンという人がセツルメントの考え方を持ったといわれています。このデニソンは、社会問題に関心を持ち、貧困救済をしようとするのですが、限界を感じていきます。そして、よりよい方法として、学識経験者が地域に入って共同生活をすることを考えるわけです。デニソンを継承したのが、サミュエル・バーネットと妻のヘンリエッタ・バーネットというご夫婦です。このふたりが受

アダムス、セツルメント関連年譜

西暦	和暦	岡山での関連事項	社会状況
1866		アダムス米ニューハンプシャー州に生まれる	片山潜（1859年生）、留岡幸助（1864年生）石
1884		バーネットが世界最初のセツルメント施設「トインビー・ホール」を英ロンドンに開設	井十次（1865年生）、大原孫三郎（1872年生） 山室軍平（1872年生）
1887	明治20	石井十次が孤児教育会（岡山孤児院）を岡山三友寺に開設	
1889		アダムズ「ハル・ハウス」を米シカゴに開設	
1890	23	石井十次が相愛夜学校、岡山南部安息日学校を創設	足尾銅山鉱毒事件表面化
1891	24	アダムス来日、岡山での伝道を開始（5月） 花畑地区の子どもらとクリスマス会、日曜学校を開校 （日本初のセツルメント）	濃尾大地震、死者7000人超 →石井十次ら震災孤児救済に着手
1894	27		日清戦争起こる、廃娼運動起こる
1895	28	救世軍日本本営を設立（山室軍平）	コレラ流行、死亡者2万人超
1896	29	アダムス　私立花畑尋常小学校を開校	
1897	30	片山潜がセツルメント施設「キングスレー館」を東京に設立 石井十次　私立岡山孤児院尋常小学校を設立	伝染病予防法制定
1899	32	アダムス　花畑キリスト教講義所を開校	留岡幸助が家庭学校創設（東京）
1902	35	石井十次　岡山孤児院大阪出張所開設→1906年廃止 アダムス　花畑裁縫夜学校を開講	御津郡馬屋上村懺悔会が発足（藤井静一） 日露戦争起こる（1904年）
1905	38	アダムス　花畑施療所開設、無料診療がスタート	
1906	39	アダムス　花畑幼稚園を小学校に付設	東北大凶作、石井十次ら貧孤児救済に奔走
1907	40	アダムス　施し風呂を開設、地区民に無料で開放 石井十次　岡山孤児院大阪事務所を開設	
1908	41	救世軍が大学殖民館を設立	
1909	42	石井十次　愛染橋夜学校・保育所、日本橋同情館を開所 （この年が愛染園でのセツルメント開始とされる）	
1910	43	岡山博愛会の名称のもとに全ての事業統括。会長に就任	
1911	44	大森安仁子が児童福祉施設有隣園を東京に設立	
1913	大正2	救世軍大学殖民館＝火災により建物消失し事業を中止	
1914	3	石井十次死去、キングスレー館＝全ての事業を終了	笠岡町に悲眼院開設（高橋慈本、渡辺元一）、 第一次大戦起こる
1917	6	大原孫三郎が石井記念愛染園を大阪に設立	岡山県が済世顧問制度を発足（5月）
1918	7	石井記念愛染園が開園 私立愛染尋常小学校、私立愛染幼稚園も開設	米騒動→全国に波及、スペイン風邪大流行
1919	8	救世軍が社会植民部を設立→1923年（火災により）焼失	津山町に津山施療院開設（清田寂坦、久原茂良）
1921	10	岡山県が済世顧問制度を拡大し済世委員制度を併設	日本禁酒同盟の「酒なしデー」実施
1923	12	アダムスが藍綬褒章を受章	関東大震災起こる
1929	昭和4	救世軍が社会植民館を創設	世界恐慌始まる
1936	11	アダムスが勲六等瑞宝章を受章、その後帰米（9月）	
1937	12	アダムス米マサチューセッツ州で死去	片山潜（1933年死去）、留岡幸助（1934年死去）山室軍平（1940年死去）、大原孫三郎 （1943年死去）

け継ぎ、具体的なセツルメント活動として、1884年に「トインビーホール」というセツルメントの拠点をつくっていくことになります。

トインビーホールの「トインビー」というのは、セツルメントの活動を共にしていた経済学者の名前です。トインビーが早くして亡くなってしまったため、その名前を取って「トインビーホール」という名称になりました。

当時のイギリスには、救貧法という法律がありました。救貧法で有名なのは1601年の「エリザベス救貧法」ですが、この時代には1834年に新救貧法という法律ができています。「救貧法」は、貧困を救うと書くのですが、実際にはむしろ貧困な人を管理して抑圧するという性格を持っています。当時、本人が怠けたから貧困になるという考え方が基本にあったためです。ですから、そういう考え方を持った救貧法は、貧困な人を積極的に支援していくものではなく、むしろ管理するという状況にありました。それでは、貧困な人が本当の意味では救われませんので、慈善事業がイギリスでも広がり、個別的な救済をします。慈善事業には、先駆的な性格もあるのですが、全体として見ると救貧法の考え方——貧困というのは個人が怠けたから。せいぜい、病気にかかったなどの個人的な不運から起きるという発想——のもとにあったわけです。セツルメントの役割の一つは、救貧法の発想を乗り越えようとして、貧困は社会的に解決すべきと考えたことです

それで、具体的にどんなことをやるかですが、そこに住んでいる人たちは、基本的に十分な教育を受けていない人が多いので教育から変えていく。住環境が不適切ですからそこもきちんと変えていく。協同組合や労働組合などを通じて住民自ら問題に取り組んでいく。「貧困というのは個人の怠けではな

く、セツルメントでは社会的なものと考える」というセツルメントの発想を実証的に明らかにするような取り組みを、このトインビーホールでしていきます。

トインビーホールの考え方、セツルメントの考え方がアメリカにも広がっていきます。有名なのはハル・ハウスという施設で、１８８９年に始まっています。ジェーン・アダムズという女性がつくったと説明されてきたのですが、最近の研究では、エレン・ゲーツ・スターという人もかなり関わっていたといわれています。

昔は、アダムスといっていたのですが、最近はアダムズと濁って表記することが多いです。以前はアダムスといっていたものですから、今日のメインテーマであるアリス・ペテー・アダムスと混同しがちですから、注意してください。

ハル・ハウスはシカゴにあります。アメリカはいつでも移民の国ですが、当時ヨーロッパの貧困な人たちが移民としてシカゴに入り込んできました。しかしながら、賃金の高いいい仕事があるわけでもなく、困窮しました。移民を主な対象として、教育事業や児童福祉など幅広い活動をしていきます。ジェーン・アダムズはノーベル平和賞を受賞したことでも知られていますが、日本にも来ています。講演などをしてあちこち歩きましたので、日本の福祉の在り方にも影響を与えました。

石井十次と宣教師ペテー

ここから日本の話に入ります。では日本では、セツルメントがいつから始まったのか、あるいはどういう人物が始めたのかということですが、大きく分けて二つの説があります。

セツルメントを研究した本として、西内潔の『日本セッツルメント研究序説』という本が戦後書かれました。これが戦後のセツルメント研究の唯一といっていい、まとまった本です。そこでは、社会福祉研究者として有名な人物を取り上げて、その人が最初のセツルメントをどういっているかを紹介しています。

まず、大林宗嗣です。戦前にセツルメントを研究した本を書いた人です。東京の有隣園が日本で最初のセツルメントだといっています。有隣園の説明は、また後でします。それから生江孝之です。戦前の福祉界のリーダー的な人で、クリスチャンです。この人は日本で最初のセツルメントはキングスレー館だといっています。

続いて三好豊太郎。今の明治学院大学の先生です。学生がセツルメントをするという学生セツルメントが明治学院でもあったのですが、そのリーダー的な人です。三好は日本で最初のセツルメントは岡山博愛会だといっています。横山定雄は、東京に日暮里愛隣団というセツルメントがあり、今は保育園として残っていますが、そこの職員を経験した人です。横山も日本で最初のセツルメントは岡山博愛会だといっています。

それから、吉田久一です。日本の社会福祉の歴史研究者として非常に大きな影響を与えた人物です。私自身も、学生時代に歴史研究を始める時に吉田の本を何回も読んで勉強しました。吉田はキングス

日本最初のセツルメントの諸説

①大林宗嗣	有隣園（東京）
②生江孝之	キングスレー館（東京）
③三好豊太郎	岡山博愛会（岡山）
④横山定雄	岡山博愛会（岡山）
⑤吉田久一	キングスレー館（東京）

レー館だといっています。

こうして見ると、大林が有隣園といっている以外は、岡山博愛会とキングスレー館がちょうど同じ人数で拮抗している状況にあります。西内は自分の結論として、①発祥の地は岡山、②セツルメントを導入した先駆者は宣教師のペテー、③最初のセツルメントは石井十次によるもの、④アリス・ペテー・アダムスはセツルメントを意識していた、⑤日本で最古のセツルメントは岡山博愛会、としています。

こうした結論の根拠ですが、ペテーという宣教師がおりまして、この人は岡山孤児院の支援でも非常に力を尽くした宣教師です。単に岡山孤児院の支援をしただけでなく、セツルメントの考え方をよく分かっていて、日本にセツルメントの考え方を導入しました。

石井十次とペテー宣教師は深いつながりがありましたので、おのずと、石井十次はペテー宣教師からセツルメントの考え方を聞いていたはずだということになるわけです。石井十次はセツルメントに近い活動をやりかけていました。貧困な子どもたちは昼間はどうしても働いています。

岡山孤児院を開設した石井十次

宣教師 ペテー

夜学校といって、夜間の学校を作る取り組みを短期間ですがやったことがあります。ですから、石井十次が最初にセツルメント的な活動を始めたということです。しかしそれは、セツルメントの要件を全て満たしたものではなく、本当にきちんとしたセツルメントを考えたのはアリス・ペテー・アダムスであるということです。

アダムスは、セツルメントとはどういうものかを分かったうえで、岡山博愛会をつくりました。たまたまやったことが、後から見たらセツルメントだったということではなくて、初めからセツルメントという意図でやったのです。そうしますと、日本で最古のセツルメントはおのずと岡山博愛会になるということで、西内の結論としては、岡山博愛会が最初のセツルメントであると考えるべきだといっています。

キングスレー館ができたのは１８９７（明治30）年で、岡山博愛会は１８９１（明治24）年です。明らかに岡山博愛会が早いのに、なぜキングスレー館が日本で最初のセツルメントという説があるのかといいますと、社会改良的な視点です。キングスレー館では非常に社会改良の考えが強く、最後は労働運動に走っていくような活動をしていきます。それに対し、岡山博愛会を創設したのはアメリカの宣教師です。社会改良的な視点が強かったかといわれれば、さほどではなかった。したがって、社会改良ということを基準にして、キングスレー館のほうが先だという説があるということです。

しかし、普通に考えれば岡山博愛会と考えるのが自然な気がします。なぜかというと、確かに社会改良というのはセツルメントの大切な要素の一つではありますが、地域の中に入り込んで、住民のひとりとして対等な関係で、一人ひとりが持っている課題を、地域全体を改善することで解決していくことが基本です。岡山博愛会は明らかにそうですから、岡山博愛会が最初のセツルメントといってよいと考えます。

理屈っぽい話が続いて恐縮ですが、セツルメントと類似の概念として隣保事業というものがあります。セツルメントという言葉を日本語に翻訳した時に、「隣保事業」という用語を当ててしまいました。「隣保事業」といいますのは、妊産婦や児童の支援活動、貧困者の救済、託児所など多様な活動を試みた地域施設です。地域の名望家とか、篤志家と呼ばれる人やお坊さんなどが開きました。当時の行政の文書ではセツルメントという概念はなくて、隣保事業という用語しかありません。したがって岡山博愛会も、行政の文書の中では隣保事業の一つとして紹介されています。例えば、１９３０（昭和５）年に岡山県が発行した『岡山県社会事業要覧』では隣保事業として載っています。

しかしながら、セツルメントと隣保事業は性格が違います。セツルメントというのは主に都市部の貧困地域に設置されました。「主に」というのは、場合によっては農村でも行われているということをいっているのですが、主には都市の貧困地域を対象にしています。隣保事業は、どちらかというと戦前は農村で広がります。都市部にもありますけれども、農村でもかなり広がりをみせ、託児所、今でいう保育園などを中心として活動しました。農村ですからどうしても利用人数は多くないため、比較的小規模に展開されます。そ

セツルメント	隣保事業
主に都市の貧困地域	農村でも広がる
医療などを含む 広範な総合的事業	託児所などが中心 比較的小規模
専門的能力もつ職員必要	篤志の人たちが中心
近代的な福祉思想	伝統的な相互扶助

れに対してセツルメントは、医療とか教育などかなり広範な、総合的な活動を行います。そうなりますと、ボランティアも大切ですが、専門的な能力を持った職員が必要です。学生セツルメントなどはボランティア中心でしたが、医療とか教育などは、おのずと専門的能力を持った人しかできませんから、中核として専門的な能力を持った職員が必要になってきます。一方、隣保事業というのは、やはり農村で篤志の人が中心にやっていて、今風にいえばボランティア中心です。

セツルメントというのは近代的な福祉思想です。つまり、貧困というのは社会的に起きた問題であり、社会的に解決すべきである。人間というものは平等な尊厳ある存在であり、尊厳を実現する手段として福祉があるという考え方です。隣保事業は農村中心で、農村の伝統的な助け合いを基本的な考え方として展開されていきます。誤解があってはいけませんが、性格が違うということであり、セツルメントが素晴らしくて、隣保事業が劣っているなどと言いたいわけではありません。隣保事業は農村地域を中心として、非常に優れた活動を残しました。岡山では、済世顧問や済世委員をしている人が自ら隣保事業を起し、地域の福祉課題により踏み込んで支援しているケースがたくさんあります。

例えば、岡山での隣保事業として、藤井静一という済世顧問※が始めた馬屋上村共同済世社という隣保事業があります。1903（明治36）年頃から「融通講」の仕組みを

初代済世顧問の藤井静一

つくって貧困救済のための生活資金の援助をしたり、生活改善指導や各種の講習会を行うなど救貧・防貧事業を展開しました。１９２９（昭和５）年の資料によると、妊産婦保護が28人、あとは講演会を12回するほか、青年団などの会合をそれぞれ2回から多くて8回やっています。それはきちんと評価しないといけないことです。※既刊『慈愛と福祉　岡山の先駆者たち　1』Ｐ２７９「済世顧問の活動と社会事業」参照

キングスレー館を創設した片山潜

それでは、ここからやっと具体的な話になるのですが、岡山ゆかりのもの、何らか岡山とつながっているセツルメントとして、キングスレー館、救世軍のセツルメント、石井記念愛染園、有隣園の４つを紹介していきます。

まず、東京・神田に創設されたキングスレー館です。キングスレー館を創設した片山潜は非常に有名な人で、社会運動とか社会主義の歴史などを語る時には絶対に出てきます。片山は、現在の岡山県久米南町出身です。もともと庄屋の生まれで、その時は困窮していなかったと思うのですが、その後いろいろなことがあって生活が苦しくなります。生活が苦しい中で、苦学してアメリカに渡り、そこでさまざまな勉強をしていきます。アメリカでは、プロテスタントの洗礼を受けてクリスチャンになり、それからセツ

キングスレー館を開設した片山　潜

ルメントを知ることになります。

帰国して、自分もアメリカで学んだセツルメントをやろうと考え、１８９７（明治30）年にキングスレー館という活動を始めることになりました。片山潜はクリスチャンでしたので、キリスト教社会事業、つまりキリスト教主義で運営することを明確にしてやっていました。キリスト教関係者を中心とした後援会的な組織として、「キングスレー館会」というのをつくって運営していくのですが、このキングスレー館会には当時のキリスト教の主要な人物が関わっています。例えば、植村正久はプロテスタントの歴史の中では非常に重要で有名な人物ですが、この人がキングスレー館会の委員長になっています。館長は片山です。そんなふうに、いってみればキリスト教全体を挙げて支援するということで始まっていきます。

第一次渡米の頃の片山 潜
(1884年、25歳)

では実際に何をやったかというと、幼稚園、講演会、料理教室、英語教室などです。大したことはないじゃないかと思われるかもしれませんが、決してそんなことはなくて、例えば幼稚園は保育の先駆として非常に高い評価があります。当時、まだ小学校すら行っていない子どもがいたほどですから、幼稚園というのはおのずと比較的富裕な家庭の子どもが通うところでした。しかし、キングスレー館はそうではありません。キングスレー館は、東京の神田につくったのですが、神田という地域は少し前までは古本屋街でした。今でも古本屋街ではありますが、最近は古本屋が減って、その一方で飲食店が増えてきて、街が変わってきています。とにかく、今のイメージでは文教的な街ですけれど、当時はその周辺にはかなり工場があり、労働者の街でした。そういう労働者の子どもを主な対象として幼稚園をつくりました。この幼稚園には、片山もかなり関わっていて直接子どもたちと触れ合ったり、英語を教えたりもしていたようです。

この幼稚園が現在の保育所の先駆的なものではないか、ということで評価されています。日本で最初の幼稚園ははっきり分かっているのですが、保育園のほうは、このように保育園とは称さないけれども、内容的に保育園的な活動からだんだん始まっていきます。そのために、何が最初の保育園かは簡単には言えませんが、キングスレー館の幼稚園が、保育の非常に早い時期の先駆的な活動であることは明らかで、そういう評価がなされています。

しかし、残念ながらキングスレー館は長続きしませんでした。というのは、片山潜はセツルメントだけでなく社会主義とか労働運動に関心があり、次第に労働運動のほうに傾倒して力を注ぐようになったからです。クリスチャンの皆さんは、労働運動をしてほしくてキングスレー館を支えているわけではありません。教会関係者は次第に離反していきます。お金を出していた人がお金を出してくれなくなり、次第に経営が行き詰まっていきました。それから、片山自身が、福祉活動ではなく社会主義活動のほうに力を入れていく中で、結局キングスレー館は１９１４（大正３）年に終わってしまいました。片山はその後アメリカに渡り、さらにソ連に渡り、国際共産主義運動というのをやり始め、ソ連で亡くなるという人生を送ることになります。

次に救世軍（19ページ参照）です。救世軍という団体は、前回このシリーズの5回目で扱ったので、

日本の救世軍の創設者 山室軍平
(37歳の頃)

前回も参加された方はよく分かっているはずなのですが、そうでない方はお手元の配布物の中にある『ときのこえ』の最後のページ、救世軍の説明をご覧ください。

救世軍というのは、軍と名前がついていますが軍隊ではなく、キリスト教の一教派で、現在の新見市に生まれた山室軍平が日本の救世軍の創設に尽力し、社会鍋による貧窮者救済や各種病院の開設、廃娼運動、労働セツルメント、禁酒運動などを展開した団体です。

救世軍は、大学殖民館というセツルメントを1908(明治41)年に創設しました。まず貧困な学生、お金があまりない学生に寄宿舎を提供します。学生から見たら、安い家賃で寄宿舎に泊まれますからありがたいわけです。それと同時に、今度はこの学生が地域の法律相談とか夜学の先生とか、無料の代筆を行います。当時、貧困な人は自分で字が書けなかったので、代わりに書いてあげるというような活動をします。こういうまいやり方をしていました。大学殖民館も先ほどのキングスレー館に近い神田にあり、そうした活動を中心にしてセツルメントをやっていきます。

ところが、残念ながらこれも長続きしませんでした。1913(大正2)年に火災で焼失し、休止しなければならなくなったのです。しかも、この火災がどうやら大学殖民館から始まったらしいと噂

救世軍大学殖民館開設（1908 年）

が流れ、救世軍は謝罪します。本当に大学殖民館だったかどうかは疑わしくて、違うという有力な証言もあるのですが、救世軍はすぐに謝ってしまいました。今でいう危機管理という面では成功して、世間は救世軍に対して同情的になります。しかし私から見ると、ちょっとお人好しというか、謝罪するのはもう少し事実を確認してからでもよかったのかなと思うのですが、とにかく大学殖民館は中止になってしまいました。

救世軍のセツルメントはこれで終わったわけではありません。その後１９２９（昭和４）年に違う場所、今の東京都墨田区本所に社会植民館という新しいセツルメントの拠点を作って始めていきます。これがその写真ですが、保育所がまずメインとしてあります。分かりにくいかもしれませんが、写真には子どもたちが写っています。まず、子どもを引き込んで、子どもを通じて親との信頼関係を築いていき、地域に出ていこうという作戦でした。保育のほか、夜学校を設けて小学生への授業の復習、今でいう学習支援をしました。それから、母親を対象とした講習会、法律相談、人事相談などを行っています。戦時下には、出征軍人家族の支援として家庭訪問や家事手伝いなどをします。

しかし救世軍のセツルメントは、今度は戦争で建物を焼失してしまって、なくなってしまいました。

アフターケアに注目

次に紹介したいのは石井記念愛染園です。これは石井十次が始め、大原孫三郎（※）が継承したものです。昨年開催の、このシリーズの第1回で石井十次、第2回で大原孫三郎が取り上げられていますが、そこでは石井十次が大阪に進出したこととか、大原孫三郎が取り組んだ社会事業の一つとして石井記念愛染園があるということは触れていますけれども、それ以上突っ込んで大阪のこの事業の話は出ていないようですから、その時と重なる話はそんなにないと思います。

※既刊『慈愛と福祉　岡山の先駆者たち1』参照

岡山孤児院は大阪に進出していきます。最終的には宮崎の茶臼原《ちゃうすばる》に移っていくので、農村のほうに関心が高くて農村を向いていたかのような印象を受けるかもしれません。確かにそういう面はあるのですが、実は石井十次は大阪とか東京に進出しようと考えていました。そこでまず、大阪事務所とい

救世軍社会植民館開設（1929年）

うのを置きます。目的の一つは寄付金募集です。都市部で寄付金を集めるほうがたくさん集まりますので、寄付金募集の拠点にしていました。

もう一つ、これは非常に大きい役割ですが、孤児院の出身者への支援です。孤児院の子どもたちも、やがて大きくなって就職しなければいけません。岡山では就職先が限られますので、もっとも近い大都市としてしばしば大阪に行くわけです。現在でも、児童養護施設の出身者がなかなか社会になじめなくて、仕事を短期間で辞めてしまうことが問題になっていて、児童養護施設の役割としてアフターケアが大事だということが注目されています。

実は、岡山孤児院はそんなことは最初から分かっていました。石井は100年以上前から問題意識があったのです。大阪に拠点をつくり、そこで孤児院出身者がきちんと社会に定着していくように世話をするということで、大阪に進出していきます。この写真がその事務所です。隣りは米屋です。看板には岡山孤児院白米販売店と書いてあります。こういうお米の販売もやっていました。

ところが、1914（大正3）年に石井十次が亡くなってしまいます。石井が亡くなったことにより、岡山孤児院の大阪の活動をどうするかということが課題になってきます。岡山孤児

岡山孤児院大阪事務所開設（1902 年）

院は、石井が亡くなったからといって消えたわけではありません。暫くは宮崎で活動が続くのですが、その岡山孤児院と切り離し、こちらは石井記念愛染園というセツルメント施設として残していくようになっていきました。1918（大正7）年に開園式をやっていて、初代常務理事が大原孫三郎です。当時は常務理事がトップというかたちでした。1917年に設立認可を受け、正式に石井記念愛染園というものができていたのです。

順番が前後するのですが、石井記念愛染園という正式な組織になるのは1917（大正6）年ですが、実際の活動は1909（明治42）年から大阪の日本橋で始めています。大阪の難波から少し南に行ったあたりです。以前は、秋葉原と並ぶ電気店街でしたけれども、最近は電化製品の量販店はほとんどなくなり、アニメ関連の店が増えて秋葉原と同じような感じになっています。現在は繁華街ですけれども、かつてその地域は貧困な人が集まる地域でした。そういう貧困な人が集まる地域に、保育園とか、幾つかの福祉的な実践を始めていったわけです。

まず、保育園です。これをつくった動機は、子どもを持つ女性が仕事が見つからなくて自殺したという事件が大阪で起きましたが、この事件に対して石井十次は心を痛め、こういうことをなくすためには保育園をつくらないといけないと考えました。併

晩年の大原孫三郎

せて、子どもを預かるだけでなく、保育園を拠点として貧困者のための代読、代筆もやっていったようです。

それから、夜学校です。これは大阪で働いている孤児院出身者に対する教育機関として、夜学校を創ろう、というところから始まりました。孤児院出身者でない地域の人々の子どもたちも受け入れるようになっていきます。年齢に関係なく受け入れました。本来なら小学校に行くべき年齢で、正規の小学校に行けていない子どもも受け入れるということです。また、小学校の就学年齢を超えている人であっても、それまで学校に行ったことがなくて十分勉強ができていないのであれば受け入れました。あくまでも学校ですから、勉

私立愛染橋保育園の保母と子どもたち（1909年）

私立愛染橋夜学校（1909年）

日本橋同情館開設（1909 年）

強もしますけれども、行事もきちんとほかの学校と同じように行いました。例えば、修学旅行や運動会などもやっていたようです。正式な学校として、１９１８（大正７）年には私立愛染尋常小学校が設立されます。

さらに、同情館といいまして、職業紹介や医療などを構想した場をつくりました。構想ということは、構想しただけで十分にできなかったという面があるわけですが、セツルメントの定番である医療とか職業紹介、その他住民に関わるさまざまな取り組みをやろうとしていたようです。

もう一つ、先ほど少し触れましたが、お米の廉売もやっていました。もっともこれは、運悪く米騒動が１９１７（大正６）年に起きて、その時に襲撃に遭い、結局は長続きはしませんでした。

私立愛染尋常小学校開校（1918 年）

石井記念愛染園は現在も続いています。その後病院を設立するなどして発展していきました。現在では、病院や保育所、児童館などを運営して、立派な病院も建っています。

もう一つ、ユニークなセツルメントとして東京・新宿の有隣園があります。創設者は大森兵蔵という人です。大森は近代スポーツの紹介者、指導者として有名な人で、バスケットボールやバレーボールを日本に伝えました。この人が岡山市出身なので岡山ゆかりのセツルメントとして取り上げます。しかし、中心的にやったのは大森安仁子で、安仁子は岡山とは関係ありません。ただ、兵蔵と結婚したので本籍地は岡山になっています。日本風の名前ですが、もともとの名前はアニー・バローズ・シェプリー（Annie Barrows Shepley）といい、アメリカ人でしたが、日本に帰化したのです。

大森兵蔵のことは、大河ドラマをご覧になった方ならご存じかと思いますが、竹野内豊が演じていた人物です。この兵蔵が岡山市の出身者なのです。兵蔵と安仁子は、安仁子のほうが20歳くらい年上ですが、結婚してふたりが協力

大森兵蔵

大森と安仁子

し合って、1911（明治44）年に東京の今の新宿の北のあたりに有隣園という施設をつくりました。当時の文献資料には、大森兵蔵がつくったと書いてあるものがあります。そうだとすれば、これも岡山出身者が創設した施設だということになります。

しかし、大森兵蔵はこの年に施設をつくった後、翌1912（明治45）年にストックホルムオリンピックの日本代表団の監督として外国に行ってしまいます。その後、アメリカに行き、アメリカで死んでしまいました。ですから残念ながら、兵蔵は有隣園の具体的な活動にはあまり関わっていません。具体的な活動をしたのは安仁子のほうです。夫の兵蔵が亡くなって、そのままアメリカに残ってもいいようなものでしたが、日本に来て有隣園を引き継ぎました。

最初は児童遊園でした。なぜ児童遊園かというと、当時子どもがあまり健全な遊びをしておらず、非行のきっかけになったりもするということへの対応です。児童遊園から始まり、幼稚園や夜学校も設立しました。さらに子どもを中心とした児童倶楽部とか、図書館とか、諸々の活動をしていきます。当初小規模だった児童遊園を拡大して、三百坪（約990㎡）ほどの広さになります。関東大震災では被災を免れたため、生活物資の配布や臨時託児所など、地域の救援活動の拠点にもなりました。簡易宿泊所など事業は拡大していきます。こうした資金を獲得するために、著名な音楽家を招いての音楽会を開催してい

松田竹千代

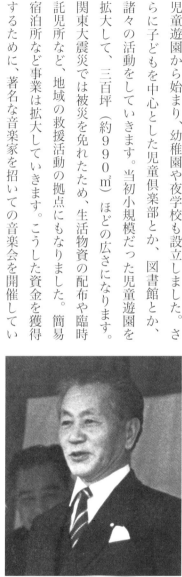

ました。

外国出身の安仁子が、こうしてセツルメントを発展させられたのは協力者がいたおかげです。松田竹千代といいます。この人はアメリカで冒険的な生活をした後、有隣園で活動しました。その後１９２８（昭和３）年に衆議院議員になって戦後まで務め、文部大臣や衆議院議長などを歴任しました。社会福祉の世界から政治家になった先駆的な人物といっていいと思います。

晩年の大森安仁子

有隣園は、大森安仁子がもともとアメリカ人なので、戦争中、地域との関係が悪くなりました。安仁子自身が死去し、さらに空襲で焼失してしまいます。その後、再建されずに消えてしまいました。

セツルメントの成果が今の福祉

こういったセツルメントが現在はどうなっているかというと、縮小していきました。それにはいろいろな理由があります。かなりの施設は空襲で焼失してしまいました。それから、貧困の深刻な地域が戦後だんだんなくなっていったということもあります。生活課題が多くある地域はまだありますので、なくなったという言い方は語弊がありますが、戦前のような広がりを持ったかたちとしては減少していきます。それから、社会福祉協議会という新たな福祉団体が、これは住民参加の民間の福祉団体ですが、各市町村に置かれます。地域の福祉課題への新しい担い手ができてきたのです。それから、セツルメントが中核とした活動のひとつに保育園、あるいは診療所、病院といったものがありますが、これらがセツルメント以外のかたちで増えてきて、必ずしもセツルメントとしてやらなくてもよくなりました。したがって、典型的なセツルメントがだんだんなくなっていったというわけです。

ところで、「学生セツルメント」というものがありますが、これは戦前、東京帝国大学（現東京大学）などで本格的に展開され、戦後になっても続きます。私が学生の頃はまだ自分の大学にもありました。私の出身大学の場合は、今でもセツルメントと名前が付いた活動をやっていますが、実際は一般的なボランティアサークルに近いと思われます。何らかのかたちでセツルメントという名称を引き継いで活動している場合があるのですが、戦前でいうような「貧困な地域に定住して、住民のひとりとして地域の改善を根本的に図る」ということで考えると、そういう活動は少なくなったということになります。法律上は、社会福祉法という福祉全体のことを決めた法律があり、そこに隣保事業が社会福祉事業の一つとして入ってはいます。しかしながら、隣保事業の名の下でセツルメントをやっているような活動は今はほとんどないと思います。

こうやってセツルメントが少なくなったのは、決してセツルメントが失敗したということではなく、全く正反対です。セツルメントの取り組みが成果を上げて、福祉活動がさまざまなかたちで広がっていったからです。現在では、セツルメントという看板を掲げて戦前のようなかたちでやる必要性が薄らいだのだと思います。ですから、セツルメントが成功して成果を上げたのが、今の福祉の状況です。

今日では、「地域福祉」ということが強調されるようになり、最近では「地域包括ケアシステム」と

いうこともいわれています。地域包括ケアシステムの柱は医療と福祉の連携です。また、地域福祉を目的としたNPO（特定非営利活動法人）の活動もありますし、さまざまな住民組織も、活動も広がってきています。そのため、総合的な地域活動が今日的な動きであるようにいわれがちですが、実は医療と福祉の連携はセツルメントにおいては早くから行われていたことです。当然のこととして、診療所とか病院をつくり、そこでは公衆衛生活動をして、住民の衛生水準を高めていました。さらに、ボランティア活動もしていました。セツルメントでは有力な専門職の人も必要ですが、それだけでは足りませんから、学生のようなボランティアが周辺に集まってきて活動が展開されていくことになります。セツルメントは住民と支援者が対等な関係で関わるわけですから、「福祉は住民参加でつくるべきだ」という現在の考え方にもつながっているのです。

このように、今あれこれいわれている福祉の理念は、実はセツルメントの中で既に芽生えていたといえます。しかも、そのセツルメントが岡山から始まった、あるいは岡山出身者が取り組んだということを紹介しました。そうしますと、岡山という地には、これからの地域福祉を考えるうえでさまざまなヒントがあるのではないかと思うのです。福祉の勉強をする時に、うっかりしますと東京のほうから偉い先生を呼んできて、ありがたく話を聞くということになりがちです。それも必要でしょうけれども、実は岡山のこの足元に、素晴らしい福祉のさまざまなヒントが広がっているということを皆様にも認識していただき、岡山のこの地をしっかり見ることから、これからの福祉をみんなでつくっていきたいと考えております。

以上で私からのお話を終わらせていただきます。ご清聴ありがとうございました。

講演2

「アダムスの愛の働き」

社会福祉法人岡山博愛会理事長
更井哲夫（さらい てつお）
岡山市出身。内科医。医学博士。1934年アダムスの後継者として指名された更井良夫の長男。専門は膠原病とリウマチ学。特に、免疫システムが異常を起こす難病、膠原病の治療に力を注いでいる。岐阜大学医学部卒業後、岡山大学医学部第三内科に入局。呉共済病院を経て、1998年より現職。日本基督教団岡山博愛会教会会員。
アダムスを支えた「すべての人を愛する愛」を大切に診療にあたっている。

こんにちは。よく来てくださいました。私ども岡山の先人の働きをこうして紹介させていただく、特に、私どもの岡山博愛会の生みの母でございますアダムス先生の話をさせていただくことは、大きな喜びでございます。さっそく始めたいと思います。

この写真は、アダムス先生が生まれ育ったアメリカ東海岸のふるさとの生家です。粗末なように見えますが、その当時のアメリカの国で考えれば豊かな農家であったと聞いております。後で分かったことです。アダムス先生が亡くなられてから20年後の1956（昭和31）年に、私の父がアダムスの生まれ故郷のジャフレーの町に行きました。そして「岡山から、アダムス先生が岡山でなさった素晴らしいことを感謝するために来た」と申し上げますと、この地域の人たちはびっくりしました。そんなことは知らなかったと、慌ててジャフレーの町の図書館から、お役所から、もちろん教会も調べると、確かにアリス・ペテー・アダムスがいて、この人は45年の間日本にいて、宣教師であったということが墓石に記されていることが分かりました。

そして、その夜のことです。私の父が、ジャフレーの町の歴史書をプレゼントされてそれを読み解いたところ、なんとアダムス先生の先祖には、直系で第2代のアメリカ合衆国大統領ジョン・アダムス、第6代大統領ジョン・クインシー・アダムスのふたりがいることが分かりました。いわゆる名家です。ブッシュファミリーは親子で大統領になりましたが、いろいろ戦争をやった人です。平和のうちに人々の暮らしについて真剣に考えていた第2代、第6代の大統領を、私どもアダムス先生のご先祖に持つということは、今の私たち岡山博愛会のメンバーにとりましても誇りでございます。

アダムスの生家（米・ニューハンプシャー州）

それから、ちょっと脱線しますけれども、映画監督でプロデューサーのスピルバーグが『アミスタッド』という映画を作りました。アフリカから連れてこられた黒人奴隷が遭難した上にアメリカで保護されて、この人たちが帰属するところはどこだろうかという裁判がアメリカであった。この頃、もう既にアメリカの北部では、南部から逃げ出してきて解放された黒人もおりました。ですけれども、黒人の地位はその当時まだまだ低かった。60人からの、アフリカから連れてこられて言葉も何も分からない人たちが、どこに帰属するかという裁判が起こされたのです。元大統領という肩書きで弁護人になったジョン・クインシー・アダムスが最後の弁論で、「我々は困ったときには、アメリカをつくり出した先輩たちの考えによるのが一番だと思う。アメリカの独立宣言にはこう書いてある。〈人間は生まれながらにして自由だ。神様のもとに平等に創られた〉」と話しました。そして、この60名の黒人の方たちは、生まれ故郷のアフリカに戻されたという物語です。これはＤＶＤが出ていますから、レンタルショップなどでぜひご覧になっていただきたい。そこに、蘭やバラのお世話をする、ジョン・クインシー・アダムスのおじいちゃんが出てきます。この方が、アダムス先生のおじいちゃんか、ひょっとしたらひいおじいちゃんかなと。年を考えるとおじいちゃんになります。直系のおじいちゃんです。そのことを私たちは喜んでおります。

このスピルバーグの映画には、60名の黒人を支援するために、港の白人のプロテスタントのクリスチャンの方々が応援する場面があります。みんなが牢のそばに集まってきて「驚くばかりの恵みなりき……」と、あのアメイジング・グレイスを歌うのです。よくコマーシャルソングにも使われておりますから、皆さんお聞きになったことがあると思いますけれども、このアメイジング・グレイスの歌を牢の外で歌うわけです。そしてまた、その囚われた字の読めない人たちに聖書を差し入れます。聖書には挿絵が描いてありました。その挿絵を見ながら黒人たちは、この赤ん坊が生まれた時にみんなが集まって来て大喜びしたのだな（クリスマス＝降誕祭）とか、この人がお話をするとたくさんの人が集まってきて喜んで話を聞いたのだなと。これはイエス様の伝道旅行の節です。そして最後にイエス様が十字架につけられる。それを黒人の人たちも見まして、なんてことをするんだ、この人はよほど悪いことをしたのか、そうじゃないのにと想像します。そして、お墓から甦えられた場面が挿絵でありました。この方は死んでおしまいになったんじゃないんだなと思う。このように、その当時のアメリカ東海岸に、プロテスタントの信仰、神様を中心にする生き方がいかに満ち満ちていたかが分かります。アダムス家もその家系でした。

わずか24歳で高校の校長に

アダムス先生は幼い頃、そしてまた就学年齢に達した頃、たくさんの方々と良いお付き合いをしていました。その中の一つですが、アダムス先生がいよいよ教育の専門家になろうと、ブリッジウォーター師範学校というところに行きました。このブリッジウォーター師範学校はアメリカでいちばんの師範学校です。ここの出身者には日本の初代の文部大臣の森有礼さんもいます。有礼さん

森有礼

はアメリカで留学中にクリスチャンになりました。日本に帰ってから、音楽教育でたくさんの小学校の歌を作りましたけれども、その歌のメロディーは賛美歌なのです。歌詞は日本人が付けて、宗教とは関係ありません。この話は余分なことだけれども、ちょっと覚えておいてください。

アメリカの東海岸で、満ち満ちた神様の愛が働き、そしてその愛の実現のために人生を過ごそう、捧げようと思う人たちがどんなにたくさんいたかということの現れの一つだと思います。アダムス先生も、師範学校にいる間、その周囲にあった貧しい方々が住んでいる家に、自分の庭に咲いている花を摘んで持って行ってお見舞いをすることもあったようです。お年寄りを大事にしました。貧しい人たちを支えました。励ましました。全寮制の寮に入っていました。寮にいる間、同室の女性の方とともに毎晩聖書を開いて読み、一緒にお祈りをするという時を持っておりました。そしてその中から、私たちは人生のうち、例え10年でも、神様と人のために尽くす、仕える、そのような人生を送ろうじゃないかと決心して、互いに約束しました。

卒業したアダムス先生は生まれ故郷のコーナント・ハイスクール、今でいう高校の校長になりました。わずか24歳かそこらで校長になるのです。どんなに優秀だったか、どんなに優れていたかが分かります。アダムス先生はその校長の席を投げうって、私は例え外国でも、貧しい恵まれない人々とともに暮らし、その方々のために働きたいとお考えになったのです。

その時に、アダムス先生の母方のいとこのペテーさん（117ページ）が、もう既に日本に宣教師として派遣されて何年もたっておりました。ペテーさんは石井十次先生に出会って、岡山孤児院にほとんど住み着くようにしてお世話を一緒にしておりました。ペテーさんは岡山孤児院の資金難をアメリカ国内でたくさんの献金を集めることによって支えていました。だからアメリカの方々は、岡山孤児院というのはペテーさんがやっているのだと、そこまで思っていた人もいたそうです。そのペテーさんがアダムス先生に「アリスさん、岡山にいらっしゃい。まだまだ恵まれないたくさんの人々がいて、神様と人に仕える場所としてはいちばん適当だから、ぜひ来なさい」と招いたわけであります。それでアダムス先生は、１８９１（明治24）年に横浜に着き、神戸まで列車で来て、神戸から岡山まで開通したばかりの山陽鉄道（現ＪＲ山陽本線）に乗って参りました。５月１日のことです。

その前に、岡山にはアメリカン・ボード・ミッションの出店が出ておりました。ミッションハウスが既に建っておりました。これは、神戸にあったミッションハウスに、中川横太郎《なかがわよこたろう》という方がしょっちゅう出入りして、いろんな学識や経験に富むアメリカの方を岡山にぜひお迎えしたいと、県知事がらみで運動していた

東北大凶作後、岡山孤児院は1200人の孤児で膨れ上がった（1906年）

からです。その当時、新しいことを導入するためには欧米から人を招かなければなりませんでした。そういう専門家を招くには大変なお金が要ったのです。でも、岡山県にはそれだけのお金がない。けれども、すぐ隣の神戸には、宣教師として派遣されてアメリカから来ている方々がたくさんいる。そこに目を付けたわけです。そこで、中川横太郎もその当時の県知事も、自分の家を開放してまでぜひ岡山に来てくれということで、岡山でキリスト教の伝道会を開いたりもいたしました。

岡山で自転車に乗った初めての女性

こちらの写真が、いらっしゃった当時のミス・アリス・ペテー・アダムス。25歳です。若いです。美しいです。背は高くて、目はブルーアイ。本当に素晴らしい方でした。ぜひ会いたいと思いますけれ

A.P. アダムス

来岡直後、自転車に乗るアダムス
(1891年5月)

どね。

　岡山市中区の東山に通称玉井宮があります。その下の、今は児童公園になっております土地に、岡山県は宣教師館を建てることを提案しました。それで、日本の大工さんによる洋風建築が建ったわけです。こちらの写真が、その東山の麓に建った宣教師館です。ご覧ください。自転車が2台ありますね。これも宣教師たちが持って来たものです。ここは別世界でした。その別世界にアダムスは一部屋を与えられまして住んだのです。

　この宣教師館は、後に岡山孤児院の中に移転しまして、後の宣教師の方々がそこに住みながら岡山孤児院のお手伝いをしました。これはアダムス先生です。宣教師館の前で自転車に乗っています。岡山で自転車に乗った最初の女性はアダムス先生だったと思います。

　アダムス先生は１８９１（明治24）年5月1日に岡山に来ました。そして、その次の日曜日から、昔は内田町といいましたが、今でいうと岡山大学医学部の南のほうにあった南部安息日学校で中学生を相手

宣教師館（1891年頃）

に英語を教えました。これは子どもさんたちを集める教会です。その教え子のひとりに、後にお話しますけれども星島二郎（元衆議院議長）さんがいます。彼は倉敷や倉敷の児島あたりを選挙区として後々平和を重んじ活動された方です。星島二郎さんは六高（第六高等学校＝現岡山大学）に進みまして、6年間かかって卒業したのですが、お出来が悪かったのではないのです。学生の間、岡山孤児院の石井十次先生に惚れ込みまして、勉強そっちのけで岡山孤児院のお手伝いをしたのです。そして卒業した後、東京帝国大学（現東京大学）の法学部に行きまして、ここを卒業するのもやはり6年かかっています。それも、勉強ができなかったからではなく、やはり石井十次先生のところに、毎日毎日、夏休みなどはずっと居続けてお手伝いをしたという人です。平和主義者です。私たち岡山の誇りです。

岡山南部安息日学校。アダムスは到着後最初の日曜に教えに行った

話は外れましたけれど、アダムス先生はまず、英語を教えました。僕が思うに、宣教師として、そしてまた人助けのために来たのに、私は英語を教えなければならないのかというのが、きっとアダムス先生の心の底でふつふつとしていたのだろうと思います。けれども、いい出会いがあったのです。東山の電車の終点のあたりから旭川を渡った内田町に行くのに、ルートが二つあります。一つは小橋、中橋、京橋を渡ってそこから下ること。三角形の2辺です。もう1辺は、当時貧しい人たちが住んでいた花畑という地域。そこの土手を伝って今の桜橋あたりに出る。昔は橋がなく、そこに渡し舟がありました。その渡し舟に乗って対岸に渡るというのがいちばん近い道。アダムスはここを選びました。

そこを歩いている途中に、子どもたちがいっぱい寄り集まってきた。俗に、昔から貧乏人の子沢山という話がありますけれど、貧しい人たちがたくさんいた。そして、それに伴う子どもさんたちもいっぱいいいた。子どもたちはろくろく風呂にも入ったことがない、服は着替えたこともない、洗ったこともない。二本鼻が上がったり下がったり。服はというと、裏側を見たらいろんな虫が湧いている。風呂に入っていませんから臭います。頭の毛だってボウボウ。足を見ると、草履も下駄も履いていない。そんな子どもたちがアダムスの周りを襲撃するが如く集まってきて囃し立てた。

普通の人ならそこで恐れて逃げます。お前はどうだと言われたら、僕もびびります。でも、アダムス先生はそんなことでは驚かなかった。そして、この子どもたちこそ私がここに遣わされた目的なんだということを見いだした。これは凄いと思います。いくら先祖に大統領がいるから、風変わりだからといって、そんなことにはならない。それはやはり信仰です。神様はこの私をおつくりになった。この私を愛して、教育の専門家として今まで育ててくださった。同じように神様はこの子どもたちをも守っていらっしゃる。この子どもたち一人ひとりに命を与えてくださっている。この子どもを守ること、それはすなわち神様に仕えることなのです。

神様の代わりに

聖書の中にあるのです。お弟子さんが「どうしたら私は天国に行けますか」とイエス様に聞いた。イエス様が言った。「ご飯の食べられない人には食べさせなさい。飲むものがない人には飲みものを差し上げなさい。着るものがない人には着物を着せて差し上げなさい。病気のときには見舞いなさい。囚われて不自由になっている時には、そこを訪問しなさい」と。お弟子さんがこう言った。「いつ、あなたがそんな目にあったのですか。私は見たことがないです」。そうしたらイエス様はおっしゃった。「もっとも小さい者のひとりにそのようにしてくれるということは、私にしてくれたことと一緒だ」。神様だったらこうしてほしいだろうと思うことを、私が代わりにして差し上げる、それがアダムス先生の原点なのです。

アダムス先生は岡山に着任した1891（明治24）年の12月25日クリスマスの日、仲良くなった花畑の子どもたちを東山宣教師

私立花畑尋常小学校の給食

館の自分の部屋に招きました。子どもたちとクリスマスをお祝いするためです。招かれた子どもたちはお茶やお菓子でもてなされました。一緒に賛美歌を歌ったり、イエス様がお生まれになったクリスマスのできごとを聞いたり、楽しい時を過ごしたのです。別れる時に子どもたちは「また来たい、お菓子やお茶はなくても良い」とアダムスに言ったのです。アダムスはこの子どもたちのために岡山に遣わされたのだと確信しました。こういった次第で、岡山博愛会の創立は1891年のクリスマスの日なのです。

その子どもたちの救済のためにこの地域に入りました。最初は学校です。というのは、貧しい地域の子どもたちというのは、学校に着て行く服がない、下駄がない、お昼に食べる弁当もない、教科書を買う金もない。さらに、義務教育ではあったけれど、就学年齢に達しても戸籍そのものがないから、役所のほうから入学の手続き（案内）が来ない。そういう子どもたちがいっぱいいたのです。その子どもたちのために、アダムス先生は学校を始めました。週1回の日曜学校（教会の学校）ということだけではおさまらなかったのです。アダムス先生はそういう子どもたちに慕われた。それはそうでしょう。毎週日曜日、その子どもたちを自分の住んでいた立派な宣教師館に呼んで、そこで一緒に賛美歌を歌って、聖書の言葉を話して、お菓子をあ

私立花畑尋常小学校開設（1896年）

げてお茶も出した。子どもたちにとっては天国です。けれども、週1回では物足りない。こんなことでは子どもを指導できない、教育できないということで作ったのが小学校です。花畑尋常小学校を作りました。1896（明治29）年のことです。ここでは子どもたちに、ただで教科書を与え、服を着せ、そしてお昼ご飯、給食も始めた。岡山で最初に小学校で給食を始めたのは、我々岡山博愛会の尋常小学校ということで間違いないです。

その町並みがここにあります。建物は立派に見えるでしょう。そうした家もあったのです。なぜかというと、この地区は花畑といいました。江戸時代、池田藩の時代です。上級武士が藩主と一緒に遊ぶのは後楽園。下級武士が遊びに行くところが花畑、フラワーガーデン。花畑周辺には下級武士の下屋敷がたくさんあったのです。長屋です。けれども廃藩置県になりまして、池田藩の下級武士は失業いたしました。そこから出て行かなければならないため空き家がありました。

それで、明治天皇が全国を回る行幸をされた時に、三蟠港に上陸されて土手を馬車で登ってくることになりました。ところが川原には、どこの町でも昔からそうですけれど、貧しい方々、ずばり言うと浮浪者たちが小屋に住んでいました。明治天皇は神様と同格、いや神様だといわれていました。そう

困窮者救済のための福音伝道隊（花畑地区）

した方に下層の人たちが生活している不潔な姿をご覧に入れるわけにはいかないと、時の政府が追い立てまして、行くところがないと怒る浮浪者に、空き家がいっぱいあるからと住まわせたのが花畑で、この花畑がスラムの元になります。それでこの地域には貧しい人たちが集まり、犯罪者も逃げ込んで治外法権のような、警察さえも足を踏み入れると危ない、ひとりでは歩けない、そんな所になりました。中では、真っ昼間から男が酒を飲んで酔っ払っています。博打をやっています。女の子だって、小さい間は大事にされたこともあるでしょうが、大きくなったら女郎屋に売られます。そういう町でした。この町にアダムス先生は足を踏み入れて、この働きを始められたわけです。

この写真は、アダムス先生が作った花畑尋常小学校の子どもたちが宣教師館に毎週集まっていて、その子どもたちと一緒に撮った写真です。後ろの建物に見覚えがありますね。東山の宣教師館です。子どもたちはわりと小ぎれいにしているでしょう。これは、アダムス先生が随分手配していろいろな着物を着せたんだと、僕は思います。そして、こちらの写

花畑小学校の子どもたち（最後列右はアダムス）

真は花畑尋常小学校の中でやっていた聖書の講義所で、花畑キリスト教講義所といいました。教会です。教会の一つの場面です。太鼓をたたいたり、アダムス先生がオルガンを弾いたりしています。いちばん左の端っこで立っているのが宣教師のペテーさんです。そのほかに日本人のスタッフもいます。

アダムス先生のところには、たくさんのスタッフの方々が、やはりキリスト教信仰の愛の情熱に裏付けられて飛び込みました。それまで内山下小学校の訓導（教員）をやっていた人たちでさえ、それまでの職を投げうってアダムス先生のところに来ているのです。アダムス先生がそうした公立の小学校以上の給料を払えたのか。そんな財源はありません。貧しさが当たり前で、それを承知の上で飛び込んだ方々がアダムス先生のまわりにはたくさんいらっしゃった。それを、私たち岡山の人間として誇りに思いたいと思います。

後ろの壁には「救の歌」と書いてありますけれども、やはりアダムス先生がオルガンを弾いて歌っています。ペテー先生がお話をしています。これがその当時の教会の場面です。これは教会として建てられたものではありません。その当時の一般民家をアダムス先生が借り、あるところは買いとり、その中で活動しておりました。

花畑キリスト教講義所開設（1899年）

子どもたちがいっぱいおります。これは幼稚園です。小学生の時からの教育では間に合わない。幼稚園の時から教えてないといけない。また、幼稚園の下に保育園も作りました。というのは、この地域の若いお母さんが子どもを抱えていたら仕事に行けない。仕事に行けなかったら子どもが養えない。十分な食糧が提供できなかったら栄養障害も起こす。では、昼間働いている間、子どもさんを預かりましょうということで、保育園もやったわけです。近くにある今のさくら住座（岡山市営住宅＝岡山市中区）には、昔は5階建のアパートが何軒か建っていて、今は超高層、豪華版の建物が建っています。さくら住座の元地に戦前絹紡績の工場がありました。お母さん達はそこの工場に働きに行くことができた。そしてその間、子どもさんたちは預かってもらえたのです。

私立花畑幼稚園開設（1906 年）

自力で無料の診療所

この建物の看板には花畑施療院と書いてあります。これは、アダムス先生が募金をして建てた白前の建物です。貧しい地域には病気の人が出ます。貧しいと不衛生になったり、栄養の低下がありまして、そういう時には病気が付いてきます。アダムス先生は施設内に診療所を作りたいとアメリカンボード宣教師団に求めました。しかし本部は、医療は教育宣教師の手に余る行政の働きだとしてそれを許しませんでした。しかし、アダムス先生は自力で無料の診療所を作る決心をしました。

それまで、病気が出た時に、アダムス先生はその方々の手を引いて病院に行ったのです。治療費はアダムスが支払いました。今の日本銀行岡山支店、その前、そこには日本赤十字社岡山支部病院（現岡山赤十字病院）があったのですが、更にその前には岡山県立病院という総合病院がありました。その県立病院の院長は菅之芳《すがゆきよし》先生といわれました。石井十次を最初から支え通した素晴らしいプロテスタントのクリスチャンドクターでした。この菅之芳先生がアダムス先生に、「毎週毎週連れてくるのは大変だろう。あなたの施設の中に診療所（施療院）を作りな

岡山県立病院院長　菅 之芳

花畑施療院開設（1905 年）

さい。そうしたら私が学生たちを連れて、臨床実習も兼ねて診察に行こうではないか」と言われました。

ですからアダムス先生は、ドクターに手当を払わなくてよかったのです。これはありがたいけれども、それだけではすみません。ナースも薬代も要ります。薬代を稼ぐために、アダムス先生は何と、宣教師団から禁じられていたアルバイトをやったのです。英語教師です。現在の関西高校、当時は関西中学でしたが、そこに英語の教師として行きました。それから汽車に乗って、金光中学（現金光学園中学校・高等学校）にも英語を教えに行きました。そして、交通費を引いたすべての手当をこの診療所のために使いました。道具も要ります。薬も買わないといけません。そうしたことで、アダムスは苦労しました。

実はアダムス先生には、生活費としてアメリカン・ボードからお金が支給されておりました。でも、自分の個人で使うべき生活費も、アダムスは無駄には使わなかったのです。これは凄いことなのです。アダムスは「魚は、夕方ちょっと目の色が白くなったぐらいが安くておいしい」と言って、その魚を買っていたそうです。朝いちばんに魚屋さんに行くと、ピチピチ跳ねている魚もいるのです。でも、それは高い。買わなかった。果物も、「腐りかけた果物が

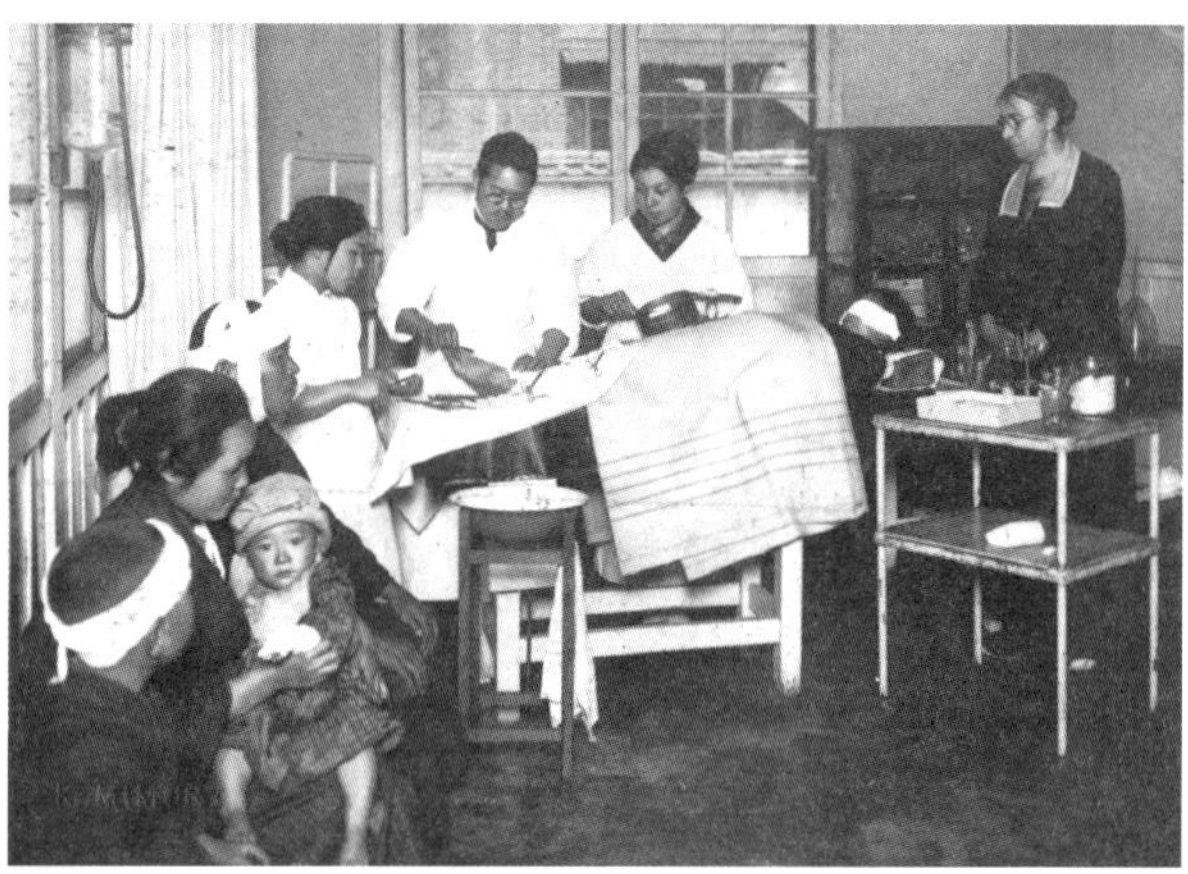

施療院での小手術　右はアダムス

いちばん甘くておいしい」とアダムスは言い張って、それを買って食べていた。すべて倹約のためです。

そうやってお金を浮かせて何に使ったのか。育てた子ども、教育した子どもたちの中には優秀な子どももいたのです。そうした子どもを上級の学校に送るのに使ったのです。関西中学に送り、関西中学から同志社大学を出したのがふたりいる。また、そのうちのひとりは、アメリカの東海岸に留学までさせている。育てた子どもにさえ、そこまでしたのです。

岡野貞一を東京音楽学校へ

それから、我々博愛会が後に知ったことだけれども、鳥取市出身の岡野貞一という人がいます。ご存じでしょう。「故郷《ふるさと》」「紅葉」を作曲した音楽家です。この子が岡山の牧師に嫁いだお姉さんを頼ってきた。そこで教えたら、この子には音楽の才能がある。それを認めたアダムス先生は、自分で資金援助して、この子を東京・上野の東京音楽学校（現東京藝術大学）に送っているのです。そこで学んで首席で卒業して、そのままその大学の教授となり、後に文部省から命を受けて小学唱歌を作った。我々が小さいころは小学

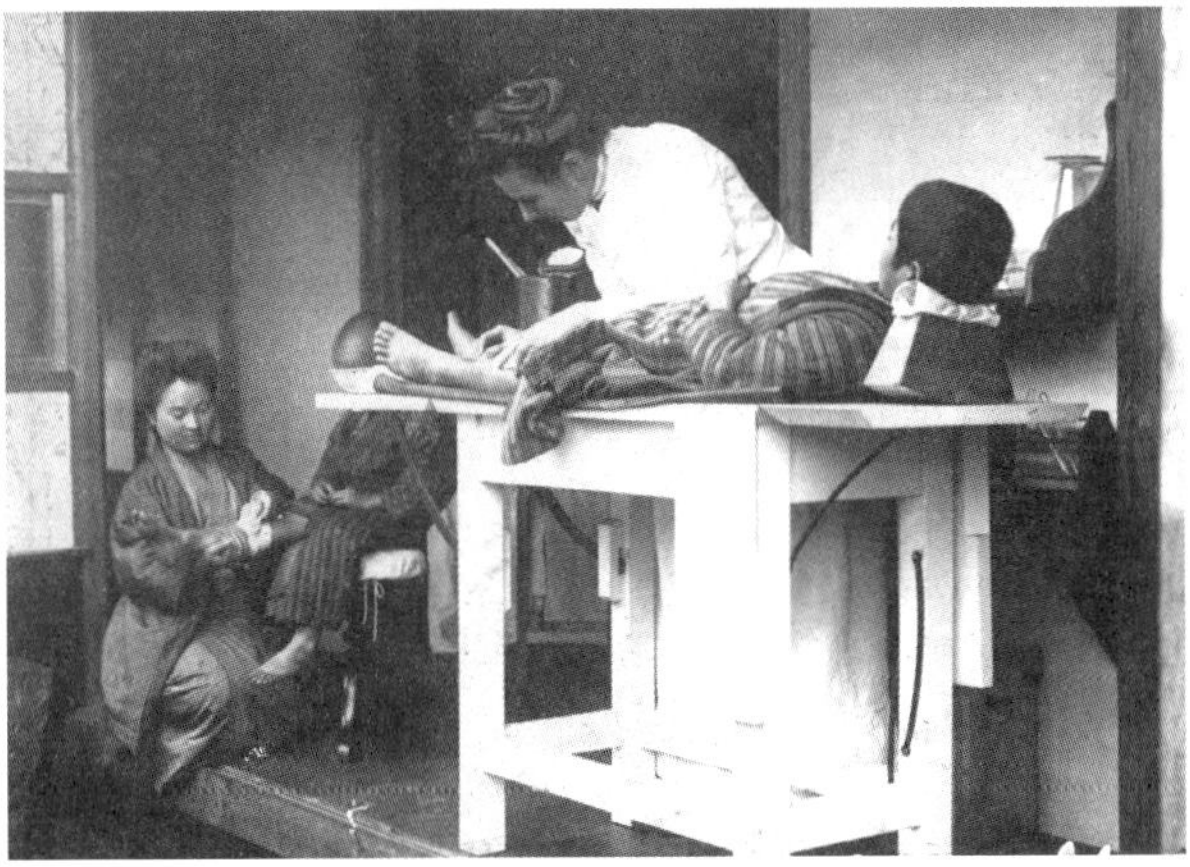

ケガの手当をするアダムス

唱歌とだけ書いてありましたが、今は違います。ちゃんと作詞作曲を誰がしたかが記されています。岡野貞一が作曲したメロディーは、ヨナ抜き（五音音階）と呼ばれる日本音階ではなくて、オクターブを使った西洋音階の音楽でした。だからあか抜けている。そして私はいつも、あの「ふるさと」という歌は賛美歌にちょっとメロディーが似ているなと思ったりします。そういう人を育てていることは岡山博愛会の誇りです。

しかし、アダムス自身はそんなことを誰にも言わなかった。おくびにも出しませんでした。つい20年ほど前、ＮＨＫが「ふるさとを創った人々」という特別番組を作るというので、放送作家に取材に来させました。それが猪瀬直樹さんです。後に東京都知事をやって、スキャンダルもありましたけれど、あの猪瀬さんが調べに来て、我々は分かったんです。

また、山田耕筰さんはお姉さんの恒子さんを頼って岡山に来ている。夫はガントレットさんといってイギリス人で、六高の英語の教師をやっていた。恒子さんは後に、日本キリスト教婦人矯風会を作って風俗を正すという最前列に立って戦った。山室軍平も赤線撲滅に頑張ったけれど、このガントレット恒子さんも頑張った。ガントレット恒子さんの弟の山田耕筰さんはアダムスに初期の音楽の手ほどきを受けているのです。

日本を代表する世界的な作曲家であったふたりを、アダムス先生は育てているのです。それもそのはずで、私の父が言っておりましたけれど、昔の博愛会には、岡山でただ1台、なんとあのスタインウェイのピアノがあったのです。太田洋行の社長がそれを羨んで、ヤマハのピアノ２台と交換してくれとまで言ったそうです。けれども、これは空襲で焼かれてしまいました。残念なことです。オルガンももちろんありました。最初、オルガンはなんでこんな音が出るんだろうと子どもたちが不思議に思って、「中で人が笛を吹いているんだろう。裏蓋を開けてくれ」とあんまりしつこく言うので、本当に開けたそうです。みんなびっくりしたという話です。

建物のペンキも自分で

この診療所を作るには本当に大変な苦労があった。建物は建ててもペンキを塗るお金がなかった。そのため、アダムスは仕事が終わってから、夜に自分でペンキを塗った。アダムスがペンキを塗っている姿を支援者のひとりが見て、アダムスは金に困っているようなのでもっと募金をしようと、みんなで募金活動をしたという話もあります。

こちらは診療場面で、目を診ています。その当時、この貧しい地域にはトラコーマ（トラホームとも。結膜の伝染病で失明に至る場合もある）が大流行。もっともその頃の日本では、10人が10人肺結核を持っていました。今でも私たちがお年寄りの方のレントゲンを撮ると、昔の結核の跡があることはしょっちゅうです。日本はトラコーマと結核のまん延地、危険な場所だったのです。そして、そのトラコーマを病んだ子どもが、頭のいい子どもだったのにどんどん視力を失って失明してし

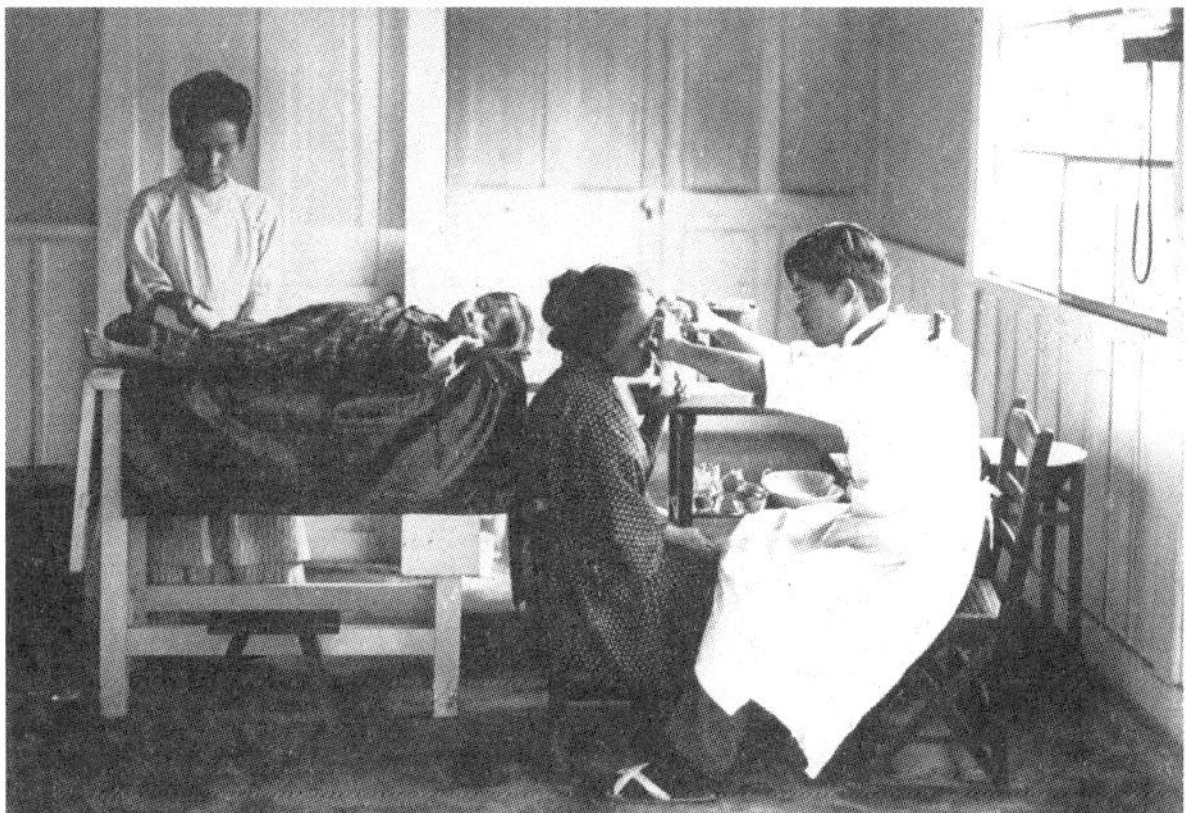

眼科の診療　地域でトラコーマ大流行

まった。そのために、アダムスは医療を整えなければいけないと施療所を開く決心をした、その一つのきっかけであったともいわれています。

目の見えなくなった少年は神戸に送られました。そこで、はり、あんまの修行を受けまして、ひとかどの者になりました。その当時のはり、あんま師さんというのは三味線や琴も練習するのです。この達人を検校《けんぎょう》といいました。検校と呼ばれる達人になって、故郷に錦を飾って帰ってきたわけです。そうしたら花畑の大人が、「これがあの子か。こんなに立派にしてもらったのか」とみんなびっくりして、さらにアダムス先生の信用はどんどん上がったということです。それまでは、子どもを丁稚奉公などで大阪や神戸に行かせるということで送り出したら、町の人は「アダムスはあの子を売って、毛唐に生き肝を食わせているんだ。血を吸わせているんだ」と、そんなことまで言ったそうです。お笑いですけれども、本当にそういうことがあった。けれども、この子が立派になって帰ってきて、そういった文句を言う大人はいなくなったのです。

また地域の人たちは「アダムスが有名になったり、アダムスがこれだけの新しい建築をどんどんするのは、わしらを種にしてやっている。それだったら、その上がりを我々にも分けてくれ」と、脅迫やゆすりをしたそうです。けれども、そういうことを扇動する人たちの真ん中にアダムスは常に入って行って、一人ひとりにちゃんと教えて、諭して、何をやっているかを説明して、納得させたそうです。アダムスを襲撃しようという計画はしょっちゅうだったらしいですよ。集まって、酒を飲んで気炎をあげて、「よっしゃ、これからアダムスを殴りに行こう」と。けれども、さあ行こうということになると、みんな萎れてしまう。それは、アダムスがその地域の人たちとともに暮らし、生活のお世話をして、教育を、福祉を、医療を、衛生を、栄養までをいかに考えていたかが、みんなに分かってきたからです。そういう働きがありました。

英語を教えながら看護学校の資格を

これは、岡山の日本赤十字篤志看護婦人会岡山支会（現岡山赤十字看護専門学校）の写真です。どこにアダムスがいるかお分かりでしょうか。上から2列目の右から2人目に背の高い人がいるでしょう。これがアダムスです。アダムスは看護師さんを雇う余裕がなかった。それなら私が看護師になりましょうと思って、英語を教えながら、自分も日赤の篤志看護婦人会の講義を受けて看護師の資格を取ったのです。そこまでやったのです。白衣を着て診察や調剤の手伝いをしました。

アダムスも看護師に

こちらは、お風呂に子どもたちを入れている写真です。子どもたちの家にはお風呂はない。この地域にお風呂屋さんはあっても、風呂屋に行くお金がない。夏の間はいいのです。旭川に行って水浴びができる。でも、冬になったらそれができない。だからアダムスは、通ってくる子どもたちに衛生ということを教えようと、粗末だけれどもお風呂を作ったのです。そうでもしなかったら臭くて、鼻が曲がったと思います。お風呂を焚く燃料は家を建て替える時に出る廃材。それを博愛会の職員さんが大八車を引いて集めてきて燃やしたのです。そうして日本人のお姉さんが背中を洗っているのだけれど、ご覧ください。彼

花畑小学校で入浴開始(左がアダムス)施し風呂に発展

クリスマス会

女は白足袋を履いているのです。白足袋を履いて風呂の世話はしません。つまり、これはやらせです。けれども、こういう写真を撮って、今こういう働きをしているんだということをアメリカに報告したのです。

これは、貧しい人たちにクリスマスの食事を出そうという、珍しいクリスマス会の記録写真です。尾頭付きのタイが出ました。そのタイを持って帰ってお正月を越します。後ろのほうにお嬢さん方がいて接待します。山陽高女（山陽高等女学校＝現山陽女子中学校・高等学校）の生徒さんです。いわゆる良家のお嬢様方を派遣してもらって、アダムス先生はこういったことをしました。

こちらは、アダムス先生の晩年の写真です。後楽園近くの親分さんがアダムスのことを知り、あなたは強きをく

備前焼の胸像

晩年のアダムス（1936 年）

じき弱きを守る人だと共鳴して、備前焼の像を作ってくれました。だんだんおばあちゃんになってきました。そして、これが岡山を去られる直前のアダムス先生です。胸に二つ勲章が下がっているのが見えますか。まず、社会福祉関係で功績があったということで、藍綬褒章という勲章をもらいました。それから、いよいよ病を得てアメリカに帰らなければならない決心をした１９３６（昭和11）年に、今度は勲六等の勲章をもらいました。この勲章のお世話もしてくださったのが、星島二郎さんだと僕は確信しています。勲六等というのは、今でいえば消防団の団長さんがもらうくらいのものです。でもその当時、女性で、外国人で、勲章を二つもらえる人はいなかった。そのためアダムスさんは随分喜んだそうです。

いよいよ岡山を去る時となりました。アダムス先生がこのオープンカーに乗って行ったのです。このオープンカーは公用車ですが、岡山県知事の多久安信さんの奥さんが動いて提供してくれました。後ろの席に乗っているのが、多久さんの奥さんとアダムス先生です。そして、この車の助手席に乗っているのが私の父（更井良夫）なのです。父は１９３５（昭和10）年からアダムス先生のところに無理やり呼びつけられて、無理やり仕事を押しつけられて、無理やり苦労させられて、厳しい訓練を受けて、この博愛会を委ねられました。20歳半ば過ぎたような

オープンカーで岡山駅へ

若造に、45年間自分の心血を注いだ博愛会を渡すアダムスの不安はどんなだったろうと思います。だからこそ、厳しく父を訓練しました。今の博愛会の職員で、この訓練に耐え得る人はひとりもいないと思います。僕もそうです。そうやって町を出ます。たくさんの人が見送りました。

岡山駅に着きました。乗っているのは荷物を運ぶ台車です。階段を登れない。あの頃は、エレベーターは荷物用しかない。だから、駅長室にあった貴賓席用のカバーの付いたいすを台車に乗せて、それにアダムス先生が座った。左の手は三角きんでぶら下げています。これは、乳がんを病んでリンパのうっ滞で左手が痛くて動かないことを現しております。それでアメリカに帰られたのです。

大きな日の丸に包まれ埋葬

ところでアダムス先生は、自分ではアメリカまで無事に帰れると思っていなかったのです。途中の船の中で命が終わったら、普通は亡くなった死体は船から水葬で水の中に流します。流す時に、出身国の国旗に包んで流す

岡山駅でのアダムス

のが礼儀です。アダムス先生でしたら星条旗となります。ところが、アダムス先生がお帰りになる時に「ご餞別の品は何にいたしましょうか」と私の父がお聞きした時、「私の体を包めるだけの大きな日の丸をくれ」と言われたのです。そんなものは売っていません。由良洋裁学校というところに頼んで、特注で絹の布をぬい合わせ、真ん中に赤い縫い取りで日の丸を入れて作った。それをアダムス先生はトランクの中に入れて持って帰ったのです。日本人として天国に帰っていきたいということです。ですから、ジャフレーの町に帰って次の年に召されましたけれど、あのお墓の中に入っているアダムス先生は、絹の大きな日の丸に包まれて埋葬されたと記録が残っております。

岡山駅のプラットホームでアダムス先生が列車に乗り込みます。アダムス先生にたくさんの人がお別れに行きました。賛美歌に有名なお別れの歌があるのです。「神ともにいまして　ゆく道を守り」という歌を、みんなで大合唱して送ったと聞いています。そしてこれが、アダムス先生が葬られた時の記録の写真だそうです。普通の墓地に普通に葬られ、墓石にはアダムス先生とお姉さんのふたりの名前が記されています。

最後に、さっき杉山先生の話にもあった、Dが二つ入る名前の、シカゴのジェーン・アダムス（Addams）が作ったハル・ハウス

米マサチューセッツ州で死去（1937年）

を移築したものを見てきましたのでご紹介します。このハル・ハウスは記念館になっています。ハル・ハウス自体は現在仕事をしていません。中はその当時のままに保たれています。彼女は太い大きな木で作った豪壮な木造二階建の家に住んでいました。岡山にいた我々のアダムス先生は粗末な家で、粗末な寝床で、粗末な着物で過ごしていたのですが、シカゴのジェーン・アダムスの場合は、やはりシカゴは経済力があるので、大金持ちがたくさん献金をしているのです。ですから、これだけの大きな建物を与えられ、豊かな仕事が与えられていたのです。ちょっと羨ましいなと思って帰ってきました。ハル・ハウスの記念館の前に碑があります。ノーベル平和賞の受賞者であったのです。

写真はこれで終わりですが、さっきからお話ししているように、アダムス先生を支えたのは信仰です。神様の愛です。この私がどんなに神様に愛されているか、その神様の愛についてお話ししたいのが、この小さい紙です。皆さんのお手元にもあると思いますのでご覧ください。

聖書の中に書かれた神の愛を一言で表す「聖書の中の聖書の言葉」がこのヨハネによる福音書3章16節の言葉です。「神は独り子を与えるほど、世を愛された。信じる者がすべて滅びることなく、永遠の命を持つためである」。独り子はイエス様です。誕生はクリスマスの出来事です。「世」のところに自分の名を入れて読んでください。イエス様が十字架の上で命を落とし、すべての人の罪を赦すための身代わりとなって下さったので、この私も罪のない者として天国に入れていただけるのです。「ヨハネ第一の手紙4章10節」。「ここに愛があります」、神様の愛があるのだと。「私達が神を愛したのではなく、神が私達を愛し、御子を私達の罪のために、購いの供え物として遣わされました」。今私がお話ししたことと同じことが書かれております。何のためにイエス様がお生まれになったか。それは、死んで私たちの身代わりになるためなのだ、私たちを愛してくださる神様が、その身代わりを与えてくださったのだと。深い深い愛です。

愛の実現のために、この言葉があります。マタイによる福音書7章12節「だから、人にしてほしいと思うことはすべて行いなさい」これは黄金律（ゴールデンルール）と呼ばれ、人間社会での生き方を示すものです。孔子の教えは「自分にして欲しくないことは人にするな」で、これはシルバールールとも呼ばれます。積極的に愛の行いをしましょうと聖書は告げます。マタイによる福音書22章39節には「あなたの隣人をあなた自身のように愛しなさい」と教えます。すべての人は神様に愛されているので、愛されている者同士互いに愛し合うことで、安らかに平和に暮らすことが出来るとの教えなのです。

神様の愛を実現するために

アダムスは日本に宣教に来る時、最初10年のつもりだった。だけど結局、乳がんという死の病を持つまで、45年の間岡山で働かれた。何のためなのか。金儲けではない。確かに勲章はもらったけれど、あれは星島二郎さんが運動をしてもらっちゃった、そういう勲章です。アダムスがほしいと言ってもらったものではない。ただ皇室は、ことあるごとにアダムスに何千円の単位の御下賜金をくださった。そのお金でどんなに博愛会が助かったか。アダムスは感謝したに違いない。そんな名誉だの、金だのを求めてアダムスは岡山に来たのではないのです。神様の愛を実現するために来たのだ。そして、子どもたち一人ひとりに、病んでいる人たちに、奥さん方、酔っぱらいや罪を犯した人たちに対しても、

「あなたを神様は愛しているよ」という愛の働きを為し続け、やり通した。それが私たちのアダムス先生であります。

次に「ローマ人への手紙12章」をご覧ください。これは、アダムス先生が45年の間岡山で働く間、常に暗唱していらっしゃった聖書の言葉です。この章全体を先生は遺言として残されました。その中の1節に、「あなた方の体を、生きた供え物として献げなさい」とあります。これは献身のすすめです。アダムス先生はそのようになさった。アダムス先生の生涯は、体を神様に捧げた。愛の実践のために捧げた。神様の愛を人に伝えるために捧げたものです。ここにアダムスの原点があります。嬉しいことです。

岡山博愛会は、アダムス先生よりラビング・オール（すべての人を愛する愛）、そこから名付けられたことを私たちは誇りに思っております。そしてこれからもこの愛の働きを必ず続けます。僕がこの地から召されることがあっても、その後に続く者が必ずそれは守ると信じております。

以上でございます。ありがとうございました。

「質問に答えて」

ノートルダム清心女子大学教授　杉山博昭
社会福祉法人岡山博愛会理事長　更井哲夫
司会
RSK山陽放送アナウンサー　千神彩花

司会：質問コーナーを始めてまいりたいと思います。私、千神の進行で、皆様から寄せられた質問にお答えいただきます。杉山先生、更井先生、よろしくお願いいたします。

最初の質問です。石井十次、アダムス、片山潜、大原孫三郎、山室軍平など、岡山ゆかりの人が、日本のセツルメントをリードしていきましたが、その理由は何でしょうか。

また、彼らは同世代に活躍していましたが、横のつながりはあったのか。特に、石井十次とアダムスは活動の場が同じ岡山でしたが、ふたりに横のつながりや共同事業はあったのかをお答え下さい。

更井：この４人には共通項があります。それはアメリカン・ボード・ミッションの影響ということです。これ以外にはないと私は思います。アダムスはアメリカン・ボードから派遣された宣教師のひとりです。石井十次は同志社に学びましたが、同志社を創立した新島襄は、アメリカン・ボード・ミッションで支援された教育者です。また、山室軍平は同志社大学の神学部に学んだ人で、「家庭学校」を創設した留岡幸助も同じく同志社の神学部で学びました。留岡幸助は幼い頃、高梁教会に導かれていました。山室軍平は東京に印刷工として出ましたが、そこで路傍伝道に救われキリスト教に接したのですが、山室軍平が同志社で学ぶ時には、大変に苦学したようです。お金もなく、食費も生活費もなかった。けれども、同志社のグループはそれを支え通して、見事に最後まで学ぶことが出来ました。そういうことですから、共通項は全員クリスチャンで、アメリカン・ボード・ミッションにつながりがあるという点です。

それで、もう一つのご質問ですが、アリス・ペテー・アダムスの岡山博愛会と石井十次の岡山孤児院との関係についてでは、共通項はあります。単に岡山という活動地域が同じというだけでなく、アダムスを支えた方々が、同じように石井十次も支えているのです。岡山教会のメンバーが、本当に私財を投げうって、力を惜しまずに支えてくれたのです。

それから、ついでに話しますと、山陽英和女学校（現山陽学園）の上代淑《かじろよし》先生はアダムスの良き友だちでした。彼女はアメリカへの留学の経験がありましたので、岡山でアダムスの泣き言を英語で聞けた唯一の人でした。また、上代先生の山陽学園グループは岡山孤児院を一生懸命に支えていました。

そういうことで、お答えになっていますでしょうか。両方の組織として、例えばアダムスが孤児院の役員になったことはありませんでしたし、石井十次氏が岡山博愛会の役員になったこともありません。

若き日の上代淑

司会：ありがとうございました。では、杉山先生、いかがでしょうか。

杉山：セツルメントの考え方、あるいは社会福祉についての考え方が入って来るわけですが、当時はクリスチャンは少ないので、教派が違っていても結構つながりを持っていました。ですから、今の我々が思う以上に、当時の人たちのつながりや情報網というのはかなり密なものがあったと思われます。したがって、福祉にかかわる新しい情報とか方法論とかが入ってきた時に、それはすぐに伝わっていくことになります。石井十次にしろ留岡幸助にしろ山室軍平にしろ、そういった新しいものをどんどん受け入れていき、考えるよりも実践していこうというような人たちでしたから、今以上に短期間に情報が広がっていき、さらにそれが各自の実践につながって、福祉活動がどんどん広がっていったのだと考えます。

更井：石井十次が岡山から出て、生まれ故郷の宮崎に帰って、そこで孤児院を続けたということは皆さんもご存じだと思いますが、１９１４（大正３）年に石井十次はその地で慢性腎不全で亡くなっています。

その最後の言葉が素晴らしいんです。主治医の先生に「私は最後に言うべきことがある。あなは今までよく私を生かして下さった。だけど私はあなたに言いたい。クリスチャンになりなさい」と。最後の最後の時まで、石井十次はその医者のために祈ったのです。そして、亡くなった後の葬式は、東京から遥か遠く離れた宮崎まで山室軍平がやって来て、葬式を執り行なったのです。このふたりの友情はこのことに尽きると思います。

司会：ありがとうございました。

続いての質問です。隣保事業の活動の場としての「隣保館」が県北にはありました。それは、現在どうなっているのか教えて下さい。

杉山：個別のことはよくわからないので一般論ですが、社会福祉の一つの領域である隣保事業の名称として、「隣保館」という名がよく使われていました。時を経て、同和対策事業の一環として「隣保館」という名称の施設が設置されていきます。今ではこちらのほうが主流といってよいでしょう。その場合、狭い意味での福祉活動というより、住民の交流や差別をなくすための取り組みなど幅広い活動が行われます。

司会：ありがとうございました。

では次に、アダムスを頼って岡野貞一や山田耕筰がやって来ましたが、その理由について教えて下さい。

更井：岡野さんは鳥取藩の没落士族の息子でした。お父さんは早くに亡くなり、彼の姉はアダムスの所で働いていた小野田さんという牧師の方に嫁ぎました。それで、残された貞一少年は歩いて中国山脈を越えて津山に出て、津山から中国鉄道（現ＪＲ津山線）に乗って岡山にやって来て、アダムスの元で学んだということです。当然、学費などは全くなく、宣教師仲間の紹介もあったのでしょうが、姉を頼り、またキリスト教の愛に頼って鳥取から岡山に出て来たのだと思います。

一方の山田耕筰はやんちゃ坊主で、ガントレット（姉恒子の夫）が持っていたピストルを取り出して遊んでいたような悪ガキの子どもでした。アダムスも英語の教師として教えていたわけですが、彼に音楽の才能を見いだし、音楽の道に進ませたようです。このことについては、私はアダムスが学資を出してはいないと思っています。それはガントレットと姉の恒子さんが出したのだろうと考えています。

司会：ありがとうございました。

続きまして、片山潜氏はアメリカで洗礼を受けクリスチャンとなりつつも、なぜ社会主義運動に転身したのでしょうか。教会生活はしなかったのでしょうか。転身した理由を知りたいというご質問ですが、杉山先生、いかがですか。

杉山：おそらく、片山潜本人からすれば転身したつもりはなく、一つの事を追求しているのだと思います。

当時のクリスチャンの人たちの精神構造として、何らかの形で社会変革していくことを目指していました。それが石井十次の場合は「岡山孤児院」を中心とした福祉活動であったと思うのです。そして片山潜の場合は、アメリカで勉強したということもあり、労働運動とか社会主義に触れてしまったわけです。石井十次も山室軍平も留岡幸助も、社会に存在するさまざまな矛盾とか貧困などの社会問題に対して解決していくということでは共通していたと思われますので、みんな同じだと思います。しかし、片山潜の場合は社会主義という考えに触れて、これこそが根本的に貧困を解決する最高の方法だと考えたのではないかと思います。

当時、イエスの十字架の福音を信じて、そこに重点を置くタイプのキリスト教信仰と、そういった信仰をベースにしつつも、隣人愛の実践をより強調する考え方がありました。先ほどから話に出てくるアメリカン・ボードとか組合教会というのは、どちらかというと隣人愛実践を重んじる教派でした。一方、十字架による救いを重視する長老派などの派もあるのですが、組合教会という隣人愛の実践に力点を置く派の中で社会的な思想がより一層深まっていき、最終的には社会主義に到達したのではないかと思います。

更井：信仰の姿勢というのは一人ひとり違います。一人ひとり違う信仰を持って集まって、その違っているところを認め合うのが「組合教会」(Congregational Church)、そしてそれが共同して作ったのがアメリカン・ボード (American Board Mission for Foreigh Countries) です。そうしたことがベースにあると考えてください。

信仰の姿勢というのは、こうでなければダメだという規定はないのです。聖書には、「あなたも行ってそのようにしなさい」と愛の働きをするように書かれていて、一人ひとりがそれをそれぞれに受け止めるということだと思います。しかし、平和にしても生活の改善にしても、それが愛によらずしてはできないことだと思うのです。力でそれを成し遂げようという、いわゆる「暴力革命」という部分もあります。現在、香港では大変な運動が繰り広げられています。無抵抗、非暴力、それでやるならきっと成功するのにと思って、いらいらしながら見ております。中国にも、習近平に抑えられても抑えきれないクリスチャンがたくさんいます。いくら教会を壊しても信仰は壊れません。いくら聖書を取り上げても信仰は消えないのです。そのような魂の奥深くで私たちを支えるもの、それが信仰なのです。それが人生のどのような場面でどのように現れるのか、それは一人ひとりで違うだろうし、それがいいか悪いか、人が判断することではありません。神様がお決めになることだからです。そう考えています。

司会：おふたりの先生、ありがとうございました。

今の話でもアメリカン・ボードという言葉が出て来ましたが、アメリカン・ボードを岡山に招いた功労者であると考えられる中川横太郎について、少しご紹介いただけませんか。

更井：中川横太郎は快男児です。かぶき者です。赤いブーツを履いて、神戸のミッションステーションまで交渉に行った男です。当時、赤いブーツなんて、男が履くものではありませんでした。その出で立ちで何度も頼み込んだのです。中川横太郎のバックには県知事がいましたので、ただで英米の優秀な人材を岡山に連れてくる方法はこれしかないと思ったのでしょう。

最初は損得ずくであったろうと思われます。それで、中川は自宅を開放して、そこでキリスト教の伝道集会を開いています。そうしたら、中川の妻と妻の母親、また当時中川の妾だった炭谷《すみや》小梅《こうめ》も、みんなクリスチャンになってしまったのです。その炭谷小梅はかなりの美人で頭の良い人だったといわれています。中川にしてみたら、自分の大事なご婦人方をみんな取られてしまった格好になります。

この炭谷小梅さん、石井十次からは「私のお母さん」と呼ばれた人で、尊敬に値する大人物です。できることなら僕も一度会いたいくらいです。その小梅さんが「お暇をいただきます。手切れ金は要りません。私を自由にして下さい」と中川に申し出たのですが、中川はふたりの間にできた子どもを手離しませんでしたから、小梅さんは子どもを中川の元に

中川横太郎

炭谷小梅

置いて出て行かなければならなかったのです。ほんとうに悲しい話です。そういう目に遭ったのが中川横太郎です。

それから、山陽学園が資金難で困っていた時に一肌脱ごうということで、中川は国清寺の寺を借りて、生前葬を行ったのです。そして、みんなにその案内をして、香典はできるだけたくさん持って来てくれと言ったんです。さらにふざけた話ですが、柩に入る時に、芸者さんをたくさん呼んで湯灌をさせたそうです。そこまでやった面白い人です。

J.C. ベレー

この人の碑が立っている所を知っていますか。烏城の入り口の近くの木立の中にありますから、岡山県立図書館に行ったら、見てみてください。しかし、ああいう人が一肌脱いだおかげで、岡山にミッションステーションができて、アダムスが来るようになり、医者のベレー先生なども来たりしたわけです。ベレー先生というのは、岡山県医学校の創設者のひとりです。当時、衛生医学ということではどん底だった岡山に、先端的な西洋医学をもたらし、岡山の衛生医学に貢献した方です。

ベレー先生は、その後に神戸に行き、神戸大学の医学部の礎も作っています。彼らはみな宣教師でした。当時の宣教師というのはその道の一流のプロでした。ちょっと神学校に行ったから宣教師になってやって来たという人ではないのです。人生に対しても、人間に対しても、深い理解を持っている超一流の人たちが岡山に来てくださったのです。アダムスも同じで、教育学のプロでした。そのことに感謝したいと思います。

司会：ありがとうございました。

たくさんのご質問をいただいているのですが、お時間となりましたので、これで質問コーナーを終了したいと思います。更井先生、杉山先生、ありがとうございました。

図版提供一覧　講演1

111頁　石井十次が開設した私立岡山孤児院尋常高等小学校（１８９７年）　社会福祉法人石井記念友愛社
113頁　アダムス、セツルメント関連年譜　社会福祉法人岡山博愛会ホームページ等より作成
116頁　日本最初のセツルメントの諸説　西内潔『日本セツルメント研究序説』より　杉山博昭氏作成
117頁　宣教師ペテー　社会福祉法人岡山博愛会
岡山孤児院を開設した石井十次　社会福祉法人石井記念友愛社
119頁　セツルメントと隣保事業の概念　杉山博昭氏作成
120頁　初代済世顧問の藤井静一　岡山県立記録資料館
121頁　キングスレー館を開設した片山潜　片山潜顕彰会
122頁　第一次渡米の頃の片山潜（25歳）　片山潜顕彰会
124頁　日本の救世軍の創設者 山室軍平（37歳の頃）　救世軍日本本営
125頁　救世軍大学殖民館開設（１９０８年）　救世軍日本本営
126頁　救世軍社会植民館開設（１９２９年）　救世軍日本本営
127頁　岡山孤児院大阪事務所開設（１９０２年）　社会福祉法人石井記念友愛社
128頁　晩年の大原孫三郎　公益財団法人有隣会
129頁　私立愛染橋保育園の保母と子どもたち（１９０９年）　社会福祉法人石井記念愛染園
私立愛染橋夜学校（１９０９年）　社会福祉法人石井記念愛染園
130頁　日本橋同情館開設（１９０９年）　社会福祉法人石井記念愛染園
私立愛染尋常小学校開校（１９１８年）　社会福祉法人石井記念愛染園
131頁　大森兵蔵　一般財団法人生涯学習開発財団
大森と安仁子　一般財団法人生涯学習開発財団
132頁　松田竹千代　一般財団法人生涯学習開発財団
133頁　晩年の大森安仁子　一般財団法人生涯学習開発財団

図版提供一覧　講演2

138頁　アダムスの生家　社会福祉法人岡山博愛会
140頁　森有礼　国立国会図書館
142頁　東北大凶作後、岡山孤児院は１２００人の孤児で膨れ上がった（１９０６年）　社会福祉法人石井記念友愛社
143頁　A・P・アダムス　社会福祉法人岡山博愛会
来岡直後、自転車に乗るアダムス（１８９１年）　社会福祉法人岡山博愛会
144頁　宣教師館（１８９１年頃）　社会福祉法人岡山博愛会
145頁　岡山南部安息日学校　社会福祉法人岡山博愛会
147頁　私立花畑尋常小学校の給食　社会福祉法人岡山博愛会
148頁　私立花畑尋常小学校開設（１８９６年）　社会福祉法人岡山博愛会

149頁　困窮者救済のための福音伝道隊（花畑地区）　社会福祉法人岡山博愛会
150頁　花畑小学校の子どもたち　社会福祉法人岡山博愛会
151頁　花畑キリスト教講義所開設（１８９９年）　社会福祉法人岡山博愛会
152頁　私立花畑幼稚園開設（１９０６年）　社会福祉法人岡山博愛会
153頁　花畑施療院開設（１９０５年）　社会福祉法人岡山博愛会
岡山県立病院院長　菅　之芳　『岡山大学医学部百年史』より
154頁　施療院での小手術　社会福祉法人岡山博愛会
155頁　ケガの手当てをするアダムス　社会福祉法人岡山博愛会
157頁　眼科の診療　社会福祉法人岡山博愛会
159頁　アダムスも看護師に　社会福祉法人岡山博愛会
160頁　花畑小学校で入浴開始　社会福祉法人岡山博愛会
クリスマス会　社会福祉法人岡山博愛会
161頁　備前焼の胸像　社会福祉法人岡山博愛会
晩年のアダムス（１９３６年）　社会福祉法人岡山博愛会
162頁　オープンカーで岡山駅へ　社会福祉法人岡山博愛会
163頁　岡山駅でのアダムス　社会福祉法人岡山博愛会
164頁　米マサチューセッツ州で死去（１９３７年）　社会福祉法人岡山博愛会

図版提供一覧　対談
170頁　若き日の上代淑　学校法人山陽学園
176頁　中川横太郎　学校法人関西学園
炭谷小梅　社会福祉法人岡山博愛会
177頁　Ｊ・Ｃ・ベレー　『岡山大学医学部百年史』より

地域共生社会を夢見た人々

田渕藤太郎

三宅精一

田渕藤太郎（たぶち・とうたろう　1876年〜1928年）

久米郡鶴田村（現岡山市北区）の農家に生まれた田渕藤太郎。24歳の時、大望を抱いて渡米するも事業に失敗し帰国。笠岡市の孤児院に務めたことから社会事業を志すようになる。1912（大正元）年、岡山市下石井に報恩積善会を創立、妻のはつと自宅に臥す高齢者の巡回介護や薬湯への入浴支援を始める。「年老いた親は子が養うもの」といわれた時代に、「貧困は社会にも責任がある」と説き高齢者の支援を続けた。

三宅精一（みやけ・せいいち　1926年〜1982年）

倉敷市で町の発明家としても知られていた三宅精一。白い杖をついて交差点を渡っていた人が車にひかれそうになるのを目撃したことから、「視覚障害者の安全歩行に役立つものを開発したい」と決意。研究開発の結果、1965（昭和40）年に点字ブロックを発明した。70年から鉄道のホームや公共施設内に敷設され、国際規格にも採用されて世界中に普及していく。点字ブロックはバリアフリーの象徴として社会的認識、価値観の面でも先導的役割を果たした。

写真提供　扉／田渕 藤太郎　社会福祉法人報恩積善会
三宅 精一　一般財団法人安全交通試験研究センター
五目並べを楽しむ入居者　社会福祉法人報恩積善会

講演1

「高齢者福祉今昔～田渕藤太郎と報恩積善会～」

岡山県立大学教授
井村圭壮（いむら　けいそう）
広島県出身。博士（社会福祉学）。専門は社会福祉事業史、社会福祉学原論。特に、戦前期の養老院の実践史を「救護法」「社会事業法」との関連から研究している。高知県立高知女子大学大学院博士後期課程修了。聖カタリナ女子大学助教授などを経て、2007年より現職。2007年日本福祉図書文献学会学術賞受賞。著者に『日本の養老院史』『日本の社会事業施設史』など。

はじめに

岡山県立大学の井村圭壮と申します。今日は「高齢者福祉今昔～田渕藤太郎と報恩積善会～」と題してお話しいたします。

報恩積善会は岡山県で最初に創設された、高齢者が入所するいわゆる養老院です。現在も岡山市北区津島笹が瀬にある養護老人ホーム「報恩積善会」で、1912（大正元）年に創設されました。これは１９５２（昭和27）年、報恩積善会で生活しておられる高齢者の写真。五目並べを楽しむ入所者です。当時の慰安あるいはレクリエーションにはこういうものがありました。連珠といったりすることもあります。終戦後間もない時期、連珠をしておられる方が岡山駅周辺におられた情景を思い浮かべる方もいらっしゃるのではないでしょうか。

この養老院、最初は全国に数カ所しかありませんでした。養老院という用語が一般化してくるのは大正中期からです。養老院は、孤児院に比べると設置が遅れました。その要因は、日本では、年を取った親は子どもが養育するものだという意識が定着していたからだといわれていま

五目並べを楽しむ入居者（1952 年）

「地域共生社会」のシンボルとして盆踊りが始まった（1952 年）

す。いわゆる儒教の精神が日本には存在しました。その後、養老院は明治30年代に神戸養老院、大阪養老院、名古屋養老院、東京養老院などができてきます。

養老院の歴史を繙《ひもと》きますと、1895（明治28）年、東京に「聖ヒルダ養老院」ができました。当初は女性のみを収容する施設でした。

この写真も同じく、1952（昭和27）年頃だと思います。報恩積善会の敷地で盆踊りをしているところです。地域住民が来ていろいろ企画され、子どもたちや女性の方も多くおられますが、地域住民とともに施設で盆踊りを行っています。

Ⅰ　報恩積善会の創設

ここで報恩積善会についてお話いたします。報恩積善会は明治天皇の御聖徳記念事業として1912（大正元）年9月24日、田渕藤太郎とはつ夫妻によって設立されました。創設されたその日、田渕藤太郎は日誌の中に「本日小生、出産日なり」と記しています。これが岡山県最初の養老院です。1925（大正14）年、現在の玉野市に「小桜養老院」ができますが、財源もなく自然消滅したという歴史的経緯もありました。

この写真は報恩積善会の創設者田渕藤太郎です。晩年のものです。田渕藤太郎は1876（明治9年）、久米郡鶴田村（現岡山市北区建部町）に生まれ、その後赤磐郡の田渕家の養子に入りました。当時は、年老いた親は子どもが養うのが当たり前という時代でした。養父の田渕重三郎は「子どもができて嬉しい。しかし、世の中には子どものいない気の毒な人がたくさんいる」と常々言っていたそうです。養子として入った藤太郎が聞いたその言葉が、養老院というものを創設する動機となりました。そして、養父である田渕重三郎の戒名である「持法積善」という文字から、「報恩積善会」という名称を施設に付けました。

なお、田渕藤太郎は１９０５（明治38）年、現在の笠岡市にあった浄土真宗関係の孤児院「甘露育児院」で修業を積み、社会事業を志す素因を形成したといいます。

この写真は妻の田渕はつです。この方が今日のお話の中心になってくるかもしれません。田渕はつは１８７８（明治11）年、現在の真庭市の織田家に生まれました。二十歳で結婚しますが夫が死亡しました。１９１１（明治44）年、同じく妻を亡くしてふたりの子どもがいた田渕藤太郎と再婚しました。そして、その翌年に報恩積善会がで

田渕はつ

田渕藤太郎

田渕藤太郎・報恩積善会関連年譜

西暦	和暦	内　容
1876	明治9	田渕藤太郎、鶴田村（現岡山市北区建部町）に生まれる（10月24日）
1878	11	田渕はつ、真庭市に生まれる（12月12日）
1894	27	日清戦争
1904	37	日露戦争
1912	大正元	報恩積善会設立（岡山市下石井=9月24日）。 初代会長に田渕藤太郎が就任
1913	2	「養老部届」を提出。収容救護を開始 事業資金調達のため「吉備楽」の慈善演芸会を開催
1918	7	収容施設が岡山市南方に完成
1928	昭和3	田渕藤太郎死去（1月1日）。54歳。 田渕はつが第2代会長に就任
1929	4	救護法公布⇒1932年施行
1930	5	岡山市津島（現在地）に山林を購入。素手での開墾を開始
1931	6	30人の居住棟を新築、移転（現在地）
1933	8	個人の土地・建物すべてを報恩積善会に寄付。 「財団法人報恩積善会」に改組
1939	14	戦争・災害・金融恐慌が相次ぎ、組織運営に困窮を極める
1945	20	8月の終戦後、すべての要救護者を受け入れ福祉活動を拡充する
1946	21	「生活保護法」公布（9月）に伴い、養老院が「保護施設」と規定される 「生活保護法」施行（10月）=従来の「救護法」に代わる法律
1947	22	田渕はつ 僧籍に入る 児童福祉法など諸法公布
1950	25	居住棟1棟増築。定員は60人に 「新生活保護法」制定。先法の保護施設を、新法の養老施設と規定する
1952	27	財団法人から社会福祉法人に改組（5月）。施設認可を受ける
1960	35	田渕はつ死去（2月14日）。83歳。従六位勲六等瑞宝章を授与され
1963	38	老人福祉法施行。「養老施設」から「養護老人ホーム」に名称変更
2019	令和元	「介護保険法」による「一般型特定施設」に変更（5月）

きました。

田渕藤太郎は「貧民救済事業新設御届」を岡山県知事に提出し、地域の貧困家庭や病人のいる家庭に看護職を派遣する巡回看護を行いました。看護職員に、困窮している家庭を巡回して看護に当たらせたのです。ここに、無料入浴場と書いてありますが、いわゆる無料の入浴券を報恩積善会では配布しました。地域には、お風呂に入れない高齢者がたくさんおられましたので無料の入浴券を配布し、高齢者にお風呂に入ってもらう事業を始めたのです。この巡回看護や無料入浴券に、現在のデイサービス事業の原点を見ることができると思います。

同時に、巡回の看護や介護を行うため家の中に入っていくと、在宅ではなく施設に収容し、ケアしなければいけない高齢者が多くおられることを発見し、田渕藤太郎は施設収容の必要性を痛感します。そして、施設に収容してお世話をしようという目的で、翌年の1913（大正2）年1月、「養老部御届」を岡山県知事に提出します。これにより収容事業、つまり高齢者とともに生活するという養老事業が開始されました。収容者の中には、高齢者だけでなく児童や障害を持っているいる人もいました。

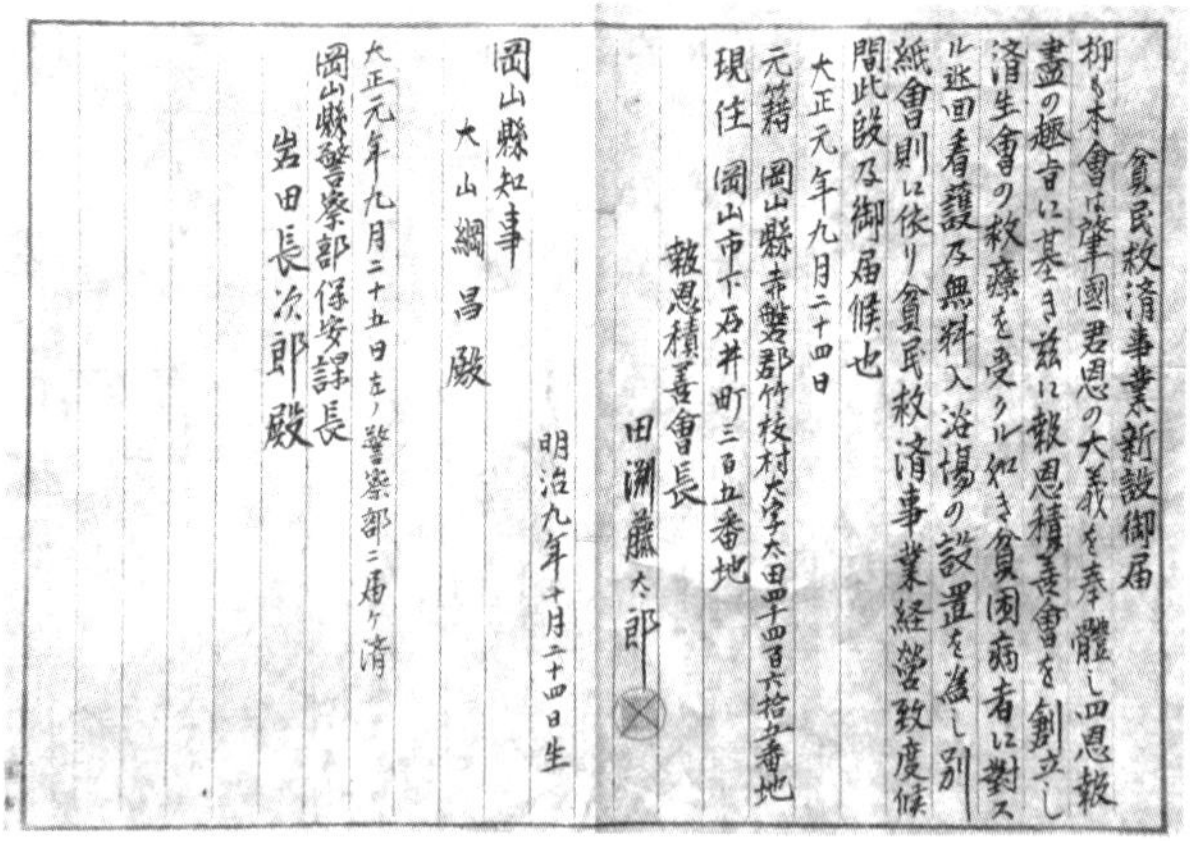
貧民救済事業新設御届
抑も本會は肇國君恩の大義を奉體し四恩報盡の趣旨に基き茲に報恩積善會を創立し済生會の救療を受クル如き貧困病者に對スル巡回看護及無料入浴場の設置を為し別紙會則に依り貧民救済事業経營致度候間此段及御届候也
大正元年九月二十四日
元籍 岡山縣赤磐郡竹枝村大字太田四千四百六拾五番地
現住 岡山市下石井町三百五番地
報恩積善會長
田渕藤太郎
明治九年十月二十四日生
岡山縣知事
大山綱昌殿
大正元年九月二十五日左ノ警察部ニ届ケ済
岡山縣警察部保安課長
岩田長次郎殿

貧民救済事業新設御届（1912年）

ところで、民間の養老事業家が実践していくわけです。その時必要となってくるのは、やはりお金です。財源がなければ事業はできません。養老院とか養老事業は、大正中期あたりから一般化していったのですが、明治初期から大正初期にはほとんど地域住民から意識されていませんでした。そのため田渕藤太郎は各地で講演活動や演芸会を開きます。公会堂や大きな建物を借りて、いわゆる演芸会活動を行い、養老事業の運営資金にあてる収益を上げていったのです。しかし、このような企画をするのはかなりの時間と努力と苦労がかかります。企画をするというのは大変なことなのです。

その当時、チラシを作って地域社会に広報して回る時、養老事業に理解があり支援をしてくださった人たち、岡山県の重鎮といわれた大原孫三郎、塩田王といわれた倉敷市児島の野﨑武吉郎、天満屋の三代目の伊原木藻平、金光教の金光鑑太郎らの名前が興行の広報紙に掲載されています。もちろんそれ以外の人々も、講演会を支援するために名前を連ねてくださいました。こうして、まずは興行で演芸会をすることによって収入を確保していきました。

しかし、それだけでは施設は経営できませんでした。当時養老院は、「年次報告書」を作成していました。報恩積

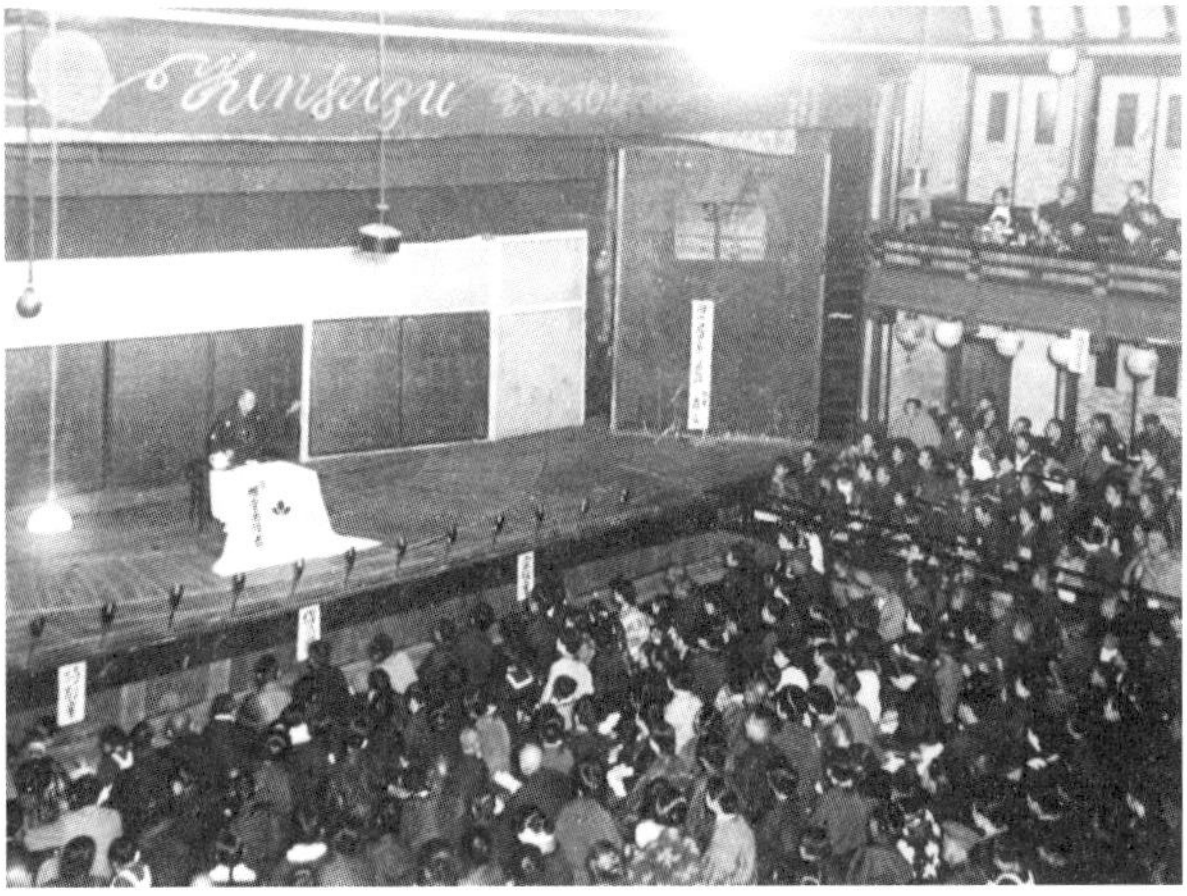

演芸会の収益は施設運営資金に

善会では、大正時代は『報恩時報』を発刊していました。現代でいう施設の広報紙に該当しますが、この『報恩時報』の中には、黒住教、金光教、キリスト教、仏教の宗派を超えて賛助者が明記されています。藤太郎は各地での講演会や演芸会の事業の時期に報恩積善会の組織作りを行ったのです。そして、このような広報紙『報恩時報』を作成し、地域の人々に賛助会員として支援していただきたいと、『報恩時報』を地域に配りました。つまり、これによって賛助会員を募り、会員制による会費を元にした財源の確保を図っていったのです。

しかし、賛助会員だけでは施設の経営はできませんでした。これは吉備舞楽大会の趣意書ですが、報恩積善会では大正時代から昭和の初期にかけて、吉備舞楽の巡回興行を行うことによって資金を確保していました。「吉備舞楽」は岡山藩の池田家の雅楽を担当する人たちにより、平安時代の雅楽を改良して作成されたものです。こちらの写真は金光教の岡山教会の方により、吉備舞楽が披露された時のものです。報恩積善会は1912（大正元）年にできていますので、もう100年を経ています。岡山市のロイヤルホテルで100周年記念式典が行われましたが、その時に披露された吉備舞楽の写真です。

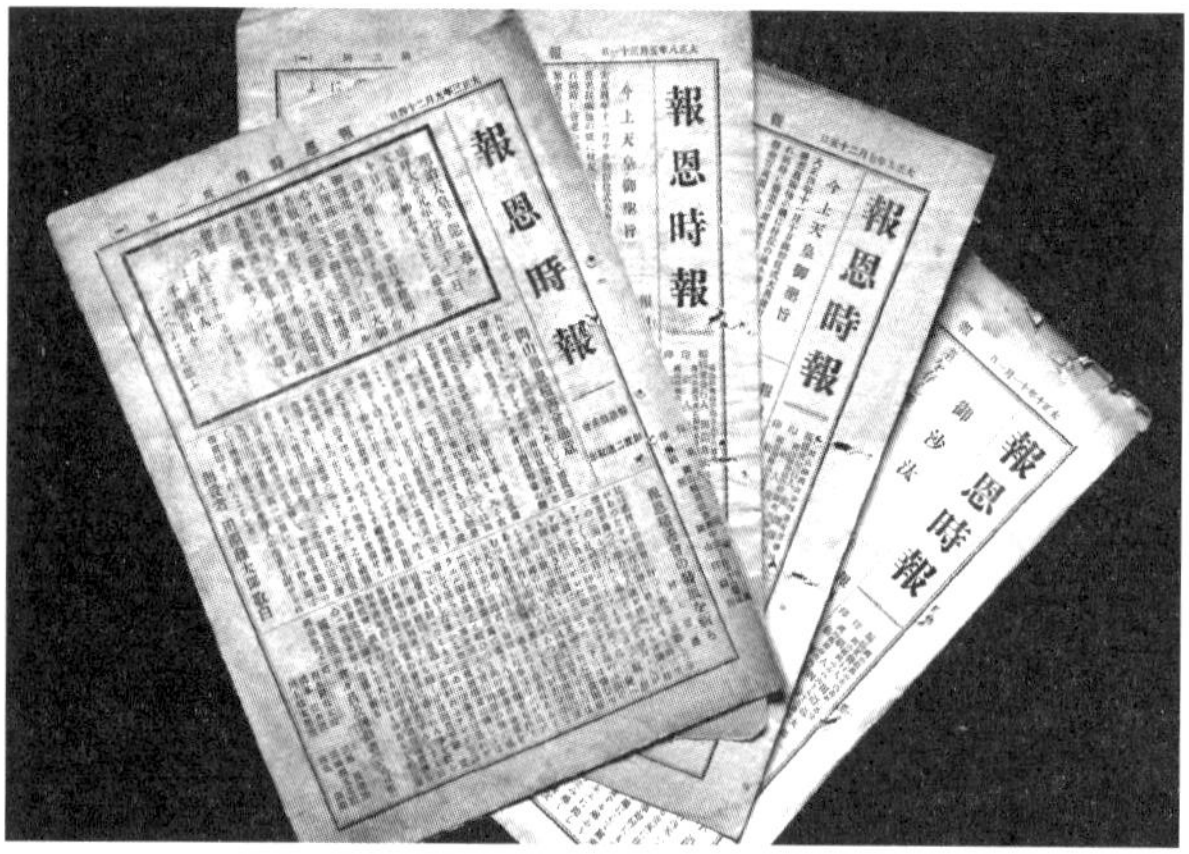

報恩時報

当時は、こうしたチラシを使って巡回興行を行っていました。これを見ますと、後援として香川県社会課、高松市の婦人会、明善高等女学校（現英明高等学校）などと記載されていますので、興行は高松市の周辺だったのではないかと思います。記録を見ますと、九州の福岡市の記念館とか、愛媛県今治市の今治座とか、京都の福知山市の公会堂などで吉備舞楽を行ったようです。この吉備舞楽は、最初は東京から専門家を呼んで開催していたのですが、次第に、施設の職員や職員の子どもたちが各地で巡回興行を行いました。施設内に残っている資料を見ますと、1年間に岡山県内48カ所で興行をしたという記録も残って

岡山吉備舞樂之名譽

賜·屢々天覧·臺覧之光榮

吉備舞樂大會趣意

[illegible]

主催　報恩積善會

後援　香川縣社會課　香川新報社　高松婦人會

援　明善高等女學校明善會　和洋實科高等女學校

岡山社會事業協會推奨　社會教化資料

◉舞奏流吉備舞樂曲目
- 櫻井の里（楠公父子の訣別）
- かざしの菊（家庭樂）
- 湊川（正成兄弟誠忠）
- 武士の典型（大石父子の忠勇）
- 明石の浦（合奏）

◉日時　十一月十一日（午後六時）開場

◉場所　於　大和座

（かざしの菊）

吉備舞楽大会の趣意書

吉備舞楽

います。当時は興行をする場合、警察署に届け出て許可を得、その上で地域に宣伝して行っていたので、大変な努力と苦労があったものと思われます。小学校などでも吉備舞楽は行われていました。

2　佐世保養老院と別府養老院

これは九州の佐世保養老院です。佐世保養老院は1924（大正13）年に創設されました。佐世保養老院も報恩積善会と同じように、『佐世保養老院院報』という年次報告書を作っていました。その院報によって広報し、養老事業への協力を地域に呼びかけていきました。運営上の財源確保という意味では、報恩積善会は吉備舞楽を行っていましたが、佐世保養老院では、佐世保は軍港でしたから軍艦の大将や有名な画家などから書画をいただき、九州各地の百貨店で販売会を行って収益を得ていました。また、北海道や中国大陸に行き書画展を開催しました。この佐世保養老院は浄土宗の僧侶が作った施設で、

佐世保養老院院報

工員の子どもたちの託児も行っていました。

現在は養護老人ホーム「清風園」といいます。敷地は少々狭いのですが、この右側には今は保育園が建っています。当時の託児所です。建物自体は高くなっていて、現在は非常にきれいな養護老人ホームとなっています。

続いて、同じく九州にあった別府養老院です。別府養老院は1925（大正14）年、曹洞宗の僧侶によって創設されました。この別府養老院は敷地内に「養老院消毒所」という建物を造りました。というのは別府養老院の場合、例えば1936（昭和11）年の資料を見ますと、入院が105人、そのうち63人が死亡しています。そして、現在入所している高齢者が19人ということでほとんどが死亡していくわけです。実は、衛生上問題がありました。別府ですので温泉地です。旅館などが高齢者に入浴をどうぞということで高齢者も温泉に入るのですが、温泉に入りましたらシラミが浮いてくるのです。そのような状況でしたので、それ以降その旅館は、別府養老院の高齢者はお断りということになったようです。

このように、死亡する高齢者も多かったの

別府養老院の消毒釜

で、別府養老院では消毒釜を作りました。施設内の衣類とか食器類を蒸気を使ってこの中で消毒します。別府養老院では地域住民にも利用していただきたいとの意図で、この消毒釜の写真を掲載したチラシ、衣類とか食器とか、何でも消毒できるというチラシを作成し、公衆衛生のためにどうぞご利用くださいと地域に配布していきました。

これが別府養老院の昭和初期の写真です。平屋建ての木造の建物です。

別府養老院は現在、養護老人ホーム「はるかぜ」というホームになっています。特別養護老人ホームもありますし、サービス付き高齢者向け住宅も建っております。社会福祉法人別府高齢者総合ケアセンター「はるかぜ」という、非常に現代風な施設名称を付けておられます。

別府養老院

3　昭和初期の報恩積善会

話を岡山県に戻します。先ほどからお話しておりますが、岡山県で最初に養老院を作ったのは田渕藤太郎とはつ夫妻です。田渕藤太郎は事業の財源確保に走り回りました。その結果、1928（昭和

3）年の1月1日、日本赤十字岡山病院（現岡山赤十字病院）で54歳の若さで亡くなります。田渕藤太郎が亡くなった後、施設長、会長を誰にするか、施設の中で会議が開かれました。結果的に、藤太郎の妻のはつが会長、施設長に就任しました。田渕はつ、49歳の時でした。

この時代、女性の養老院の施設長は非常に珍しいことでした。田渕はつにも、不安や多くの苦労があったと思われます。しかし、はつは気丈にもこの報恩積善会を戦後へと継承していきます。この昭和初期、報恩積善会は非常に困窮化している時期でもありました。はつが施設長になった時期に、『報恩積善会養老年報』という年次報告書を発刊しました。１９３２（昭和７）年度のことですが、報恩積善会の役員体制がその年報で公表されています。

役員の中に河本乙五郎という人がいました。田渕家は日蓮宗です。施設も日蓮宗の僧侶が役員になっていました。その中で、河本乙五郎という人物が役員になったというところに注目しました。この河本乙五郎は熱心なキリスト教信者でした。彼は、皆さんご存じの石井十次を支援し、岡山孤児院が財団法人になった時、大原孫三郎とともに評議員になった人物です。このように宗教、宗派を超えた人々の支援体制が形成されていたのです。

報恩積善会の年次報告書で公表された役員の中には、岡山市長の名前もありました。あるいは、当

河本乙五郎

時の日蓮宗の僧侶、山陽新報社（現山陽新聞社）の社長、就実高等女学校（現就実高等学校・中学校）の校長の名前が掲載されていて、いわゆる施設の組織固めを昭和初期に行っていました。これも、田渕はつの人柄もあったのだろうと思います。行政、経済、報道、社会事業、教育、宗教関係者が役員になりまして、支援組織の強化を図ったのが昭和初期です。

この写真は、１９３１（昭和６）年に岡山市津島に居住棟を新設した時のものです。定員は30名です。16名の高齢者とともに、本拠地を下石井から現在の津島に移しました。田渕はつ、53歳の時でした。

居住棟が完成（1931年）

4　救護法と全国養老事業協会

報恩積善会の津島への移転前後といいますと、金融恐慌が１９２７（昭和２）年に起こります。１９２９（昭和４）年には世界恐慌、米価の暴落があり、日本では救済制度設立の要望が高まっていた時代です。

その年に「救護法」が制定されました。その付帯決議で、翌年の１９３０（昭和５）年から実施することになっていたのですが、財源難のため実施されませんでした。それに対して社会的な怒りが起こりました。方面委員（地域の救済行政を補完する委員で、民生委員の前身）が中心となり、全国組織の「救護法実施期成同盟会」が結成され、全国的な社会運動が起こりました。社会運動の先駆ではないかという人もいます。

国は「競馬法」を改正してその益金をもとに、１９３２（昭和７）年に救護法を実施しました。そして養老院は救護法の救護施設に規定されました。民間の養老院は、公的認可施設である救護施設になるために、行政に対して救護施設の申請を行います。これが１９３２〜１９３３（昭和７〜８）年頃のことです。救護法は１９３２（昭和７）年１月１日に施行されました。

昭和初期は全国バラバラで養老事業を行っていたため、全国組織を作ろうという気運が高まり、「全国養老事業協会」

大阪養老院（1904 年）

救護法の成立と概要

1927（昭和２）年	金融恐慌
1929（昭和４）年	世界恐慌、米価暴落
	救護法公布
1930（昭和５）年	国家の財源難から「救護法」は実施されず
2月13日	方面委員を中心に「救護法実施期成同盟会」が結成 ⇒ 社会運動起こる
1931（昭和６）年３月31日	「救護法」実施に関する国家予算成立
1932（昭和７）年1月 1日	「救護法」施行

（現全国老人福祉施設協議会）を設立し、事務局は大阪養老院に置こうとしていました。ところが、入所していた高齢者が飲酒して施設に放火し、全焼してしまいます。そのため、大阪養老院に事務局を置くことができず、東京の浴風会（浴風園）に置くことになりました。浴風会は大正時代の関東大震災で被災した人々、被災した高齢者を収容する施設として国家的な意図によってできた施設でした。

浴風会には病院、病室がありました。現在でも病院があります。当時としては非常に近代的で、浴風会に事務局を置いたことが養老事業の近代化につながったともいわれています。浴風会は財団法人でしたが、いわゆる内務官僚が役員となっていました。全国養老事業協会は戦前期に、全国養老事業大会を3回主催しています。あるいは、養老事業実務者講習会、今でいう介護職員の養成研修を行い、また『養老事業』という月刊紙を発刊していました。全国的事業は民間だけではできないことです。やはり、内務官僚が動いたことにより、こうした養老事業の近代化、あるいは介護技術の向上につながっていきました。介護職員の、いわゆる技術の研修、講習会が7泊8日で行われました。

浴風会礼拝堂

これは1925（大正14）年に行われた第1回全国養老事業大会です。2回目は1932（昭和7）

年でした。この2回の大会が日本の養老事業の組織化、近代化の大きな転機になりました。１９３２年というと、先ほど申しました救護法が実施された時です。救護法ができて養老院は救護施設になりました。救護施設になりますと、救護費が下りてきます。そのため地方行政は、救護費が下りるのだから養老院にはもう補助金はそれほど必要ではないのではないかという考えを持つわけです。あるいは、会員制をとっている施設が多かったのですが、地域住民も賛助会員費は必要ないのではないかと考えたところもありました。１９３２年7月、内務省社会局大会議室で行われた「第2回全国養老事業大会」では、この救護法によって民間の養老院が財源難に陥ってしまった、そのことが話し合われました。

では、報恩積善会ではどうだったのか。報恩積善会にある内部資料で調べてみました。篤志家芳名録というものがありました。それ以外に収支決算書も残っていました。それらを計算してみますと、１９

第1回全国養老事業大会（1925年）

32年に救護法が実施されて、全国の養老院では財源が集まらなくなっていましたし、確かに報恩積善会も、1932年度の賛助員会費は減少しています。しかし、1933（昭和8）年からは、報恩積善会では賛助員会費は増加しています。県の補助金も、市の補助金も、報恩積善会では上がっています。そうした財源の上においては、ある意味では他の養老院に比べれば苦労しなかった面もあったのかもしれません。施設を運営している田渕はつは、『養老年報』の「感謝録」に次のような文章を載せています。

1936（昭和11）年、「12月24日、早朝、二十歳前後の青年一名来会され、金子五円也にて老人に正月、物を買って与えられたしと氏名をつけず帰宅され」と。

当時の施設長であった田渕はつはそういう経験をし、地域社会の人々の支援、名を告げずにお金を提供してくださる地域の人たち、そういう人たちの姿を見て、精神的な勇気をもらったと書いています。とにかく施設を存続させなければならないということを考えたのだろうと思います。

1931（昭和6）年、報恩積善会は本拠地を岡山市津島笹が瀬に移しました。手前が畑で、向こう側が田んぼでしょうか。今はもう、津島のあたりはビルがいっぱい建っていますが、その当時はこういう状況（風景）でした。そこに施設があり、地域の人々が寄付金を持ってきてくださったわけで

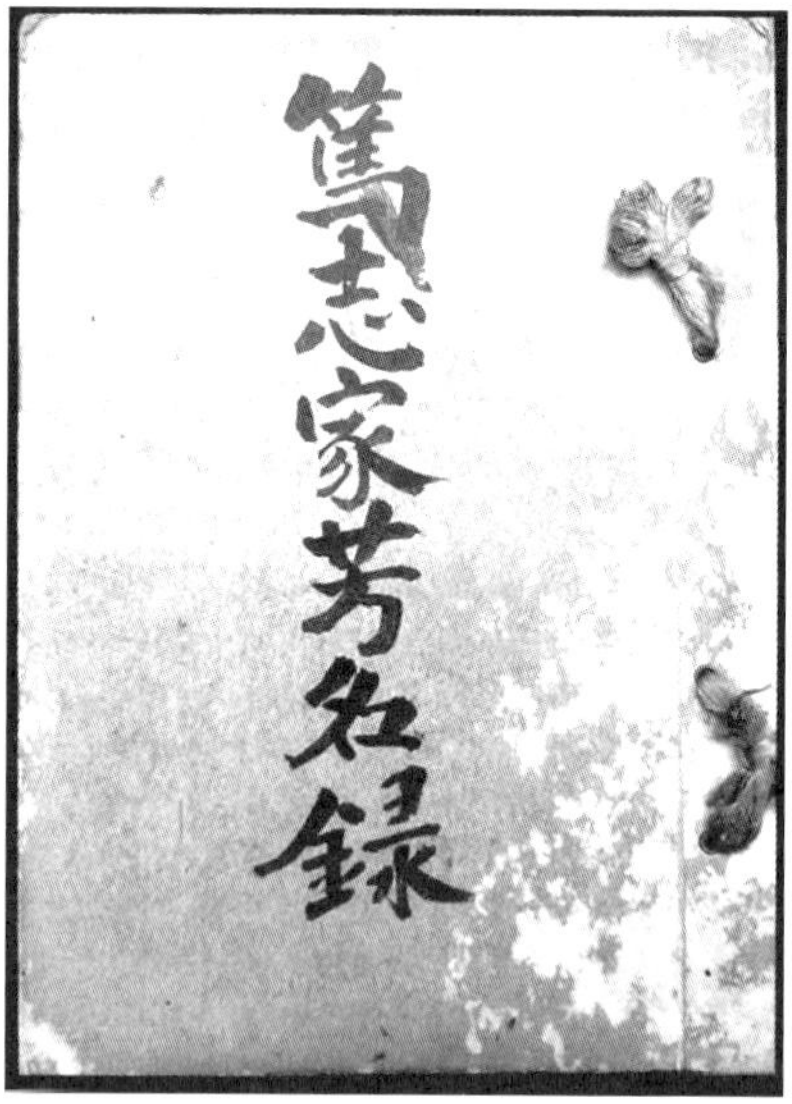

篤志家芳名録

す。藤太郎が亡くなった後、はつが施設長を務めましたが、新築移転と同時に、息子であります禎一（田渕藤太郎の実子）とその妻の田渕幾野、このふたりが中心となって施設を動かしていきます。高齢になったはつが外出する時は必ず幾野が付き添いました。幾野は看護師や介護職、調理員などあらゆる業務をこなし、６人の子どもを育て上げました。

おわりに

晩年の１９４７（昭和22）年、報恩積善会を支えてきた田渕はつは、施設の実務を息子たちに委ね、剃髪して僧籍に入りました。はつ、69歳の時でした。その後、高齢者の精神的な支えとなり、亡くなった人々の供養の奉仕活動に専念しました。はつは１９１１（明治44）年に藤太郎と結婚し、翌１９１

はつは僧籍に

本拠地を移転新築

２（大正元）年に藤太郎と報恩積善会を創設しました。はつは藤太郎亡き後の施設をひとりで支えていくことになります。

はつは高齢者とともに養老院の中で生活し、お金のない戦時中、ある時は高齢者に食事を与え、自分は水を飲んで耐え忍んだといいます。養老院に入所してくる高齢者は、必ず何らかの不幸、病を抱えていました。入所者の中には児童もいました。戦前期は病を抱えた高齢者が多く、はつは人の死を日々見詰めてきました。

田渕藤太郎・はつ夫妻

戦後になって、はつは自分自身も高齢となり、人間の生きる意味、生命とは何か、生きる上での感謝とは何か、物事の本質を理解する仏教の上での悟りを開いたのだと思われます。はつの人生は、養老事業に身を捧げた人生でした。はつは１９６０（昭和35）年2月に亡くなりました。享年83歳でした。

生活保護関連法の成立と養老院

1929（昭和 4）年	救護法公布 → 救護施設
1946（昭和21）年	旧生活保護法 → 保護施設
1950（昭和25）年	現生活保護法 → 養老施設
1963（昭和38）年	老人福祉法 → 養護老人ホーム 特別養護老人ホーム 軽費老人ホーム

１９２９（昭和４）年に救護法ができ、養老院は救護施設になります。戦後、生活保護法ができて保護施設となり、そして現在の生活保護法によって養老施設になります。昭和20年代は、まだ養老院という名称が残っていました。１９６３（昭和38）年に老人福祉法が制定され、養護老人ホーム、特別養護老人ホーム、軽費老人ホームが規定されました。

日本は、１９７０（昭和45）年に65歳以上の比率が７％になりました。この時代から「高齢化社会」、そして１９９５（平成７）年に65歳以上の高齢者が14％に達し「高齢社会」、２００７（平成19）年に21％を超えて「超高齢社会」といわれるようになりました。そして、２０００（平成12）年４月から介護保険サービスがスタートしたのです。

最後に、藤太郎とはつの若き日の写真です。田渕藤太郎そして田渕はつは、介護保険が始まるような現代の高齢社会を予感することはできなかったと思います。こうした先人たちの苦労、苦難、あるいは知恵と実践、そして地域住民との助け合いがあったからこそ、養老事業の実践が現代の老人ホームへと継承されていったのだと思います。

藤太郎さん、はつさん、どうもありがとうございました。
以上、高齢者福祉今昔でございました。

◎参考文献

『昭和七年七月　第二回全国養老事業大会報告書』全国養老事業協会、１９３２年
『昭和九年五月　広島養老院概要』広島養老院、１９３４年
『昭和十一年二月　全国養老事業調査（第一回）』全国養老事業協会、１９３６年
『昭和十一年九月　事業概要』財団法人札幌養老院、１９３６年
『昭和十一年度　財団法人福岡養老院事報』財団法人福岡養老院、１９３７年
『昭和十三年十月　全国養老事業調査（第二回）』全国養老事業協会、１９３８年
『昭和十三年度報告書』財団法人聖ヒルダ養老院、１９３９年
全国社会福祉協議会　老人福祉施設協議会編『老人福祉施設協議会五十年史』全国社会福祉協議会、１９８４年
『老人問題研究基本文献集　解説』大空社、１９９２年
『老人問題研究文献集　第二八巻　佐世保養老院院報』大空社、１９９２年
『老人問題研究文献集　第二七巻　別府養老院年報』大空社、１９９２年
『創立85周年記念誌今昔物語』社会福祉法人養護老人ホーム報恩積善会、１９９７年
『道ひとすじ　大阪老人ホーム１００フォトグラフティ　創立１００周年記念誌』社会福祉法人聖徳会、２０００年
井村圭壯『養老事業施設の形成と展開に関する研究』西日本法規出版、２００４年
井村圭壯『日本の養老院史―「救護法」期の個別施設史を基盤に―』学文社、２００５年
『「共生」の理念とともに　札幌慈啓会80年史』社会福祉法人札幌慈啓会、２００６年
『創立１００周年記念誌　流光を紡いで』社会福祉法人養護老人ホーム報恩積善会、２０１２年
井村圭壯『日本の社会事業施設史―「救護法」「社会事業法」期の個別施設史―』学文社、２０１５年

講演2

「点字ブロックの誕生～三宅精一と岩橋英行の友情秘話～」

社会福祉法人聖明福祉協会 盲養護老人ホーム聖明園曙荘副園長

本間律子（ほんま りつこ）

京都府出身。博士（人間福祉）。専門は視覚障害者福祉、社会福祉史。特に、功績があったにも拘わらず、研究からもれた人物を当時の時代背景や社会情勢を基に研究している。関西学院大学大学院人間福祉研究科博士後期課程修了。同大研究員などを経て、2016年より現職。2011年第2回吉田久一研究奨励賞受賞。著書に『盲人の職業的自立への歩み―岩橋武夫を中心に』など。

社会福祉法人聖明福祉協会の本間律子でございます。本日は「点字ブロックの誕生 ～ 三宅精一と岩橋英行の友情秘話 ～」と題しましてお話をさせていただきます※1。

私は、2005（平成17）年から岡山県立大学の博士前期課程に学び、岡山に移住して11年間、子どもたちが小中高校生の間、ずっと岡山に暮らしておりましたので、私にとってこちらは第二の故郷のように思えます。なお、私はメラニン色素欠乏症で、ご覧のように金髪ですが、外国人ではありません。また弱視ですので、今回の講演でも何かと粗相があるかもしれませんが、どうかお許し下さい。

それでは、本題に入らせていただきます。

今や全国いたるところに敷設され、視覚障害者※2の歩行の安全のためになくてはならない存在となっております点字ブロック。これを考案したのは岡山県で生まれ育ち、町の発明家であった三宅精一です。点字ブロックは１９６７（昭和42）年3月18日、岡山市原尾島の岡山県立盲学校にほど近い国道2号線（現在の国道２５０号線）の横断歩道に、世界で初めて敷設されました。それから52年。今では日本の点字ブロックは国際規格にも採択され、世界中で普及しつつあります。

このおよそ販売ルートに乗りそうにない発明品、点字ブロックですが、それがどのようにして生まれ、どのようにして育っていったのでしょうか。そこには、セントバーナード犬がご縁となって結ばれた三宅精一とひとりの視覚障害者・岩橋英行との友情の物語がありました。今回は、点字ブロックの誕生秘話をご紹介いたします。

岩橋英行

三宅精一

無類の動物好き

まずは、主人公のひとりでありますニ宅精一のことでございます。この人は1926（大正15）年2月5日、岡山県倉敷市に生まれました。父の名は皎一、母は末子といいます。家業は果物屋で、地下に倉庫を備え、台湾から青いバナナを仕入れて倉庫で寝かせ、色づいたものを店頭で売るとともに近隣の店にも卸すという商売で、業界では知らない者はいないという店だったといいます。

精一は比較的裕福な、代々倉敷に暮らす三宅家に三男四女の長男として生を受けました。幼少の頃からきかん坊で、わんぱくで、喧嘩に負けることのなかった精一でしたが、弟妹の面倒はよく見たといいます。長男であったため、父母からは跡取り息子として特に目を掛けられ、厳しく躾られました。服を泥だらけにし、顔や手足に傷を負って帰ってきても、母親が尋ねるのは「けんかに勝ったのか」というものだったとか。母末子は「男の子が、負け犬のようにベソをかいて帰るのはがまんできなかった」といいます。

その一方で、精一は子どもの頃から無類の動物好きでした。夏休みともなると、一家は下津井に避暑に出かけ、精一はそこで弟妹とともに野山を駆けずり回って昆虫を追いかけました。また、学校の行き帰りに、子犬を見つければそれを連れ帰り、子猫がいれば連れ帰りし、夜店ではひよこをねだったといいます。このようにして、そうでなくても家族の多い三宅家に厄介者を増やしていく精一に目を細めながら、両親の間では、

「精一は、やんちゃでけんか好き、手に負えない子であるのに、なぜあのように動物に優しいのでし

ようね
「気が優しいからだろう」

というような会話が交わされていたといいます。

ようね」

1939（昭和14）年、精一は岡山県倉敷商業学校（現岡山県立倉敷商業高等学校）に進みました。

しかし、精一の動物好きはますます募り、本棚には参考書よりも動物図鑑や犬や鳥に関する書物が並んでいったといいます。学校に行っても勉学が面白くなく、喧嘩に明け暮れて、ついに倉敷商業学校を中退せざるを得ない羽目に陥りました。そのため、精一は岡山県高梁商業学校（現岡山県高梁日新高等学校）に転校しましたが、急に勉学に熱が入るわけもなく、落第か進級かの瀬戸際に、母親は随分と気を揉んだといいます。

そんな精一も１９４２（昭和17）年12月、やっとの思いで高梁商業学校を卒業することになりました。１９３７（昭和12）年に始まった日中戦争は泥沼化し、１９４１（昭和16）年には米国をはじめとする連合国と戦火を交えるに至り、また健康の優れなくなった父を前にして、さすがの精一も動物好きを脇に追いやらざるを得なくなったのでしょう。卒業後の精一は、すぐさま名古屋の三菱重工業に就職し、会計の仕事に就きました。会社務めを始めた精一は、それまでの浮ついた態度は影を潜め、真面目なサラリーマンへと転身しました。

１９４４（昭和19）年のある日、精一のもとに「チチキトク」の急報が届きました。精一は取るものも取りあえず、岡山行きの列車に飛び乗りました。それまで、神にも仏にも手を合わせたことのなかった精一でしたが、この時ばかりは「おやじ、死んでは困る、死んでは困る」と父の無事を念じつ

三宅精一・岩橋英行関連年譜

西暦	和暦	内　容
1925	大正14	岩橋英行、大阪市に生まれる（5月4日）
1926	15	三宅精一、倉敷市に生まれる（2月5日）
1942	昭和17	精一、岡山県高梁商業学校卒業。翌年2月、三菱重工業入社
1945	20	精一、応召入隊（3月）。同年12月に復員
1950	25	英行、関西学院大学卒業。同年4月、ライトハウス就職
1954	29	英行、父武夫死去に伴い、ライトハウス理事長就任
1960	35	英行、施設を移転し、名称を社会福祉法人日本ライトハウスに改称
1961 ～1962	36 ～37	精一、セントバーナード犬を英国より入手。 これが縁で英行と出会い、盲人の交通安全に関心を示し始める
1962	37	英行、網膜色素変性症と診断される
1965	40	精一、点字ブロックを考案・開発（1月）
		精一、安全交通試験研究センター設立（4月）
		英行、視覚障害者のための新職業・生活訓練を始める
1967	42	精一、岡山県立岡山盲学校付近の旧国道2号線の横断歩道脇に230枚の点字ブロックを敷設。世界で初めての点字ブロック敷設となる（3月18日）
		点字ブロック、英行により海外へ紹介され、ローマ法王をはじめ世界の有識者から大きな評価
		精一、振動触知式信号機・点字道路鋲考案・開発。点字ブロックとあわせ、盲人安全誘導システムとしての三種の神器揃う
1968	43	栃木県宇都宮市で振動触知式信号機、点字ブロックが採用され、システムとしての第一号敷設
1970	45	国鉄阪和線我孫子町駅ホームに点字ブロック敷設（3月）以降、国鉄主要駅で敷設進む
1972	47	東京都が高田馬場駅周辺に点字ブロック大量敷設（3月）
1973	48	厚生省、身体障害者福祉モデル都市事業制定。 盲人交通安全誘導システムの全国展開気運高まる（4月）
1974	49	財団法人安全交通試験研究センター設立。精一、理事長に就任（9月）
1982	57	精一、逝去（7月10日）。57歳
1984	59	英行、逝去（1月16日）。58歳
2001	平成13	点字ブロック、JIS T 9251として制定
2012	24	点字ブロック、ISO23599として国際規格となる

つ列車に揺られました。ですが、精一の祈りもむなしく、父皎一は帰らぬ人となりました。享年47歳。若すぎる死でありました。

三菱重工は気を利かせ、精一の勤務地を水島に変えてくれました。しかし、昼間は会社、夜は家業の手伝いという生活は、19歳の精一には厳しすぎました。とはいえ、残された母親に弟妹を合わせて8人の生活は、ただただ精一の肩にかかっており、家族の運命は精一に重くのしかかってくるのでありました。

父の喪も明けない1945（昭和20）年3月、当時の多くの青年男子には避けて通れない「赤紙」が、精一のもとにも届きました。精一は「ついに来るものが来た」という思いと、家族を支えなければならない重荷から暫くの間解放されるという思い、また自分が戦死したらこの家族はどうなるのだろうという心配が交錯する中、楽隊に見送られ、出征していくのでした。後に精一に協力して点字ブロックの開発・普及に貢献する末弟の三郎は、この時まだ4歳。精一を見送る群衆に紛れて、あどけなく小さな手を振るのみでした。

しかし幸いにも、精一は内地の部隊に留め置かれたまま、8月15日の終戦を迎えました。会計に長けた精一は、そのまま軍の残務整理を命じられ、郷里岡山に帰ったのはその年の12月になってからでした。

復員後の精一は家業の青果業を引き継ぐことになりました。留守にしていたのはわずか8カ月でしたが、終戦前後の混乱の中、家業は青息吐息の状態になっていました。家族はやはり8人。何としても戦後の荒波を乗り切っていかなければなりません。「決して負け犬にはならない」。あのきかん気と頑固さがむくむくと精一の中に頭をもたげてくるのでした。

21歳の時、精一は一家の頭領として構えるため、妻律子をめとりました。やがて長男も誕生しましたが、めでたい気持ちは束の間で、精一の頭の中は増えた家族を養うことでいっぱいになりました。1945（昭和20）年には、国道2号線の拡幅工事のため、店の建物と土地の一部が失われており、これも精一の家業を圧迫していました。そのため1960（昭和35）年、一家は新天地を求めて岡山市南方に移住していきました。

復員直後の三宅（20歳）

風邪が原因で失明

続いて、主人公の2人目である岩橋英行のことでございます。英行を語るには、まずはその父親である岩橋武夫を語らなければなりません。と申しますのも、英行の活躍は武夫の敷いたレールがあってのことだからです。

この写真が岩橋武夫でございます。岩橋英行の父岩橋武夫は、1898（明治31）年3月16日大阪に生まれました。岩橋家は紀州藩の元藩士で、武夫の父は鉱山業で成功し、家は裕福でした。武夫は父の跡を継ぐため1916（大正5）年、早稲田大学理工学部採鉱冶金学科に入学しますが、翌年の早春、風邪がもとで網膜剥離を起こし失明してしまいます。そのため早稲田大学を中退し、大阪の盲学校に進みました。そこで点字を習得した武夫は再び学問の道を目指し、1919（大正8）年、関西学院高等学部（現関西学院大学）文科に入学して英文学を専攻。さらには1925（大正14）年、英国エジンバラ大学に留学します。

この間、武夫はきをを妻に迎え、その年の5月4日には長男英行が生まれました。そのため武夫は、生まれて間もない幼子を里子に出して夫婦で英国に旅立ったのであります。

武夫は英国エジンバラ大学では、苦学の末にマスター・オブ・アーツの学位を取得。その後はロンドンに移り、世界のライトハウス、英国国民盲人協会、英国盲人法などを調査しました。そしてそのことが、後の社会事業家としての武夫の基礎となりました。また夫婦は英国留学中、キリスト教の一派であるクエーカーに入信します。

1928（昭和3）年、帰国した武夫は母校関西学院大学に講師として務めるとともに、1933（昭和8）年には請われて大阪盲人協会の会長に就きました。翌34年には米国のクエーカー教団の招き

岩橋武夫

により4カ月に及ぶ講演旅行を行い、その講演料などをもとに1935（昭和10）年、大阪に世界で13番目となるライトハウス（後に「社会福祉法人日本ライトハウス」に改称）※3を建設しました。そして、当時としては珍しい点字出版、点字図書の貸し出し、職業訓練、相談員や家庭教師の派遣など盲人を総合的に支援する事業を始めました。

これはヘレン・ケラー※4の写真です。武夫は先の米国講演の際、ニューヨークのヘレン・ケラー宅を訪れ、女史から日本訪問の約束を取り付けました。その後女史の家庭教師であったサリバン先生が他界するという不幸もあったため、来日は少し遅れましたが1937（昭和12）年に実現しました。

日中戦争から太平洋戦争に至る過程では、武夫は戦争を「発明の母」であるとし、傷痍軍人対策に乗り出しました。具体的には1943（昭和18）年、シャープ株式会社創業者の早川徳次※5の協力を得、ライトハウスの建物を改装して早川分工場とし、失明傷痍軍人に職業訓練を施し、航空無線機用の部品を作り始めたのです。これは、今でいう「職業リハビリテーション」の先駆けであり、画期的な取り組みです。

ライトハウス会館（大阪市、1935年）

戦後になると武夫は１９４８（昭和23）年、ヘレン・ケラーを再び日本に招き、翌年に成立することになる身体障害者福祉法の実現に向けて世論を喚起しました。また同年、視覚障害者の当事者団体を束ねる日本盲人会連合（日盲連）を結成[※6]し、会長に就きました。さらに１９５３（昭和28）年には、視覚障害者のための社会福祉事業者などを束ねる日本盲人社会福祉施設協議会を結成し、委員長に就きました。加えて、翌１９５４（昭和29）年８月に計画されていた世界盲人福祉会議の日本側窓口として、３月に世界盲人福祉協議会日本委員会を組織し、委員長に就きました。なおこの会議には、持病のぜんそくが悪化した武夫の代わりに、息子の岩橋英行と京都ライトハウスの鳥居篤治郎[※7]が出席しました。

ヘレン・ケラー女史

次に、岩橋英行のことでございます。誕生日は前述の通り、１９２４（大正14）年5月4日ですので、三宅精一とは一つ違いですが、学年は同じです。岩橋夫婦が英国に旅立ったのは、英行が生まれて3カ月後のことであり、両親が不在の間、英行は里子に出されていたことは先に触れました。歴史上、父武夫の功績があまりにも大きかったため、英行の幼少時の記録はほとんどなく、お話しできることは少ないのですが、私が聞いたところでは、母きをが英国滞在中に生まれた長女恵品（エディナ）

ばかりを可愛がったため、英行は両親になじまず、また反抗も強かったようです。

そんな英行も、１９４７（昭和22）年には大阪第一師範学校（現大阪教育大学）を卒業。１９５０（昭和25）年には関西学院大学文学部哲学科を卒業し、父武夫が創業したライトハウスに就職しました。さらに１９５２（昭和27）年には、ライトハウスの常務理事に就任するとともに、後にライトハウスの理事長・会長となる明子と結婚しました。また１９５４（昭和29）年には、先の日盲連の事務局長にも就任しています。なお、日本ライトハウスの明子会長は、残念ながら今年の6月17日に天国に召されました。明子会長には研究で大変お世話になっておりましたので、訃報に接した時には大きなショックを受けました。どうか安らかにお休みいただきたいと存じます。

もう一度武夫の話に戻ります。１９４９（昭和24）年の秋、身体障害者福祉法の成立にめどが付いたことを確認した武夫は、前年に来日したヘレン・ケラーへの返礼を兼ねて、妻とともに米国に旅立ちました。そしてケラー宅に長期滞在し、日本・アジア・世界の盲界のあり方について議論しました。その中でケラーから言われたことは「私は中南米とアフリカを受け持つから、武夫はアジアの盲人福祉の推進を引き受けてほしい」というもの

岩橋武夫
（ニューヨークにて、1949 年）

でした。そのこともあって武夫は、帰国後ほどなくしてアジア盲人福祉会議の開催を計画します。そして、資金集めや受け入れ体制作り、国との折衝などに奔走します。これが影響してか、会議の開催にめどが付いた1954（昭和29）年10月28日、持病のぜんそくのために帰らぬ人となりました。

この時英行は29歳。慌ただしく父武夫の葬儀が執り行われる中、10月31日には緊急の理事会が開かれ、ライトハウスの二代目理事長となりました。英行は何かと父と比較される中、翌年に開かれたアジア盲人福祉会議を裏方となって支えるとともに、父武夫がやり残したコンサイス英和辞典の点字本の製作、世界盲人百科事典の日本語版の編纂などにも地道に取り組みました。また1956（昭和31）年には、先の世界盲人福祉協議会日本委員会が日本盲人福祉委員会と改称され、英行は書記長に就任しました。さらに1960（昭和35）年には施設を現在の場所に建て替え、名称も社会福祉法人日本ライトハウスと改めました。

セントバーナード犬が結んだ縁

三宅精一と岩橋英行が出会うのは、これより暫くしてからのことでございます。

再び精一のことに戻ります。精一たち一家は岡山市南方の岡山地方裁判所脇の一角に土地を求め、1961（昭和36）年頃より旅館業を始めました。もともと動物好きな精一でしたから、再び動物が飼えることを楽しみに新しい仕事に励みました。車の運転を覚えたのもこの頃でした。動植物に対してもそうでしたが、何かに凝り始めるととことんまで追求しなければ気が済まない性格でしたので、精一は「安全交通」という課題にも並々ならぬ興味を示し始めました。

精一は、日頃から日常生活を便利にしたいという思いが強く、仕事の合間を見つけてはいろいろな工夫をしておりました。そんな精一が最初に取得した特許が「ナンバープレート融雪装置」というものです。これは寒い日に、雪や氷が車のナンバープレートに付着して文字が見えにくくなることを防止するものでした。このほかに、長毛犬の毛のもつれをとくクシも考案し、愛犬家達から喜ばれたといいます。町の発明家としての精一の業績は、特許となったもの、試作に終わったものを合わせると百数十種にも及ぶとのことです。

また動物好きの精一は、スイス原産の救助犬で、世界最大の犬といわれるセントバーナード犬にも興味を持ち始めました。この犬は、スイス・アルプスの山中にあるサン・ベルナールの修道院で、雪の中で遭難した人を救助するために使われたことで有名になり、日本ではその英語読みの「セントバーナード」という呼び名で知られています。少しずつ旅館業の仕事が安定し始めたのか、また動物好きの血が騒ぎ始めたのか、精一はこのセントバーナード犬を求めて奔走します。そしてやっと念願が叶い、まずはメス犬を、続いてオス犬を1頭ずつ英国から輸入することに成功しました。精一の末弟三郎も勤めていた建築会社を辞め、1962（昭和37）年から兄の仕事を手伝い始め、

三宅と愛犬（セントバーナード）

セントバーナードの飼育にも関わるようになりました。

同じ頃、大阪で映画『ワンワン物語』を見た岩橋英行も、セントバーナード犬に興味を持ち始めました。英行の表現を借りれば「雪の中をボッコン、ボッコンと大穴をあけて走ってゆくセントバーナード犬を見るにつけ、何とか手に入れようと躍起になった」といいます。

そのような時に､風の便りで岡山にセントバーナードの子犬が誕生したことが伝わってきました｡英行はすぐさま、出入りの訓練士に頼んで「アルプス」と名付けられたその子犬を買い求めました。その後、岡山に行ってみるとよいとの訓練士からの助言で、英行は子どもたちを連れて岡山の三宅家の門をたたくことになりました。そこで英行が出会ったのは、大きな犬舎にたたずむセントバーナードと犬のことを熱っぽく語る三宅精一でした。

精一の説明によれば、セントバーナードは「たるんだ頬、人なつっこい可愛い目、どんなことにもビクビクしない泰然自若とした性格」「赤子や子どもを愛する優しい性質は犬の中の王者」「雪中に1メートル深く埋まっていても、また雪上に倒れた人が3キロメートル離れていても鼻でかぎ分けることができ、首から下げた樽に気つけ薬用の強いワインを入れ、救助隊の前を先頭に立って案内する」「図体の大きいものは120〜130キログラムある」「その重さにもかかわらず、雪中で沈まないように指の間には水かき状に発達した皮膚がある」とのことでした。

英行にとって、見ること聞くことすべてが未知のことであり、また年齢も近いことから、ふたりは意気投合しました。ふたりの親交が深まるにつれ、精一もまた、英行の事業に興味を持ち始めました。特に愛犬家ということもあり、盲導犬や盲人[※8]の交通安全については玄人はだしの質問を英行に浴びせかけました。「盲人の持つ足の感触」「目の代わりをする耳、その他の残存能力」「代償機能の発達を促進するための感覚訓練」などの説明に対しては、精一はいちいち目をつむりながら自問自答を繰り返して確認していたといいます。

こうして、ふたりの付き合いが始まって間もなく、英行は夜の視力が衰えてきたことに気付きました。やがて昼間でも、明るいところから暗いところへ入ると、一時的にまったく何も見えないという状態になりました。病院で調べてもらうと、英行は「網膜色素変性症」という目の難病にかかっていることが分かりました。しかも、「あと5〜6年で失明する」とまで告げられました。親子二代にわたっての視覚障害者です。

精一は、友の身を襲った運命のいたずらにひどく心を痛めました。そして英行が訪れるたびに、何気なく手を貸して階段を昇らせ、足元に注意を払いました。その様子からは、精一が「何とか盲人たちが自由に歩けるようにできないか」という思いを持ち始めていることが分かりました。

1963（昭和38）年頃、精一は備中高松（現岡山市北区高松）に土地を求め、これまた念願であった錦鯉の養殖を始めました。三郎もこの地に家を建て、セントバーナードもこちらに引っ越し、加えて白鳥も入れ、そこはまるで動物園のような場所になりました。英行もまた鯉や鳥が好きでしたが、動物園ではそれらに触ることはできません。視力がだいぶ弱まってきた英行にとって、ものの実態を確かめるには触ることが必要でしたが、精一の施設では犬や鯉や鳥を心ゆくまで触らせてくれました。養殖池近くの土手を歩く時や泉水近くの踏み石を歩く時の杖の使い方、コケと土との足裏が感じる感触の違いについては、精一は特に興味があったようで、そのさりげない質問からは、友の苦境を何とかしたいとの思いが英行にもひしひしと伝わってくるのでした。

寝食を忘れ開発に没頭

こうして、友に襲いかかる失明という苦難を思い、視覚障害者の安全な歩行を何とかしたいと考え続けていたところ、1964（昭和39）年の春頃、精一はたまたま、岡山のある交差点で白い杖をついて道路を渡ろうとしていた人を目にしました。そしてその眼前を車が勢いよく通り過ぎて行ったのです。精一は「はっ」としました。その時、盲目になりつつある友人から聞かされた足裏の感覚と横断歩道を知らせるための何かという2つの考えが重なり合い、「点字ブロック」のアイデアが閃いたのです。

それからというもの、精一は寝食を忘れて開発に没頭しました。町の発明家である精一にとって、アイデアを形にしようとするその時間は、産みの苦しみとともに何にも代えがたい至福の時だったことでしょう。以下、しばらくは岩橋英行の著書『白浪に向いて　三宅精一を語る』より、そのまま抜粋します。

あれこれ工夫して夜中になっても眠れないと、彼は外に出て、寝静まった道路を歩いた。人気のない横断歩道の際に立った時、前をよぎる車の速さは、目を閉じていると、お

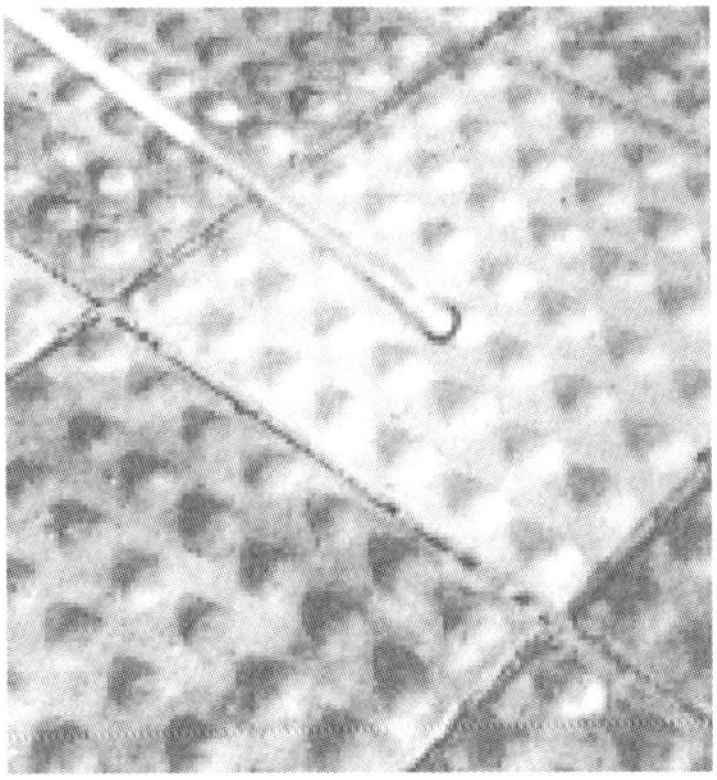

三宅が発明した点字ブロック

そろしいものにも感じられた。自分の立っている位置がどこであり、危険箇所と安全地帯の区分けをすることが、まず必要であると考えた。平坦なブロックまたはタイルの上では、どこから危険地帯に入るのか、それは盲人にはわかるはずがない。苔とコンクリート、苔と土の境が靴を通してわかる、という筆者の言葉を思い出し、突起物を配列する事で、この問題に解決の糸口を見出した。幸いにも、末弟三郎は、こうした建築材について、兄よりも玄人であった。この突起物を四角にするか、三角にするか、溝にするか、丸い山形にするか、毎日のように討議と実験がくり返された。

（中略）

そのうち、考案したこのコンクリートのかたまりを、何と名づけようかと議論した。点字は紙の上に浮き上がった山である。これは平坦なコンクリートの上に突起した山である。また、点字というものは盲人にとって不可欠のものであり、点字という名を通して、盲人のための器材であることを社会にアピールすることができる。よって、「点字ブロック」と名づけてはというのが、一致した兄弟の意見であった。

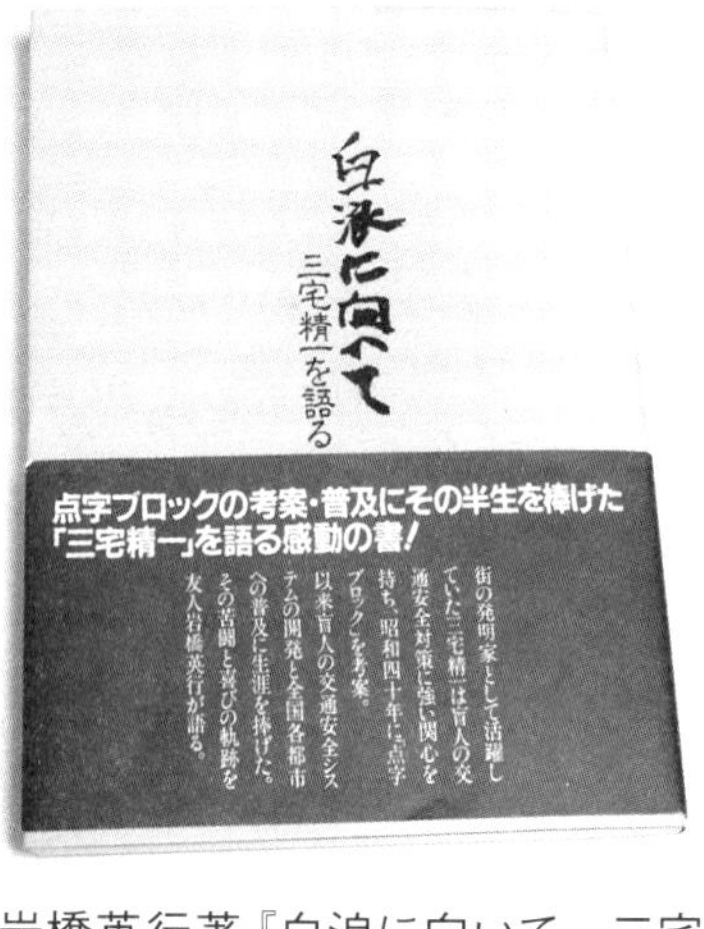

岩橋英行著『白浪に向いて　三宅精一を語る』

このようにして試行錯誤の末、30センチ四方のコンクリートブロックに6×6の点からなる点字ブロックが完成しました※9。色は最初はコンクリート色でしたが、後に弱視者や老人、子どもにも配慮し、黄色に着色されました。これが、三宅精一が発明した点字ブロック第1号の写真です。

一方1964（昭和39）年、英行のほうでも大きな動きがありました。ヘレン・ケラーの提唱で国際連合の外郭団体となった世界盲人福祉協議会※10の総会がニューヨークの国連本部で開かれました。これは1954（昭和29）年に英行も参加して開かれた第1回目から5年おきに開かれているもので、今回で3回目となる会議です。英行はこの時も日本の代表として同会議に出席し、そこで英国代表から心を動かされるスピーチを聞くことになります。その部分を、やはり岩橋

記念碑に残る点字ブロック第1号

点字ブロックが最初に敷設された交差点には記念碑
(岡山市の国道２号線)

の著書『白浪に向いて　三宅精一を語る』より引用します。

「ゆりかごから墓場まで」という言葉は、英国において誕生した。障害者が生まれてから死ぬまで、公的機関において面倒をみるという考え方である。しかし、この発想法に対して、当の英国の1代表が、「これほど盲人や障害者を侮辱した言葉はない」と喝破した。たとえれば、トンネルに向かって、1歳児をAというトロッコに乗せ、成長するにつれて車を乗りかえ、結局、トンネル内の終着駅・盲人の墓場にたどりつくようなもので、一般社会はトンネル外にあり、そこにこそ自由と生きがいがあるのだ、と述べた。つまり、障害者である前に人間であり、閉ざされ隔離された世界の外にこそ、人間の住む世界がある。すべて、「盲」という障害部位にとらわれたものの考え方ではなく、「人間」という基盤の上に立っての教育、職業、福祉を主張したのである。世にいう「人間宣言」である。

この「とてつもない思想の大転換」を目の当たりにした英行は、視覚障害者のための職業リハビリテーションを日本に輸入することを決意しました。かつて父武夫が行った職業リハビリテーションは失明傷痍軍人を対象としたものであり、戦時下という特殊事情によるものでした。それに対し、英行はアメリカ海外盲人援護協会の協力を得て、米国よりA・アルフレッド・ジマーマンというコンサルタントを招聘し、世界標準にたつ職業・生活訓練を視覚障害者に施すとともに、新時代に即した視覚障害者の新職業開拓を行おうとしたのです。同訓練センターは1965（昭和40）年9月に日本ライトハウス内に開設され、軽機械工、電話交換手などの訓練が始まりました。

これと期を同じくして、精一もまた、点字ブロックの開発・普及に本腰を入れるため旅館業を家族に預け、同年、自宅に「安全交通試験研究センター」の看板を掲げました。商品はといえば、生まれたばかりの点字ブロックしかありません。そして収入源はといえば、旅館業の利益をそっくり流用するという心もとないものでした。事業が成功するかどうかは全くの未知数ですのに、精一は大きな旗を揚げたのです。そこには明確な記録はありませんが、今まさに視力を失いつつある岩橋英行との深い友情があったのではないでしょうか。

一方、英行の訓練センターの事業も困難を極めていました。何しろ初めてのことで、訓練内容も手探り状態でした。英行とジマーマンと所長が頻繁に打ち合わせをし、訓練生にそれを伝えるのですが、訓練生にはなかなか浸透しません。ジマーマンもたびたび帰国を求めるので、氏を引き留めるのも英行の仕事でした。こうして苦悩を深めていく中、英行の視力は急激に低下していきました。

1967（昭和42）年、精一は完成した点字ブロックを持って岡山県盲人協会会長※11の岸本重太郎宅を訪ねました。最初岸本は、盲人のためと称して金儲けをしようと訳の分からないものを売りこんできたと誤解し、烈火のごとく怒って精一を追い返したといいます。しかし精一は諦めずに岸本宅を訪れ、新たな発明品の効用を説明しました。やがて岸本は精一の人柄を評価し、点字ブロックの価値に感動して良き協力者となり、普及宣伝に努めるようになりました。

その後精一は、岡山県・建設省（現国土交通省）と交渉し、岡山県立岡山盲学校近くの国道2号線の横断歩道脇に、点字ブロック230枚を贈呈し敷設することになりました。ほどなくして、初めての点字ブロック敷設は完了。1967（昭和42）年3月18日、岡山盲学校の生徒らも加わって渡り初めが行われました。

これが点字ブロック渡り初めの様子です。これには、英行も大阪から駆けつけました。点字ブロック第1号を踏む岩橋英行と三宅精一の様子です。

敷設工事を見守る三宅

第1号点字ブロックの敷設作業（岡山市）

横断歩道渡る姿に感動

新しい事業である職業・生活訓練に心血を注いでいた英行は、この頃にはほぼ全盲となっていました。それでも、足の裏の点字ブロックの感触ははっきりと分かり、英行は「これならいける」と、その成功の予感を感じました。とはいえ、点字ブロックが今日のように広がるとは「夢想だにしなかった」と正直な感想も漏らしています。しかし英行は、友精一のこれまでの苦労を知る者として、また

点字ブロック第1号を踏む
岩橋

渡り初め

歩行テストする岩橋

点字ブロック敷設の歩道完成
岡山県立岡山盲学校生徒が渡り初め
(岡山市の国道２号線、1967年)

日々視力が失われつつある一盲人として、さらに何よりも自身の失明が一つのきっかけとなって偉大な発明が生まれたことに、感無量の思いがしたことでしょう。精一もまた、自分の作ったものが、たとえ230枚であったにせよ、実際に国道の横断歩道脇に敷設され、盲学校の生徒や先生が次々に渡っていくのを眺めながら大きな感動を覚えたといいます。

それが、今では日本中どこででも見かける点字ブロックが世に出た瞬間でした。「すべての点字ブロックの道は岡山に通ず」。今や世界中に広がっている点字ブロックの現状を思えば、そのような表現をしても差しつかえないのではないでしょうか。

さて、点字ブロックの産みの苦しみはここまででしたが、点字ブロックには育ての苦しみもございました。残りの時間で、点字ブロックの普及の歴史を簡単に辿っておきたいと思います。

精一たちは、点字ブロックをまずは岡山に普及させようと、あちらに歩道橋が設置されたと聞くや、そこに点字ブロックを無償で提供して敷設し、こちらに歩道ができたと聞くや点字ブロックを敷設するというように、交通に関する情報を収集して県や市に点字ブロックを寄贈していきました。岩橋英行の著書『白浪に向いて　三宅精一を語る』の巻末には点字ブロックの提供先が細かく記されています。それを見ると、点字ブロックが生まれてから1、2年の間は多くが無償で提供されたものであり、精一たちの事業は持ち出しが続いたことが分かります。

この時期精一は、「振動触知式信号機」と呼ばれる信号機の赤・青・黄の表示を視覚障害者が触って分かる装置を開発しました。また、横断歩道の白線の端が視覚障害者にも分かるよう「点字道路鋲」も開発しました。これらの発明は新聞に取り上げられるなどして注目を集めましたが、実際の採用にはなかなか至らず、数年間は鳴かず飛ばずの状態が続きました。退路を断って安全交通試験研究センターを立ち上げた精一と三郎の間では、あまりにも多くの蓄財が消えていく状況を見つめながら、「もうやめようか」「いやもう少し頑張ろう」というような会話が続いたといいます。

しかしそうした中でも、少しずつではありますが、精一が発明した視覚障害者の安全通行のための資機材が税負担によって設置される事例が出てきました。中でも精一を喜ばせたのは1968（昭和43）年7月、大垣市より点字ブロック1400枚という大きな注文を受けたことでした。また同年9月には、栃木県警本部の指導・推薦により、宇都宮市の交差点に触知式信号機16機が点字ブロック250枚とともに設置されました。

1970（昭和45）年の大阪万博の年にはさらに大きな動きがありました。大阪府立盲学校の教職

振動触知式信号機試作1号機

振動触知式信号渡り初め式
（宇都宮市、1968年）

員が当時の国鉄（日本国有鉄道＝現ＪＲ）天王寺鉄道管理局に対し、国鉄阪和線我孫子町駅に点字ブロックを敷設してほしいとの陳情書を点字で書き、運動を起こしたのです。国鉄はこの陳情に応じ同年3月、国鉄第1号の点字ブロックが我孫子町駅のプラットホームに敷設されました。とうとう国鉄が点字ブロックを公認したのです。

これは１９７０（昭和45）年9月、当時の皇太子同妃両殿下（現上皇ご夫妻）より、点字ブロックなど視覚障害者の交通問題についてご下問を受けた時の写真です。１９７２（昭和47）年には、東京都が視覚障害者のための施設が数多く集まる東京都新宿区の国鉄高田馬場駅周辺に点字ブロックを敷設する計画があることを伝えてきました。同年10月には、日本点字図書館、日本盲人福祉センター、東京ヘレン・ケラー協会等を中心にして膨大な量の点字ブロックが歩道などに敷設され、視覚障害者のための歩行環境が整備されました。これが皮切りとなり、精一が発明した点字ブロックは瞬く間に全国へと広がっていったのでした。

鉄道の駅ホームに初敷設(国鉄阪和線我孫子町駅、1970年)

点字ブロックのその後の普及と拡大につきましては皆様が実感しておられる通りですが、１９９３（平成5）年に制定された「福祉用具の研究開発及び普及の促進に関する法律」では、点字ブロックに

皇太子ご夫妻も視察（大阪市、1970 年）右は三宅精一

「視覚障害者誘導用ブロック」という法的な名称が与えられました。２００１（平成13）年にはＪＩＳ化の作業が行われ、「ＪＩＳ Ｔ ９２５１」として制定されました。さらに２０１２（平成24）年には日本の規格案が採用され、「ＩＳＯ２３５９９」として国際規格となりました。このようにして、日本の点字ブロックが世界に羽ばたくことになったのでございます。

東京都が点字ブロック採用（国鉄高田馬場駅前、1972 年）

バリアフリーの代名詞に

この間三宅精一はかねて療養中であった慢性肝炎が悪化し、１９８２（昭和57）年7月10日に亡くなりました。この時、岩橋英

行は精一の葬儀の葬儀委員長を務め、氏に次の手向けの言葉を贈りました。

「あなたのランプの灯を、今少し高く掲げて下さい。見えぬ方々の行く手を照らすために。ヘレン・ケラー」。

その岩橋英行も１９８４（昭和59）年1月16日、精一の後を追うようにして亡くなりました。ともにまだ50代の若さでした。点字ブロックの普及拡大にとって、ふたりの死は大きな損失でしたが、残された仕事は一般財団法人安全交通試験研究センターに引き継がれ、同法人はそれを見事に成し遂げられました。

以上のような歴史を辿り、点字ブロックは生まれ、普及をしてまいりました。そして今では、点字ブロックはバリアフリーの代名詞のような存在になったといえるでしょう。点字ブロックの普及と並行して、「ノーマライゼーション」、「アクセシビリティー」、「ユニバーサルデザイン」、「合理的配慮」、さらには「障害者差別解消」などの新しい言葉が次々に発明されました。それとともに障害者に対する世の中の偏見も少なくなり、少しずつ障害者に優しい世の中に変わっていったという実感があります。

しかしながら、世の中に新たな概念を普及させるためには、具体的でわかりやすい実例が必要であり、バリアフリーという言葉が発明された１９７５（昭和50）年頃に既に、点字ブロックというバリアフリーを象徴する発明品が存在し、それが普及期を迎えていたことの意義は大きいと思います。この意味で、三宅精一と岩橋英行が障害者福祉に果たした役割はたいへん大きなものがあり、歴史の記憶として留めておくべきものではないでしょうか。

ここまで、点字ブロックの誕生に秘められた三宅精一と岩橋英行の友情秘話についてお話をいたし

ました。

かつて、「縦の糸はあなた、横の糸は私」というフレーズが心に残るはやり歌がございました。点字ブロックの発明と普及の過程では、精一と英行のどちらが縦の糸でどちらが横の糸であったかは分かりません。しかし、どちらが縦糸でどちらが横糸であったにせよ、いずれが欠けても今の点字ブロックはなかったと思います。あの歌の最後は「逢うべき糸に出逢えることを　人は仕合わせと呼びます」と結ばれています。世界の視覚障害者にとっては、精一と英行の出会いこそが「逢うべき糸の出逢い」であり、それが今の視覚障害者たちの「仕合わせ」の源であったことは間違いないでしょう。

以上で講演を終わります。ご清聴ありがとうございました。

◎注釈

※1 三宅精一による点字ブロック開発に関する先行研究は、2019（令和元）年7月14日に国立国会図書館等で「三宅精一 or 点字ブロック」で検索した限り、見当たらなかった。そのため、本講演では、唯一に近い資料である岩橋英行（1983）『白浪に向いて　三宅精一を語る』を基に原稿を作成した。なお、2009（平成21）年11月16日に一般財団法人安全交通試験研究センターを訪問し、三宅三郎理事長に聞き取りを行ったところでは、点字ブロック開発当時の三宅精一と岩橋英行とのやりとりが電話によるものが中心であったため記録が残されておらず、そのため史料が乏しく、これまで研究に至らなかったものと思われた。

※2 「障害」という表記については、「害」の字を嫌う向きもあるが、本講演会では歴史的事象を扱っているため法律用語としての「障害」に統一した

※3 ライトハウスは1922（大正11）年、「点字文明協会」の名称で創業した。1935（昭和10）年にライトハウスが建設された当時の名称は「大阪盲人協会ライトハウス」であった。その後「大阪盲人協会愛盲会館」、「失明軍人会館」、「社会福祉法人ライトハウス」などを経て1960（昭和35）年11月4日には「社会福祉法人日本ライトハウス」と改称され、現在に至っている。

※4 ヘレン・アダムス・ケラー（Helen Adams Keller）　1880年6月27日、アラバマ州のタスカンビアに生まれる。1882年熱病にかかり、聴力と視力を失う。1887年ヘレンの両親は家庭教師の派遣を要請。同年3月3日に当時20歳のアン・サリヴァンが派遣されてきた。彼女はその後約50年にわたって教師としてヘレンを支えた。1900年ラドクリフ大学（現ハーバード大学）へ入学。1937年平和の使者として来日。1948年、2度目の来日。1955年3度目の来日。1968年6月1日、死去。87歳。

※5 早川電機工業（後のシャープ株式会社）の創業者。1893（明治26）年東京に生まれる。2歳になる頃貧家に養子に出される。義母に虐められるが、老夫婦（妻が盲人）にかわいがられる。8歳の時、老夫婦の紹介で錺屋に丁稚奉公。その時幼い早川の手を引いて奉公先まで連れて行ったのが、その盲夫人。シャープペンシルで成功したが、関東大震災で全てを失う。大阪で国産発のラジオを発売し事業が成功。

※6　２０１９（令和元）年10月1日より、「日本視覚障害者団体連合」に改称。
※7　１９６１（昭和36）年6月に落成した京都ライトハウスの初代館長。
※8　本講演会では、視覚に障害のある人に関する歴史的な事象を表現したり、それをもとに論証したりする際、視覚に障害のある人を指す用語として「盲人」を用いる場合がある。これは、引用文中や組織の名称に「盲人」が多用されているためである。
※9　『白浪に向いて　三宅精一を語る』の29頁の記述では、６×６の点字ブロックを完成品としており、講演でもこれに従った。しかし、６×６のものができたのは１９７０（昭和45）年のことであり、１９６７（昭和42）年3月18日の渡り初めの時に敷設されていたものは、７×７の試作品であった。その後、点字ブロックの普及とともに様々な形状の模造品が生まれたため、１９７４（昭和49）年度には建設技術研究補助金により点字ブロックの形状や敷設方法に関する体系的な研究が行われ、１９７５（昭和50）年3月に『道路における盲人の誘導システム等に関する研究報告書』が出された。同報告書では、６×６の点状ブロックと4本の線状ブロックの組み合わせが適当であるとの結論が示されており、このような経緯から英行も６×６のものを完成品としたのであろう。
※10　World Council for the Welfare of the Blind（略 WCWB）。
※11　１９２７（昭和２）年設立。現在の社会福祉法人岡山県視覚障害者協会。

◎参考文献

岩橋英行（１９６２）『日本ライトハウス四十年史』　日本ライトハウス
岩橋英行（１９６６）『第３回世界盲人福祉会議（１９６４年）会議報告書』　日本ライトハウス
世界盲人百科事典編集委員会編（１９７２）『世界盲人百科事典』　日本ライトハウス
財団法人全日本交通安全協会（１９７５）『道路における盲人の誘導システム等に関する研究報告書』　財団法人全日本交通安全協会

日本ライトハウス、職業・訓練センター（１９７７）『Ｉ　視覚障害者のためのリハビリテーション　歩行訓練』　岩橋英行

日本ライトハウス、職業・訓練センター（１９７９）『Ⅲ　視覚障害者のためのリハビリテーション　電子機器を活用した歩行訓練』　岩橋英行

社会福祉法人日本ライトハウス理事長岩橋英行（１９８３）『白浪に向いて　三宅精一を語る』　一般財団法人安全交通試験研究センター

京都ライトハウス20年史編集委員会（１９８４）『京都ライトハウス20年史』　京都ライトハウス20年史編集委員会

岩橋英行・藤井真一（１９８４）『三宅文庫第2号　―あなたには何がみえますか―』　日本ライトハウス

岩橋英行・藤井真一・紺山和一（１９８５）『三宅文庫第3号　―あなたには何がみえますか―』　日本ライトハウス

公益社団法人日本道路協会（１９８５）『視覚障害者誘導用ブロック設置指針・同解説』　公益社団法人日本道路協会

小学館（１９８７）「点字ブロック」『日本大百科全書　16』　３４９―50

社会福祉法人岡山県視覚障害者協会（１９９７）『70周年記念誌』　社会福祉法人岡山県視覚障害者協会

竹内恒之（２０００）『東京ヘレン・ケラー協会　創立50周年記念誌　視覚障害者とともに50年　社会福祉法人　東京ヘレン・ケラー協会の歩み』　東京ヘレン・ケラー協会（テキスト版）

日本ライトハウス21世紀研究会（２００２）『わが国の障害者福祉とヘレン・ケラー　自立と社会参加を目指した歩みと展望』　教育出版株式会社

社会福祉法人日本盲人社会福祉施設協議会・創立50周年記念誌編集委員会（２００３）『社会福祉法人日本盲人社会福祉施設協議会　創立50周年記念誌』　社会福祉法人日本盲人社会福祉施設協議会

末田　統・藤澤正一郎・正員王欣（２００５）「視覚障害者誘導用ブロックの評価システムの構築」『電気学会論文Ｃ』１２５（９）、１４９７―０５２

社会福祉法人岡山県視覚障害者協会（２００７）『80周年記念誌』　社会福祉法人岡山県視覚障害者協会

三田大樹・入澤宣幸他（２０１１）「点字ブロックを開発したのはだれ？」『なぜ？どうして？　身近なぎもん４年

生』学研教育出版、125—32
池田健二（2013）「時代を読む44　日本で初めて敷設された点字ブロック」『ノーマライゼーション　障害者の福祉』383
(https://www.dinf.ne.jp/doc/japanese/prdl/jsrd/norma/n383/n383001.html　2019.10.1)
本間律子（2017）『盲人の職業的自立への歩み』 関西学院大学出版会
日本ライトハウス、監修・安全交通試験研究センター編（2017）『点字ブロック50年の記録』 一般財団法人安全交通試験研究センター
一般財団法人安全交通試験研究センター「財団のあゆみ」(http://www.tsrc.or.jp/anzen/history/ 2019.10.1)

「質問に答えて」

岡山県立大学教授
井村圭壯

社会福祉法人聖明福祉協会
盲養護老人ホーム聖明園曙荘副園長
本間律子

司会
RSK山陽放送アナウンサー
伊藤正弘

司会：質問コーナーを始めてまいりたいと思います。私、伊藤の進行で、皆様から寄せられた質問にお答えいただきます。それでは、井村先生、本間先生、よろしくお願いいたします。
まずは井村先生への質問ですが、高齢者福祉に関する法律の整備が遅れたのは、なぜでしょうか。

井村：戦後に福祉三法というものができます。最初にできたのは、１９４７（昭和22）年の「児童福祉法」です。これは一つにはＧＨＱの指導がありました。当時はＧＨＱの指導が大きかったのですが、戦争が終わり日本を再建していかなければなりません。これからどうやって日本を構築していくかという時に、国はまずは子どもたちを保護し、養育していこうと考えました。そこには、これからは子どもたちにこの日本を再建してほしいという思いがありました。
当初、「児童福祉法」は要保護児童のみを対象としようと考えたのですが、最終的にはすべての児童を対象とする「児童福祉法」となり、１９４７（昭和22）年12月に公布、翌１９４８（昭和23）年４月から全面施行されました。
まさに、戦後の「子どもたちの再建」ということから始まり、高齢者福祉の領域が少し遅れたという側面があるかと思います。

司会：ありがとうございました。続いて本間先生にご質問です。
三宅精一が点字ブロックを考案した時のポイント、またどうやって閃いたのか教えてください。

本間：お答えになるかどうか分かりませんが、岩橋英行が目が見えなくなっていく状況を三宅精一は目の当たりにして感じ取り、また三宅は発明家であったということから、ふたりの会話の中でいろいろなことが話し合われたと思います。当初は視覚障害ということをあまり感じてなかった精一、一方の岩橋は当事者として、目が見えなくなってから、どうやってこれから自分の歩行をしていくのであろうか、きっとそういったことをふたりで話されたのではないかと思うのです。

点字ブロックは視覚障害者にとって安全に歩くことのできるものであることを、今では皆さんはご存じですけれども、その点字ブロックがない状態で生活している英行にとっては、「どうすれば自分は人の手を借りずに自由に歩いたり、自立した生活ができるのか」「どうやったら職業を維持し、ライトハウスまで通勤できるのか」ということを、目が不自由になる経過を辿りながら考えたのだと思います。

ご質問のポイントということでは、資料なども不足しておりまして明確にはお答えできませんが、このふたりが出会わなければ、そして日本ライトハウスや安全交通試験研究センターがなければ、この点字ブロックというものは今日これだけ普及しなかったといえるかと思います。

司会：ありがとうございます。続けて本間先生にお伺いします。

点字ブロックの開発のお話がありましたが、敷設の広がりが比較的速かったように思います。行政などへのアプローチやその運動を支えた人はいたのでしょうか。

本間：これは裏話ですのでここで話していいものか迷いますが、岩橋英行という人は岩橋武夫という父親が偉大な人でしたから、同じ視覚障害者の中では常に父親と比較をされ、非常に辛い思いをされたという経緯がありました。ですから英行の心の底には、父に追いつき追い越したいという反骨精神のようなものがあり、点字ブロックの普及にも協力を惜しまなかったのだろうと思います。また時代がちょうど国連が定めた国際障害者年であったり、当事者団体の日本盲人会連合が後押しをしたり、メディアに取り上げてもらったりしたためであり、またそれは英行の功績だったり、三宅精一が非常に力を入れて各所を回られたりした結果だという話を聞いて

不安なく歩ける街を！白杖行進（岡山市、1980 年）

おります。結果としていろいろなところの協力が得られ、行政の理解も徐々に出てきたのです。また何よりも、当事者の「これは使える」という評価があり、自分のところにも点字ブロックを敷いて欲しいとの声が広まっていくにつれ、視覚障害者の自立ということを行政も考えていただけるようになったのだと思います。

司会：「救護法」から「生活保護法」へ、そして「老人福祉法」へと法律が変わっていきますが、老人ホームの方々の入所の状況や生活の様子はどのように変化していったのでしょうか。

井村：まず「救護法」というのは戦前期のものです。1932（昭和7）年1月1日に施行されました。「救護法」によって養老院は救護施設になりました。つまり認可施設になったわけです。ただ戦時体制下でしたから、当時の福祉関係の法律というは、救護法によって救済するということだったのですが、「その救護を受ける対象者は選挙権を剥奪する」という規制がありました。戦前の法律は、救護の対象者を一般の国民より低く位置づけたのです。それを「惰民」という表現をする人もいました。そういう戦時下の国家的視点が「救護法」にはあったのです。

司会：資金集めが大変だったようですが、高齢者施設は地域に溶け込んでいけたのでしょうか。

井村：戦前の養老院は、岡山市には津島地区に報恩積善会がありました。広島市には天満町に広島養老院がありました。神戸市の街中には神戸養老院、北海道の札幌市には札幌養老院、九州の佐賀市には佐賀養老院、福岡市には福岡養老院がありました。実は、近年では施設を建てる時、郊外に建てることが多くなっていますが、当時の養老院は街中にあったのです。明治時代にできた広島養老院を見ても、天満町にありましたので、結局は原爆で消失してしまいます。

このように養老院の多くは街中にあり、財源面では地域の人がお餅やミカンを持って来てくれたり、賛助金を持って来てくれるというように、非常に庶民的な施設であったのです。先ほどの映像にもありましたが、今のような大々的な老人ホームというものではなく、一軒家と同じような建物だったので、地域の人々も施設職員との交流の中で、近所に醤油を借りに行くという感じの生活でした。つまり、地域交流はかなり盛んだったわけです。一方、財源の面においては苦しいものがありました。「救護法」ができることによって、一般的には行政や地域の人々の寄付金が減っていくということがありました。しかし、逆のケースもありました。例えば、別府養老院などは曹洞宗の若い僧侶が自分で別府の土地を開墾して養老院を作ろうとしていたのですが、開墾しているその姿を初代の別府市長の夫人がご覧になって、「私が養老婦人会を作ってあなたを助けてあげましょう」ということになり、財源面においてはその養老婦人会が資金集めをしてくれたのです。その婦人会からたくさんの賛助金が

理髪奉仕（報恩積善会、1952 年）

集まって、それが現代へと継承されていきました。

　また福岡養老院は、現在は博多老人ホームといいますが、福岡市内の曹洞宗の寺院の僧侶が「福岡仏心会」という組織を作って建て、寺の僧侶を施設長にしました。そして、曹洞宗の檀家たちが組織化を行いました。それは星華《せいか》婦人会といい、この星華婦人会の人たちが地域からお金を集めて支援してくれました。その婦人会の力によって現代へと継承されているわけです。

　そのように、財源づくりにおいては、婦人会の力が非常に大きかったといえると思います。まさに、地域住民との「助け合い」の中で養老院は運営されていきました。

　現代社会は助け合いの精神が重要な社会です。田渕藤太郎が言いたかった「社会の責任」とは、今回のシンポジウムのテーマでもある「地域共生社会」と合致するところがあります。現代では経済的に困窮する人、精神的に苦しんでいる人、育児、子育てに悩んでいる人等に対しては、行政責任、行政の福祉サービスを前提とします。ただし、人間が生きていくということは、「公助」（行政）、「自助」（自分自身）だけでは足りません。

　つまり、「共助」「共生」、地域の中で人々が助け合うということは、人間の生きる根源的なもので

婦人会による演芸慰問（報恩積善会、1952 年）

す。「共生社会」から「地域共生社会」が叫ばれるようになってきたのも、人間は「地域」の中で生きていく存在、それが自然の姿、「ノーマライゼーション」の思想にもつながります。田渕藤太郎はこうした地域の中での「助け合いの精神」を主張したかったのだと考えられます。「助ける」ではなく「助け合う」「互いの助け合い」が大切です。「共生」は共に生きていくことを意味しますが、人間が共に生きていく場は「地域」にあります。「地域」を前提にしないで、「家庭」のみの生活を意識すると、現代社会においては「孤立」「孤独」が生じやすくなります。「地域共生社会」は「地域の一人ひとりの人間の生命を大切にする社会形成」を指しています。藤太郎が言いたかった「社会の責任」とは、「地域の中で互いに助け合う社会づくり」。つまり「地域共生社会の精神」が社会の中に無くなってきていることを発言したかったのだと考えられます。

司会：ありがとうございました。

たくさんのご質問をいただいているのですが、時間となりましたのでこれで質問コーナーを終わらせていただきます。井村先生、本間先生、どうもありがとうございました。

図版提供一覧　講演1

184頁　五目並べを楽しむ入居者（1952年）　社会福祉法人報恩積善会
「地域共生社会」のシンボルとして盆踊りが始まった（1952年）　社会福祉法人報恩積善会
186頁　田渕藤太郎　社会福祉法人報恩積善会
田渕はつ　社会福祉法人報恩積善会
187頁　田渕藤太郎・報恩積善会関連年譜　社会福祉法人報恩積善会創立100周年記念誌『流光《とき》を紡いで』より作成
188頁　貧民救済事業新設御届（1912年）　社会福祉法人報恩積善会
189頁　演芸会の収益は施設運営資金に　社会福祉法人報恩積善会
190頁　報恩時報　社会福祉法人報恩積善会
191頁　吉備舞楽大会の趣意書　社会福祉法人報恩積善会
吉備舞楽　社会福祉法人報恩積善会
192頁　佐世保養老院院報　『生きる～老人ホーム100年』より
193頁　別府養老院の消毒釜　『生きる～老人ホーム100年』より
194頁　別府養老院　『老人福祉施設協議会五十年史』より
195頁　河本乙五郎　宗教法人日本基督教団岡山教会
196頁　居住棟が完成（1931年）　社会福祉法人報恩積善会
197頁　大阪養老院（1904年）　『老人福祉施設協議会五十年史』より
救護法の成立と概要（図）　井村圭壯氏作成
198頁　浴風会礼拝堂　『老人福祉施設協議会五十年史』より
199頁　第1回全国養老事業大会（1925年）　『老人福祉施設協議会五十年史』より
200頁　篤志家芳名録　社会福祉法人報恩積善会
201頁　はつは僧籍に　社会福祉法人報恩積善会
本拠地を移転新築　社会福祉法人報恩積善会
202頁　田渕藤太郎・はつ夫妻　社会福祉法人報恩積善会
生活保護関連法の成立と養老院（年表）　井村圭壯氏作成

図版提供一覧　講演2

207頁　三宅精一　一般財団法人安全交通試験研究センター
岩橋英行　社会福祉法人日本ライトハウス
209頁　三宅精一・岩橋英行関連年譜　本間律子氏作成
212頁　復員直後の三宅（20歳）　一般財団法人安全交通試験研究センター
213頁　岩橋武夫　社会福祉法人日本ライトハウス
214頁　ライトハウス会館（大阪市、1935年）　社会福祉法人日本ライトハウス
215頁　ヘレン・ケラー女史　社会福祉法人日本ライトハウス
216頁　岩橋武夫（ニューヨークにて、1949年）　社会福祉法人日本ライトハウス

218頁　三宅と愛犬　一般財団法人安全交通試験研究センター

221頁　三宅が考案した点字ブロック　一般財団法人安全交通試験研究センター

222頁　岩橋英行著『白浪に向いて　三宅精一を語る』　一般財団法人安全交通試験研究センター

223頁　記念碑に残る点字ブロック第1号

点字ブロックが最初に敷設された交差点には記念碑（岡山市の国道2号線）

226頁　敷設工事を見守る三宅　一般財団法人安全交通試験研究センター

第1号点字ブロックの敷設作業（岡山市）　一般財団法人安全交通試験研究センター

227頁　点字ブロック第1号を踏む岩橋　一般財団法人安全交通試験研究センター

歩行テストする岩橋　一般財団法人安全交通試験研究センター

渡り初め　一般財団法人安全交通試験研究センター

点字ブロック敷設の歩道完成　岡山盲学校生徒が渡り初め　一般財団法人安全交通試験研究センター

229頁　振動触知式信号機試作1号機　一般財団法人安全交通試験研究センター

振動触知式信号渡り初め式（宇都宮市、１９６８年）　一般財団法人安全交通試験研究センター

230頁　鉄道の駅ホームに初敷設（国鉄阪和線我孫子町駅、１９７０年）一般財団法人安全交通試験研究センター

231頁　皇太子ご夫妻も視察（大阪市、１９７０年）右は三宅精一　一般財団法人安全交通試験研究センター

東京都が点字ブロック採用（国鉄高田馬場駅前、１９７２年）　一般財団法人安全交通試験研究センター

図版提供一覧　対談

241頁　不安なく歩ける街を！　白杖行進（岡山市、１９８０年）　一般財団法人安全交通試験研究センター

243頁　理髪奉仕（報恩積善会）　社会福祉法人報恩積善会

244頁　婦人会による演芸慰問（報恩積善会）　社会福祉法人報恩積善会

私なき献身
福祉県を築きあげた

三木行治

三木 行治（みき・ゆきはる　1903年〜1964年）

岡山市畑鮎に生まれた三木行治。若くして両親と死別。厳しい少年期を過ごした。岡山医科大学などを卒業して厚生省に入り、公衆衛生局長などを歴任。1951（昭和26）年岡山県知事に初当選した。三木は5000人もの愛育委員を任命し、赤ちゃんの死亡率を低くしたほか、「がん撲滅運動」、子どもや高齢者、社会的弱者の救済など、医療と福祉を一体として行政を進めていく。また全国に先駆けてアイバンクを設立。献眼登録第1号になり、三木の死後2人の若い女性にその角膜が移植された。

一方、産業面では倉敷市の水島にコンビナートを造成。大企業の誘致に積極的に取組み、農業県から工業県への脱皮を図った。

三木は1964（昭和39）年、志半ばで急逝したが、その20日前、東洋のノーベル賞といわれるマグサイサイ賞を受賞。この副賞を基に現在も記念事業が行われている。

写真提供　扉／三木行治　岡山県立記録資料館
三木と子どもたち　信朝 寛氏

映像紹介

「記録の中の三木行治」

岡山映像ライブラリーセンター

小松原　貢（こまつばら みつぐ）

岡山市生まれ。山陽放送の報道記者としてニュースやドキュメンタリー番組を担当。撮影も行った。総収蔵量31万コンテンツ余のセンターでは、自社の撮りためた映像や音声のほか、県民らから寄せられた映像なども展示。「戦争の記憶」「映像歳時記」など過去の記録映像を中心にしたセミナーも行っている。

私はＲＳＫ山陽放送の編成部に所属する岡山映像ライブラリーセンターの小松原　貢と申します。岡山映像ライブラリーセンターと申しますのは、山陽放送が１９５８（昭和33）年にテレビ放送を始めて以来の、ニュースや番組の映像を保存しているところです。今日はその中から三木行治さんに関するものの一部をご覧いただこうと思っています。

三木行治さんは１９０３（明治36）年のお生まれで、１９５１（昭和26）年に現在の公職選挙法が施行されて以来の、実質的には岡山初の県知事でした。岡山映像ライブラリーセンターにはその８年後、1959（昭和34）年4月に三木さんが県知事三期目に向けて選挙活動をしておられるところからの映像が残っています。そこからご覧ください。

立候補のために岡山へ

こちらは当時の岡山駅前の映像です。この選挙には現職の三木さんと新人のふたりが立候補していました。駅前の広場に選挙カーを停めて街頭演説をしている三木さんです。三木さんはもともとお医者さんで、実際に岡山博愛会病院などに勤務していました。その頃貧しい患者さんに対して自腹を切って薬を渡すなど、その人柄を表すエピソードが数多く残っています。そうした人ですから好んで医者の居ない地区、無医村への巡回検診にも出て行き、診察を終えると母校の岡山医科大学（現岡山大学医学部）に有る細菌学教室に通って、当時農家の人たちを悩ませていた牛の寄生虫の研究に没頭するといった日々も送りました。三木さんの博士論文は牛の寄生虫の一つ「吸虫ミラシジウムの発育」です。また、当時風土病といわれた「作州熱」の現地調査なども行っています。そんな三木さんですから、人々を救うのは医学だけではだめだと感じ、28歳で九州帝国大学（現

街頭演説する三木行治（岡山駅前、1959年）

九州大学）の法文学部政治学科に入学して行政について学び直します。このため知事になる前は、厚生省（現厚生労働省）で公衆衛生局長を務めていました。その間鳥取県にある三朝温泉のラジウム泉に目を付け、そこに出身校でもあった岡山医科大学の温泉研究所（現岡山大学惑星物質研究所）を開設したり牛窓に臨海実験所を開設したりと、地域住民のために先を見据えた行政を進める手腕を発揮していました。三木さんのそうした面に目を向けた地元の政財界から、どうしても知事にという強いオファーが起こり、立候補するため岡山に戻ったのです。それだけに医療、福祉の分野では、他県に比べて卓越した行政が進められました。

また、当時の日本は高度経済成長のさなかで、国自体も国民の所得倍増を謳っていましたが、三木さんはこの波に乗って、県内全域で県民の所得の増加に力を注いできました。三期目に向けた選挙では、こうした二期8年の実績を有権者に強く訴えたのです。

こちらはその選挙の開票風景です。ご覧の様に圧倒的な得票で選挙に勝利しています。県民の支持、信頼がどれほど厚かったかという事がお分かりかと思います。

先ほど岡山日蘭協会の越宗孝昌会長からもお話がありましたが、医療、福祉面での具体的な成果として、「病院の日」を作ったり、障害児、難病の人たちの施設を充実したりもしています。この映像はその難病の子どもを慰問しているところです。

医療の面でもう一つご紹介しなくてはならないのが「アイバンク」です。アイバンクは自分の眼球を生前に登録しておくもので、登録された眼球の角膜は、移植でしか視力の回復が望めない人に譲られます。三木さんはこのアイバンクを岡山県に設置して、自ら登録者第1号となりました。

「農業県から工業県へ」掲げて

また、三木さんの訴えの中に「農業県から工業県へ」という言葉があるように、倉敷市の水島灘を埋め立ててコンビナートを建設し、県民の所得を増やしていこうと努力しました。この映像は水島コンビナートの中核をなす川崎製鉄(現ＪＦＥスチール)の内部の様子です。このほか同じく岡山県の工業力向上のけん引力の一つとなった三菱自動車工業水島製作所の乗用車出荷の映像も、私どものセンターには保存されています。

申し上げました

水島コンビナートへ川崎製鉄　立地調印式(1961年)

ジャージ種乳牛を導入(1954年)

通り、農業県から工業県へという取り組みでは、当時おもに岡山県南の重工業開発に重点が置かれましたが、三木さんは岡山県北の山間地にも目を向け、そこに住む人たちの観光開発による現金収入の増加を図りました。特に当時の川上村、現在の真庭市蒜山では、丘陵地を開発してジャージー種の乳牛を導入。国民休暇村を設置して、背景にある雄大な蒜山三座とともに「西の軽井沢」のキャッチフレーズで全国に売り出しました。これが功を奏して、それまで人の往来の少なかった蒜山地方が一躍観光地となり、休暇村の前の牧場は「三木ヶ原」と命名されました。

加えて、三木さんのもう一つの大きな功績として挙げられるのが岡山国体です。国民体育大会はもともと国民の体力向上に加え、戦後の復興にあたって、国の予算を効率的に各県に分配する目的も持っていました。それだけに各県とも、国から下ろされた予算を競技場の整備や道路整備などに充てていましたが、三木さんはそれだけでなく、国体の各競技を県内の市町村に分散し、そのうえで国体に参加する各県の選手や入場者を県の大切なお客様と位置付けて、県民が総出でもてなすという方針を取りました。この施策は全国から注目されました。

岡山市から離れた地域に住む県民も、岡山国体をそれぞ

岡山国体秋季大会で開会宣言（1962 年）

れ自分たちのイベントと考えることができ、県民こぞってという言葉通りの盛り上がりを見せました。選手団が通る道々に花を植えた植木鉢を並べたり、地区の住民手作りのお弁当を作ってもてなしたりという運動もその表れです。ただそれだけに、大会成功に向けての苦労も多かったと思います。国体の開会式で開会宣言をする三木さんの口調にそれが顕れているように思えます。

科学文化の向上にも功績

このほかにも全国的に珍しい、男子だけの合唱団「桃太郎少年合唱団」を作ったり、東洋一という口径１８８センチの大望遠鏡を、国内に建設しようとしていた東京大学付属東京天文台（現国立天文台）に働きかけて、当時の鴨方町（現浅口市鴨方）にある竹林寺山の頂上にこの望遠鏡を誘致したり、さらにそれに付随して、当時地方としては極めて稀だった大型プラネタリウムを持つ岡山県立児童会館を建設したりと、県民の生活だけでなく科学文化の向上にも功績を残しました。

天文台誘致に関しては面白い話が残っています。竹林寺天文台開設当初の責任者石田五郎さんが生前によく「三木知事はね、〈岡山は田舎です。有るのは晴天率の高い真っ暗な空だけです。どうぞお出で下さい〉って僕らを誘ったんですよ。すっかり騙

三木が誘致した当時東洋一の望遠鏡（1960 年）

されちゃいました」と言っていました。騙されたという言葉の裏には、三木さんが暗い星空が必要な天文台を誘致しながら、一方で天文台から見下ろす事ができる水島灘に大規模コンビナートを建設していたという事があります。

コンビナートから空に向かって出る明かりが天体観測に影響を及ぼすことは、科学者でもある三木さんには十分分かっていたと思います。今でいう光の害、光害ですね。私自身も石田さんから直接この話を聞いた事があるんですが、その時石田さんは笑っていました。そのわけは、天文台に勤務する人たちに対する県としての福利厚生です。天文台は一般的に、町から遠く離れたところにあります。このためそこに勤務する職員は、ふつう子どもの通学や買い物などといった、街ならではの便利さを受けることがなかなか出来ません。こうした不満を知っていた三木知事は、竹林寺天文台からふもとの町に通じる道路を整備して、すぐ隣の遥照山に保養施設まで誘致していますます。そうした細かなところまで思いを致す行政を推進していったことから、県民の間では「桃太郎知事」の名で親しまれてきたようです。

こうした地域貢献が認められて、アジアのノーベル賞ともいわれる「マグサイサイ賞」の受賞が決まり、１９６４（昭和39）年８月にフィリピンに向けて出発しました。この映像は羽田空

マニラへ向けて出発

港で県の関係者に見送られながら飛行機に乗る時の様子です。

そして三木さんはマニラ市内で行われた授賞式に出席します。ここまでの映像で見る限りお元気なようですが、実は三木さんはこの時すでに体調を崩していました。そして、帰国のわずか三週間後に急逝したのです。直接の死因は心筋梗塞でした。こちらはそのご葬儀のようすです。功績のすこぶる多い人でしたから、三木さんを慕う人たちが長蛇の列を作って参列し、故人の遺徳を偲んでいました。その中には、父孫三郎の後を継いで倉敷の文化の向上に努め、倉敷レイヨン（現株式会社クラレ）を世界に羽ばたく企業にまで押し上げた大原總一郎さんの姿も見えます。

知事官舎を出た三木さんの棺は、岡山県庁の前を通って斎場に向かいました。生涯独身で通した三木さん。私の聞くところでは、亡くなられた三木さんの個人資産といえるものは、その時着ていた背広と眼鏡だけだったということです。また、先に申し上げた通り、アイバンクの登録者だった三木さんの両眼の角膜はふたりの女性に移植され、この人たちは見事に視力を回復したそうです。

ここまでが、岡山映像ライブラリーセンターに残っている三木さんの映像の、いわばダイジェスト版です。三木さんの詳しい功績などについては、この後先生方から解説があるかと思いますので、私の話はここまでといたします。どうもありがとうございました。

講演1

「にこにこおじさん　桃太郎知事」

宗教法人黒住教名誉教主
黒住宗晴（くろずみ むねはる）

岡山市生まれ。京都大学文学部哲学科を卒業後、黒住教青年連盟長に就任。1965年中国・四国初となる重症心身障害児施設の建設運動に奔走。2年後、社会福祉法人旭川荘内に重症児施設「旭川児童院」が開設された。1973年第6代教主に、2017年名誉教主に就任した。現在も社会福祉法人旭川荘理事、社会福祉法人南野育成園後援会長などとして、福祉施設の運営・支援を続けている。1967年に山陽新聞賞。2017年には三木記念賞を受賞した。

　ご紹介いただきました黒住でございます。今日は岡山に雪が降りました。私はちょっと高い神道山という山にいるもので一層その感が強いのですが、今年の冬でいちばん寒い日にもかかわりませず、皆様方ようこそお参り、ではなくお集まりいただきました。ついつい本音が出ました。今日は本当に皆様方には三木知事を偲び、かつての三木知事を肌で感じるべく、まさにお参りした方が多いのではなかろうかと思います。

水島コンビナート予定地を視察する三木行治

　私がこういう場をいただいたことは、心から光栄に存じます。私の父の五代黒住教宗和教主は、岡山一中（岡山県第一岡山中学校＝現岡山県立岡山朝日高等学校）時代から知事を知っておりまして、学年からいうと二つ下でございました。三木知事は勉強も大変よくできた方で、4年ですぐに六高（第六高等学校＝現岡山大学）へ行かれましたが、私の父は表裏と行きまして、一中には7年ほどいたようです。私はこのふたりの後輩になるのですが、朝日高校（岡山県立岡山朝日高等学校）に入りました時に、「お前な、今は高校は3年、表裏で6年行け。ええぞ、ぎょうさん友達できて」と、父にこんなことを言われました。本気で言ったのかどうなのか、父にはそれほど多くの友達がいたようです。そういう中でも、最も尊敬し親しいおひとりが、三木行治先生でありました。

　ご存じのように、１９５１（昭和26）年、知事に引っ張り出された。でも当時の厚生省は離さない。岡山からは、後にまさに刎頸《ふんけい》の交わりとなる川﨑祐宣《かわさきすけのぶ》先生（１９０４〜１９９６年）を中心とした人々が、引っ張ったわけです。短い足がだいぶ伸びたのではないかと、冗談半分に言っておられましたが。そういう関係で、川﨑先生と三木知事、そして私

三木行治関連年譜

西暦	和暦	三木行治の歩み	岡山県と社会の動き
1903	明治36	三木岡山市畑鮎に生まれる（5月1日）	日露戦争起こる（1904）
1916	大正 5	岡山市へ転居。岡山市立内山下小学校に入学	岡山上水道開通（1905）
1917	6	実母宇た死亡	岡山県済世顧問制度発足。岡山市京橋完成
1918	7	岡山県立岡山中学校に入学	米価狂騰のため県下各地で米騒動
1919	8	母せき入籍	津山施療院など貧民救済施設の開設が相次ぐ
1922	11	岡山県第一岡山中学校4年修了、第六高等学校入学	岡山医専が医科大学に昇格
1923	12	父寅吉死亡	片上鉄道開通。関東大震災
1925	14	六高卒業、岡山医科大学入学	治安維持法成立。普通選挙法成立
1929	昭和 4	同大学卒業。同大学副手となり稲田内科に入局	世界恐慌始まる
1930	5	徳島県小松島診療所医員として勤務（5月） 岡山簡易保険健康相談所医師として勤務（9月）	宇野港開港。大原美術館落成。長島愛生園開所 山陽銀行と第一合同銀行が合併し中国銀行創設、開業
1934	9	九州帝国大学卒業（法文学部）	瀬戸内海が国立公園に指定される
1939	14	保険院簡易保険局監理課勤務	岡山県下に大干ばつ
1946	21	厚生省公衆保健局長就任	南海大地震で県南に被害
1948	23	厚生省公衆衛生局長就任	
1951	26	岡山県知事に初当選（5月1日）	5月以降―岡山県社会福祉協議会発足、 県内各地に愛育委員会設置
1952	27	三木知事発案による【病院の日】を制定	第四皇女順宮と池田隆政氏結婚。 県が水島地区の国有地を一括買収
1954	29		児島湾干拓六区が完工。ジャージー乳牛導入
1955	30	岡山県知事再選（無投票）	人形峠でウラン鉱発見
1956	31		県が90歳以上対象の養老年金を制定
1957	32	旭川荘開設	岡山産業大博覧会開会。新岡山県庁舎開庁
1958	33	日本移民50年祭でブラジル出張	県勢振興計画策定。戦後初の県·市町村連絡会議
1959	34	岡山県知事3選	岡山対ガン協会発会、県福祉年金制度発足 岡山駅地下道商店街完成
1961	36	世界連邦世界大会出席、欧州視察 献眼運動開始。三木が登録第一号	川崎製鉄の水島立地が決定。 児島湖堤防有料道路開通
1962	37	県職労が知事に「勤務時間厳守」の勧告文	岡山国体開催。県福祉計画策定。 岡山県庁で一日内閣。岡山空港開港
1963	38	岡山県知事4選。100万都市構想流産	天皇皇后両陛下行幸。県立児童会館開館 河野副総理が瀬戸大橋ルート視察
1964	39	貿易促進のため東南アジア出張（5月） ラモン・マグサイサイ賞を受賞（8月31日） 死亡（9月21日）。献眼、女性2人に角膜移植	新産業都市の指定

の父も、川﨑先生が１９３８（昭和13）年か１９３９年ごろに川﨑病院を開設されてからというもの、これまた川﨑先生とは無二の親友のごとき付き合いが続いておりましたものですから、私も中学から高校時代に、何度かお二方がお揃いで大元のわが家においでになったことを覚えております。私はまだ子どもで、玄関にお迎えに出て「ああ、この方が三木知事だ」と思いました。かねて、父が夕食の時に、三木知事や川﨑先生のことを非常に誇らしげに話していたものですから、子ども心に見上げるような、そういう思いが身に染み込んでおりました。

川﨑祐宣（左）と黒住宗和（黒住教第５代教主）
旭川荘の起工式を終えて

ラジオ番組で〈共演〉

そして、あれは１９５３（昭和28）年だったと思いますが、この山陽放送が開局したのも同じ１９５３年だと思います、私が朝日高校に入ったその年に、天満屋の裏に山陽放送のラジオの局がありまして、そこで「先輩と語る」という名のもとに、三木知事と高校1年生の私、それから同級生の女性、この人はよく勉強ができて後にお茶の水女子大学へ行きましたが、このふたりがなぜか引っ張り出されて、三木知事と話すというよりも、三木知事のお話を聞くというような、そして後輩である若輩の我々を激励するという、そういうラジオ番組がありました。

その時の話は全く覚えていませんが、その時の様子を雑記帳のようなものに書いていましたので今回引っ張り出しましたら、こういうことを書いておりました。「三木知事は、知・情・意のバランスが大切だ。しっかり勉強しなさい。しかしそのために情、温かい心を削ることのないように」とおっしゃったと書き残しておりました。そして、そのことをまた父に言ったからでありましょう、父が言ったこともここに書いております。「ひとりの本物の人間に会うことは、十冊の本を読むに勝る」。これで調子に乗ってあまり本を読まなくなったのかもわかりませんが、とにかく三木知事とラジオに出たということは、子ども心に非常にうれしく、また誇りに思ったのでしょう、書き残しております。

女性を県教育委員に起用。左から２人目が黒住千鶴子

それから暫くして、三木知事が父に「奥さんをちょっと貸してくれ」と言われたそうで、父が「お母さんは今度県の教育委員になるからの」と言ったので、「えっ?」と思いました。その当時、まだ女性がどうのこうのという時代でありましたから、のこのこ女性が出て行くのがどうかというようなこ

とがあったのかもわかりませんが、県の女性の教育委員として2人目か3人目かで、おふくろは県教育委員になりました。在任中に岡山国体がありましたから、おふくろは知事と一緒にあちこちすることがあったようです。そういうことで、おふくろからも知事のことをよく聞かされました。父は「世の中ではお母さんのことは内助の功と言うけど、うちのお母さんは外助の功だ」と言って笑っておりました。おふくろからは、長らく知事の秘書をされた信朝《のぶとも》寛さんや高山雅之さんのこともよく聞きました。高山さん、今日出席されていると したらもう90歳を過ぎておられると思いますが、そういった方々ともご縁をいただくことになって、三木知事のいわゆるエピソードを耳にして、そのたびにうなずくとともに胸が熱くなったことを思い起こします。

養護施設に自腹でオルガン

ここで、そのいくつかを紹介します。信朝さんとはその奥さまが亡くなられてから、もちろん県を引退してからですが、特に親しくしてもらいまして、いろいろな深い話を聞かせていただきました。信朝さんの見る三木知事は、仕事の上では厳しいが、非常に情愛の人であり、ユーモアのある人だった

養護施設にオルガンを寄贈（1955 年）

ようです。例えば、今ではちょっと考えられませんが、ある養護施設にオルガンがなかった。なんとかオルガンを県の方でという話の時に、県の予算では無理だということで、知事は自分の懐から、しかも銀行からお金を借りてそれを月賦払いで支払いながら、買って寄贈したのだそうです。そして、それをご自分が持って行かれた。「そんな知事がどこにいるかな」と言われたことが今も強く心に残っています。

また、信朝さんがお供して田舎のほうへ行った時でしょうか。おばあさんがてくてく歩いていたので車を止めて「おばあさん、乗らんかな」と。「それはありがとう」と言っておばあさんが乗ってきた。それで「そこらへんで結構です」と、降りる時に「なんとまあ、あなたは岡山の県知事さんによう似ておられますなあ」と。「皆さんによくそう言われるんです」と知事は答えたそうです。信朝さんは口に出かけたけれど、ここは黙っていなくてはと思って黙っていた。そういうユーモラスな方であったそうです。

それから、これは私の父が言ったことですが、私が朝日高校へ入った時に、図画工作の先生に河野というお年を召された先生がいました。一中時代からの古い伝統からでしょうか、講師ということで何人か昔の先生が残っていらっしゃいま

「老人の日」に養老院を慰問（1961年）

した。その中のひとり河野先生は、あだ名がギースというのです。「コウノのギース先生」、それを父に言いましたら、「おお、ギースにはわしも習うた。そのギースというあだ名は誰が付けたか知っとるか？」「知らん」「三木知事じゃ」「へぇー」と思いました。そういうところも三木さんならではのこと。また、化学に「鶴見のアボ」という先生がおられました。なにかアボガドロの法則というのがあって、「アボ」という時に非常に発音が独特だったから、「アボ」というあだ名になったらしいのですが、どうもそれも三木さんが付けられたようです。そういうひょうきんなユーモラスなところがあったと言っておりました。

また、信朝さんが言っておられたのが、とにかく鼻歌が出る時は調子がいい時。そして特に、信朝さんがよく覚えているのが「影を慕いて」という歌だそうです。どうもかつての恋人を思い出すようなそういう思いの歌らしいのですが、この「影を慕いて」を鼻歌の中でもいちばんよく耳にしたと言っておられました。そのあたりにも三木さんが一生独身を貫いた中にある、なにかほのかなものを感じまして、私もジーンとしたことでした。

桃狩りを楽しむ（1956 年）

昨年でしたか、山陽新聞の「伝　みらいへ」というシリーズ記事に、高山さんの、いわば〝私の履歴書〟のような感じのものが連載されました。有本芳水という、全国的に有名な詩人の方がおられました。たまたま、この方のご令息が私の中学の時の先生だったこともありまして、私にとっても近しいお名前なのですが、この方の詩碑を作れと三木知事にいわれ、高山さんは苦労されたようです。それで後楽園の外苑に有本芳水先生の詩碑を作られました。こうしたところにも、あれだけ厳しく忙しく、あるいは辛いと言ってもいいような時間を乗り越えられたところに、逆にそういうはんなりとした時間を持つ三木さんだったのだなと、まさに「にこにこおじさん」の面目躍如たるものを感じたことです。

　この間、今日のことを話していましたら、戦後すぐの昭和20年代に岡大（岡山大学）の学生だった方から、農学部の講堂で三木知事が講演された時のことを聞きました。「農業は国の大本。岡山は農業県、ますます頑張らないといけない。だが、それだけではだめだ」ということから、例の水島工業地帯のことを話されたのでありましょう。ただ、彼の中に残っているのが、そういう話をされた後で、「♪そんな気持ち

有本芳水（右）と語る三木（1960年頃）

でいる私」なんていう、まさに鼻歌ならぬ歌をあとにして演台を去られた姿だそうです。当時の岡大の学生さんには、緊張した中にも、なんともほんわかとした知事だという思いが強く残っているようで、話の内容もさることながら、「♪そんな気持ちでいる私」と歌う知事がいちばん強く残っていると言っておられました。

私どもの大元の宗忠神社で、つい先日の3日にも節分祭がありましたが、1955（昭和30）年そこそこの写真をめくっておりましたら、三木知事が七福神の恵比寿さんの姿で写っていました。横には、当時の岡山市の横山市長の寿老人。そういう方々が七福神として豆餅を投げておられた。今では考えられない気がするのですが、ある意味ではおおらかな時代だったし、またそのおおらかさを身を以て体現しているような知事であったように思います。

でも、おふくろや信朝さんからいろいろ聞くにつけても、この方は幼い時から非常に厳しい日々を重ねられた。それが故に悲しみに裏打ちされた明るさ、温かさを持っておられた。私は今日はネクタイを締めて背広を着ておりますが、日常は紋

恵比寿に扮した三木(中央)　宗忠神社節分祭(1956年)

服と申します白衣に黒い羽織を羽織っております。今は化繊ですからそんなことはありませんが、昔の羽織は使い古してくると赤茶けてきて、「赤が出てきたから、もうこの羽織はだめだ」というようなことを、年寄りが言っていたのが今も耳に残っております。真っ黒な、本当の黒い色を出そうとしたら、先に真っ赤に染めるそうです。真っ赤に染めて、その後に黒に染めたら、本当の深い黒の色が出るそうです。なにか黒住だから言うわけではありませんが、悲しみという血の出るようなそういう時間が裏打ちとなっての、三木知事のあの明るさと温かさとなっていたのではないか、それを改めて思うのです。

賀川豊彦に心酔

厳しい少年時代でしょうか、三木さんはある時期お寺で育てられました。そして、戦中、戦後にかけていわば青壮年期にかけて、三木知事が本当に心酔した方が、今日も後で阪本さんからご紹介があると思いますが、キリスト者で社会慈善家というか社会活動家の賀川豊彦《かがわとよひこ》先生（1888〜1960年）です。この方は『死線を越えて』とか『一粒の麦』とかを書かれた方で、さほど本を

賀川豊彦

読まない私も若い時に読んで感動したことを思い起こします。信朝さんに伺ったのですが、この賀川先生のことを、三木知事は「世にもまれな大心霊の人だ」といわれていたようです。どういう字を書くのかと聞いたら「大きな心の霊」だと。そういうことを三木知事がポロッといわれたことがあると言っておられました。「大心霊」、いわば人間の心の中の心、人間の本体というべきものが非常に太く深い、そういう人物であることを肌に感じ、心の奥深くに感じいって、まだ知事になる前でありますが、三木行治氏は賀川先生に本当に心服されたのではなかろうかと思います。

ですから、この賀川豊彦先生とかノーベル賞の湯川秀樹先生とかは、戦争の傷跡がまだ生々しい時に、再び三度世界戦争があってはならないということから、世界連邦運動を始められました。各県で世界連邦都市宣言というものが議会で議決されたりもしたわけですが、確か岡山はその先陣を切ったのではないかと思います。そして京都で世界連邦の世界大会があった時に、それを仕切ったのは三木知事、岡山県でありました。当時の県議会議長は浅越和夫という

湯川秀樹

葉上照澄

先生でした。彼の最晩年に私は、「先生の長い政治生活の中で、何がいちばん印象に残っていますか」と聞きましたら、「三木知事の時に自分はたまたま県議会議長をしていたよしみで、京都であった世界連邦世界大会の議長を務めさせてもらった。あれは自分の政治生活の中でいちばん印象に残る思い出だ」と言われました。この名うての政治家にして、そうなのだと思い起こすことです。ちなみにこの方の孫婿が、今の厚生労働大臣の加藤勝信先生であります。

「世界連邦運動」は、その後あまり皆様方の耳目に触れることもなくなっておりますが、世界連邦の宗教者大会というのは、特に一中・六高と三木知事とも親しかった葉《は》上《がみ》照澄《しょうちょう》という比叡山の長臈《ちょうろう》、戦後初の大阿《だいあ》闍梨《じゃり》と言いまして、命かけての千日大修行を果たした葉上先生ですが、この葉上先生などが中心になって再興されまして、先年私どものところで、第33回を数えました世界連邦宗教者全国大会を開催させていただきました。今年もどこかであるのではなかろうかと思いますが、とにかく宗教者同士

世界連邦平和促進全国宗教者岡山大会（2011年11月）
黒住教大教殿

が共通の場に立って、宗派・教団は違おうとも、思うところは、祈るところは一つだというところを確かめ合うような場となっておりますことは、ある意味では三木知事のおかげであります。ちなみに、三木知事が亡くなられての院号「瑠璃光院殿照峰仁徳浄行大居士」は、葉上先生が贈られたものです。

青年たちへ「人の悲しみに敏感な人に」

私は三木知事のことをこうしてお話ししながらも思うのですが、よく類は友を呼ぶと言いますが、三木知事の幼いころからのご友人の蜂谷《はちや》道彦《みちひこ》先生（１９０３～１９８０年）は小学校以来のご友人だそうで、この方のことを話す時は三木知事の顔が一層和やかになったと、信朝さんが言っておられました。広島逓信病院の院長であって、ご本人自身が広島の原爆で被爆され、『ヒロシマ日記』という名著は、いくつかの国の言葉となって出版されているようであります。また川﨑祐宣先生、そしてそのあとを追いかけた江草安彦先生、それらの方々にはみんな同じように共通するものを私は感じます。

１９６４（昭和39）年８月９日、実はその１９６４年は私どもにとりまして、黒住教という神道教団が誕生して１５０年の年でして、そのための大きな祭りをその年10月２日、３日に開催することになっていました。この祭りに集まってくる方々に奉仕の汗を流そうということから、各地

蜂谷道彦

の青年たち３５０人余りが黒住教青年連盟という名のもとに大元に集まりました。その前日、たまたま私の父と一緒に食事した三木知事がそのことを聞かれて、突然、大会を開いているところに入って来られました。みんな驚くとともに大感激で迎えました。20分少々ですが、講演をしてくださいました。それはまた、私も含めて当時の若い者の心に響き、残るお話でありました。「どうぞ若い諸君は、人の悲しみに敏感な人であってほしい。人の苦しみを少しでも和らげる、役に立つ人間であれ。周囲はいくら疾風怒涛逆巻こうとも、そこだけは澄み切っている台風の目のような人間であれ。そういう心で人の悲しみに敏感に、そういう心で人の苦しみを少しでも和らげるべく、役立つ人間であれ」と。今から思いますのに、それは三木知事自身の生きようを青年の前で吐露してくださったのでした。大感激でありました。

そしてその月の8月31日に、先ほども映像紹介のところでご紹介がありました、アジアのノーベル賞といわれるマグサイサイ賞をいただくためにフィリピンに向かわれるわけであります。これも信朝さんいわく、ひとりで行かれたそうです。「あなたは秘書だから、ひょっとして一緒に行けると思っていたのではないの?」と言いますと「いや、とんでもない」。そんなお金は県にはないからと、ひとりで行かれた。そして、お願いされて、山下奉文将軍などの大戦激戦地を、飛行機に揺られながら慰霊の時間を持たれたようであります。

これも信朝さんにいただいたのですが、マグサイサイ賞授賞式における三木知事の答辞があります。長々としたものですが、その一部をご紹介します。「私は、罪の意識を持ってフィリピンに上陸したのであります。私の顔に、真に招かれた客としての晴れやかさのないことを奇妙に思われる方も、あるいはいらっしゃるのではないかと思うのでございます」と。戦時中のフィリピンの受けた災禍について、マグサイサイ賞の受賞の答辞の中で、こういう言葉でもって表現しておられるのです。

そしてご存じのように、その三週間後の9月21日、その日は先の東京オリンピックの聖火が岡山に入った日で、その晩、県知事室にその聖火がいわば泊まった。その夜に心臓発作のために急逝されたのです。その数分前まで信朝さんはそばにいて、家に帰るや否や、すぐに病院へということで飛び出して行ったと言っておられました。その時のショックを覚えている方も、今日の皆様

マグサイサイ賞授賞式（マニラ）

答辞を述べる三木

の中にいらっしゃるかと思います。１９６４（昭和39）年９月21日です。わが父を失った子どものような思いで県民の多くが悲しみました。「私なき献身」といわれた三木知事にとって、「我が県民であり、県民が我である」、いわば一体となっての思い。そして常に生死の関頭に立つというか、そういう時間を積み重ねて来られた。

10月２日、３日の私どもの祭りを終えて、翌日の４日が県民葬でありました。３万何千人の方が集われました。私も若いながらお参りさせていただきました。そしてほどなく開かれた天満屋での偲ぶ展覧会。いろいろな三木知事の写真や肉筆の原稿などが並んでいたと思います。しかし、いちばん印象深いのは、傷んだ濃紺の背広。これが着たきりスズメの正装でありました。それから靴。靴というのは細長いものですが、そら豆のように丸に近くなった傷んだ靴。この服と靴が非常に象徴的であったと記憶しております

「重症心身障害児」という言葉との出合い

私どもは、その10月２日、３日の黒住教としての祭事を終えて、当時の若い連中は、三木知事のあ

三木の遺品（「三木知事を偲ぶ写真展」より）

の言葉をどう具現化するかというところでした。ちょうど東京パラリンピックの頃に私はたまたま上京しておりまして、友人に誘われて車いすバスケットボールを観戦しました。私は学生時代にハンドボールというスポーツをやっていまして、バスケットボールと似たようなところがあります。ところが、足が立たない身体障害の人が、車椅子を使って、だからできるのかも分かりませんが、非常に激しい動き、また切り返しの鋭さ。選手の真剣さに本当に胸を打たれまして、帰りまして何かやらなくちゃならんと若い仲間に申しました。障害を持った人のために少しでも役に立つことを、ということになりまして、父に申しましたら、「それなら江草先生に会いに行け」といわれて、１９６４（昭和39）年の暮れ、旭川荘に初めて江草安彦先生を訪ねました。

そしてその時に初めて知ったのが「重症心身障害児」という言葉でした。まだその当時は法律用語にもなっていなかったのです。ひとりの身で、三重、四重の重い障害を持つ子ども。重い症状で、しかもそれが重なっているという、この重症の「重」はそういう意味もあるそうです。その頃三木知事の音頭取りで指導を受けて、愛育委員会というご婦人の集まりが岡山に作られておりました。今は真

旭川荘開設時の三木（1957年）
右は江草安彦旭川学園園長（当時）

庭市となっている勝山町に、河本花さんという大変立派なご婦人がいらっしゃいました。私から言いますと、おふくろよりももうちょっと年上の、実に品のいいご婦人でありました。その河本花さんが中心になって、一気に5千人もの愛育委員の方々が立ち上がって、重度心身障害児のための施設をつくろうということで動き出しました。今は知的障害という言葉で言っておりますが、当時は精神薄弱と言っていまして、その方たちのための施設としては、旭川荘に旭川学園がありましたが、ここに付属して重度心身障害児のための愛育寮というのができました。いよいよ今度は「重症児の施設をやらないか」と、江草安彦というこれまた情熱の人に発破を掛けられるように指導を受けたわけです。若い連中でどれだけできるのか、とにかく走ろう。我々は素人。道を歩いていて倒れている人がいたら、救急車を呼ぶじゃないか。病院へ連れていかないといけない。我々はただの通行人だ。その通行人に徹しよう。こういう人がいるということを、知らせることを第一義に考えよう。そのためには百聞は一見にしかず、こういう子どもたちの生活ぶりを映像や写真に写そう。それこそ、当時の山陽放送の巽盛三社長のご協力を仰ぎ映画を作ることになりました。有り難いことに3人のお母さんが手を挙げてくださいまして、その方たちのお宅を訪ねたのです。

河本　花
（愛育委員会連合会会長）

最初に行ったのが、河本花さんがずっと陰ながら支えて来られた、勝山の森脇のやっちゃんという当時14歳の男の子でありました。それから今は岡山市になりましたが、当時は上道郡上道町砂場の礪《と》波《なみ》のしげちゃん姉妹。それから今は瀬戸内市になりましたが、邑久町虫明の山根もとみつくん。それぞれ障害の理由、原因は様々ですが、多くの場合は原因不明のようで、この3人のお母さんが勇気をふるって立ち上がり写真や映画を撮らせてくれました。当時の16ミリフィルム、8ミリフィルムを使って訴え、あるいは写真をパネルにして中四国の主だった都市の繁華街で街頭募金につとめました。あくまで知らせるための募金運動でありました。

私はこの3人のお母さんと、そのお子さん方とお付き合いをして、今や次々にそのお母さん方も亡くなりましたし、本人も何人かが亡くなりましたけれども、それぞれの方から教えられるところまことに大でありました。ちょうど生まれての赤ちゃんがニコッと笑うのを「天使のスマイル」と言うようですが、あれは我々のように、ほかのものがまとわりついていない生のままが表れていますから、あのような笑顔が出る。いわば重症心身障害児といわれる人は、肉体的に機能していない分、逆に奥の心の目や耳は我々より鋭敏に活発に働いているのではないか。三木知事のおっしゃる賀川先生の

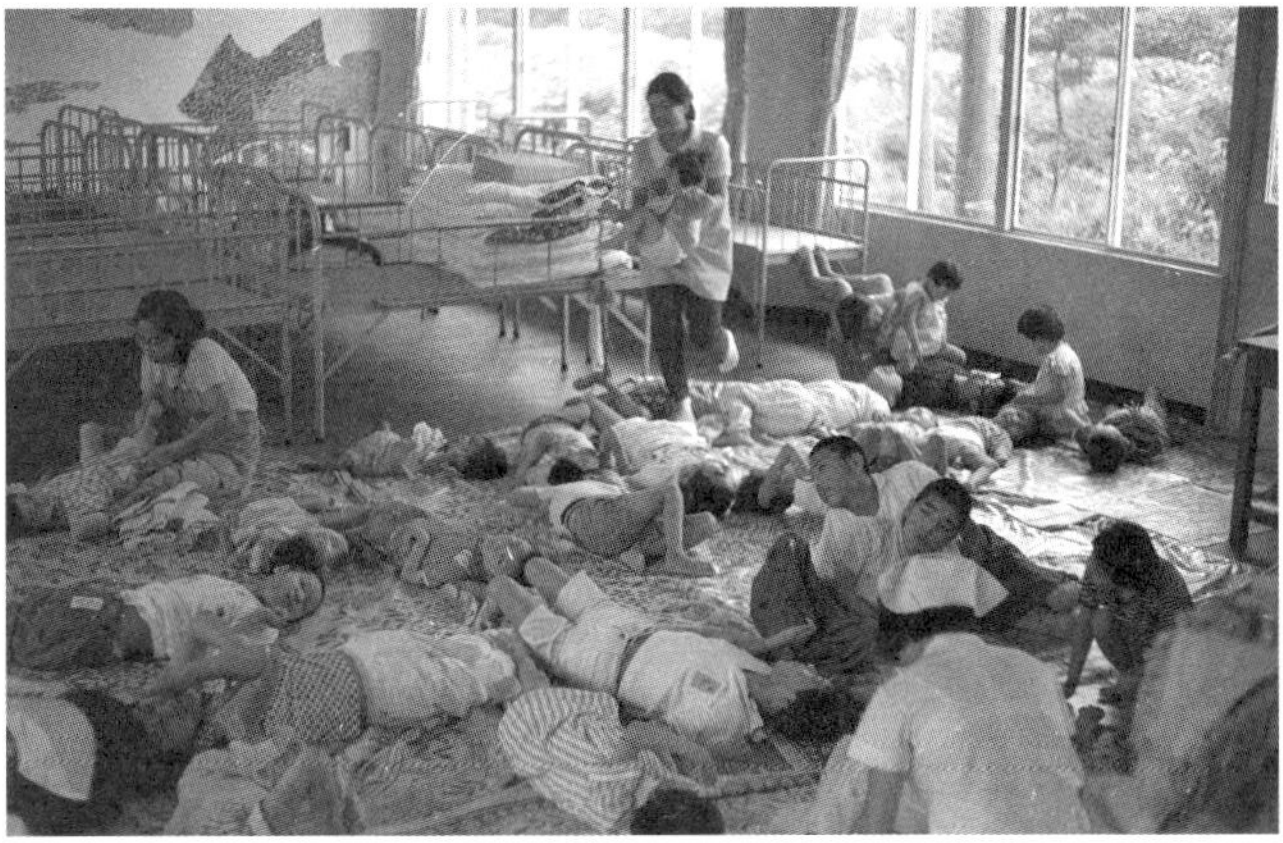

旭川児童院開設（1967年）

大心霊、それにも通ずるもの、人間の本体そのものが出ているのが、あの方々なのではないかということを目の当たりにしてきました。

一例を申します。一昨年の暮れに亡くなった礪波しげこという女性、映画に出てくれた当時7歳でした。60歳の誕生日を前にして亡くなりました。目も見えず、耳も聞こえず、ものも言えず、寝返りもできず、寝たままの人生でした。旭川荘の役員方もやはり現場を知らなくてはと、理事会や評議員会の皆さん方は、旭川荘で会議を持った後に、時々現場を見学に行きます。

ある会議の日、私は重症児施設の旭川児童院に参りました。そこで、礪波しげこさん、「おお、しげちゃんがおる」とベッドに近づきました。彼女が生きている証は、鼻に手を近づけると息をしていることを感じ、頬に触ったら温かいこと、それ以外彼女から生きている証は分かりません、見つかりません。ちょうどそのころ、お母さんが右足首を複雑骨折しまして、月に2、3回ほど岡山市上道町から旭川児童院に会いに来ていたのに、来られなくなっていました。ようやく松葉杖をついて歩けるようになったということを耳にしておりましたので、「しげちゃんなぁ、お母ちゃんしばらく来れてなかったけ

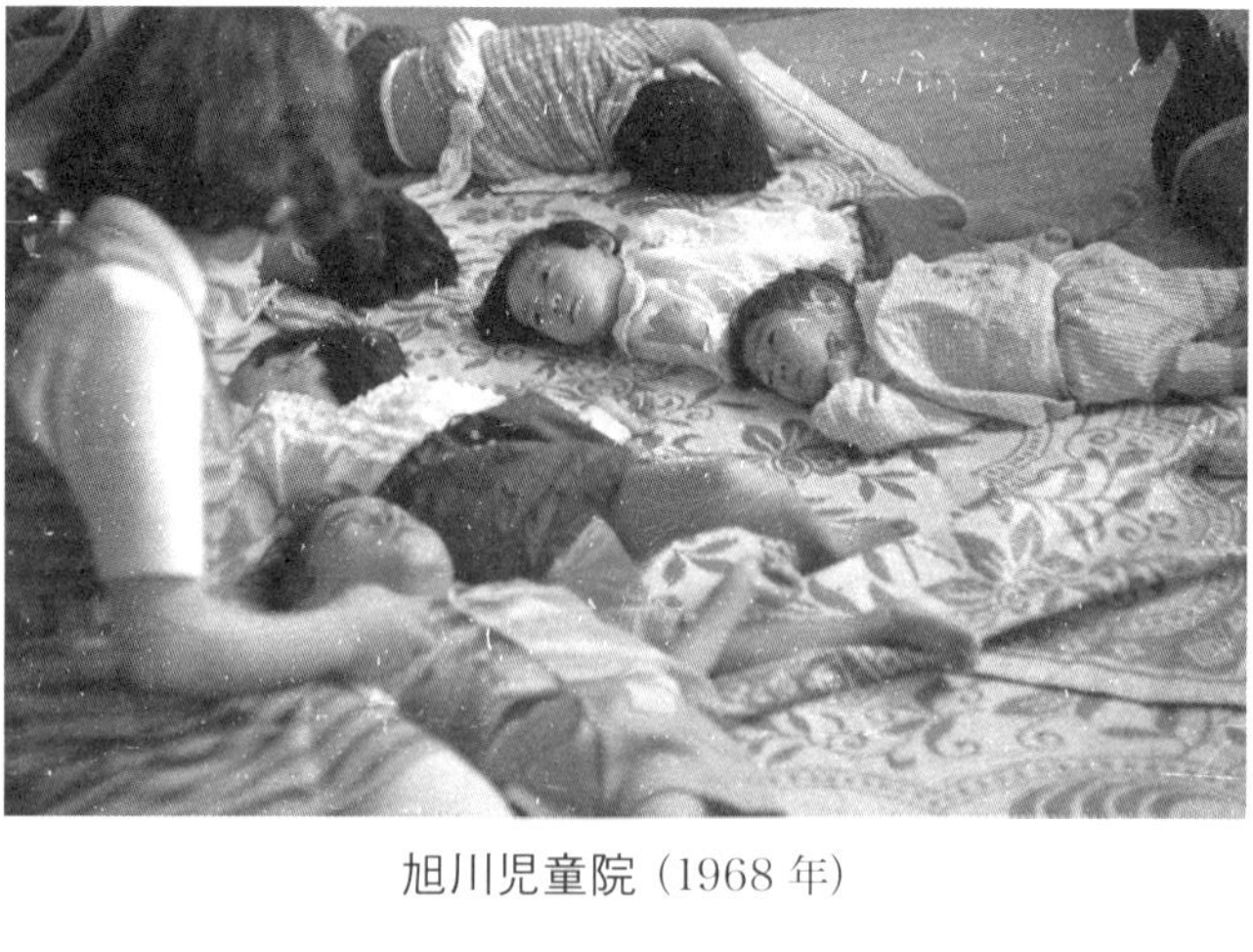

旭川児童院（1968 年）

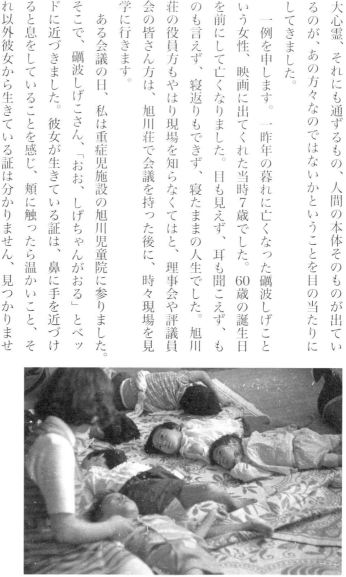

ど、足をけがしとったんじゃ。けどな、もう松葉杖ついて歩き出したから、もう来るよ」と言いましたら、グーッと顔が紅潮しまして、体をねじりだしました。いつも誰に会っても同じように話すことを私は常としていますが、こんなに反応があったことは初めてでした。一緒に行った人もびっくりしておりました。そばにいる看護師さんはなおのこと。もう一度言うから見ていてよと。「なあ、しげちゃん。お母ちゃん久しゅう来てなかったけど、足首けがしとったんじゃ。松葉杖ついて歩き出したから、もう来るよ」ともう一度言いましたら、また顔が紅潮して全身をねじるように動かしました。明らかに分かっているのです。明らかに感動しているのです。

彼ら彼女たちからいろいろなことを教わりましたが、人間にとっての感動というのは、三木知事がおっしゃる賀川先生の大心霊、いわば人間の本体からのものであり、感動なき人生は砂漠だと言った人がありますが、本当にこのしげちゃんからも尊いことを教わりました。

「生きた説教」

私どもの「中・四国を対象に重症心身障害児の施設をつくろう」というキャンペーンは１９６５（昭和40）年の4月から9月末まで、ちょうど三木知事の一周忌、一年祭のその日ぐらいまでで、最後の締めの務めを果たしました。ありがたいことに、その昭和40年の8月末に、常に私どもの運動を支えて下さっていた小寺正志山陽新聞社社長は新聞の一面に社告を打って、全社を上げて重症児のためのキャンペーンをして募金活動を始めてくださいました。おかげで、私どものことは僅かのことですが、まさに新聞は神様でありました、この〝新聞神様〟の威力は凄いものでした。県民あげての総運動となって、1967（昭和42）年春、4月旭川児童院としてスタートを切ったわけであります。

この3人のお母さんを川﨑先生にご紹介申し上げました。そもそも川﨑先生のご理解をいただくのに、実は手間がかかっておりました。「自分は鹿児島から来て、『旭川学園』という（今でいう知的障害者の）施設と、『旭川療育園』という身体障害者の施設、『旭川乳児院』という赤ちゃんの施設をつくった。いわば三つの種をまいた。あとは皆さんがやることだ」と。後に知ったのですが、その時川﨑先生はす

重症児施設建設キャンペーン（黒住教青年連盟）

旭川荘開設10周年記念・重症心身障害児施設（旭川児童院）落成式　挨拶する川﨑祐宣理事長（1967年）

でに川崎医大をつくらなくてはならないという、そういう方向に向かっておられたのです。60歳、普通ならもう定年というその年に、先生は川崎医科大学をつくられようとしていたのです。旭川荘はもう江草先生に任せたというところだったのでしょう。私がいい年になっていても、川崎先生は私のことを「ぼっちゃん、ぼっちゃん」といわれていたのですけれども、ある日「ぼっちゃん、重症児のことは旭川荘で受けて立つ」と、まるで〝西郷さん〟がどんと胸をたたいたような感じでいわれたのです、感動でした。

三木知事の1964（昭和39）年8月9日の講演、それは我々にとって生きた説教でありました。それが大きな動機となったことを、改めて川崎先生に申し上げた時でもありました。そして旭川児童院の竣工式の日に3人のお母さんを紹介した時に、川崎先生は「よくぞお子さんたちを世の中に出してくださった」と、しみじみお礼を言われました。その時3人のお母さんが異口同音に、「初めて我が子が人様のために役に立つことができました。嬉しゅうございます」とおっしゃった。3人のお母さんのその一言は強いものとして残りました。川崎先生もその言葉に敬服しておられました。しかし、最も大切なことは、そこにどんな状態であろうと生き

共生のシンボル“母子像”の除幕式（1964年）
三木①、川崎②、江草③

ている。この事実自体が人の役に立っているということだと思います。

三木知事といい川崎先生といい、また私は、小型三木知事だと江草先生のことを申し上げたこともありましたが、この方々に共通するのは「人は、人に尽くして人となる」ということを実践躬行《きゅうこう》された方々であったということです。その最たる方が三木知事であり、そういう方を知事としてもった岡山県民の幸せを、改めて噛み締めさせていただいた今日でございました。

信朝さんに聞いた三木知事愛誦の詩をご紹介します。

ひとの悩みを　見殺しに
悲しまないで　おれようか
ひとの嘆きを　見殺しに
いたわらないで　すませるか
落ちる涙を　見すまして
悲しみもせず　おれようか

ウイリアム・ブレーク

まことにご清聴ありがとうございました。

◎参考文献

三木行治の世界――桃太郎知事の奮闘記（猪木正実著）岡山文庫２７５
山陽新聞　名医の系譜Ⅲ
朝日新聞県内版　三木知事と歩んだ11年（信朝　寛）

講演2

「医療福祉の人　三木行治」

株式会社山陽新聞社監査役

阪本文雄（さかもと　ふみお）

笠岡市生まれ。龍谷大学文学部哲学科卒業後、山陽新聞社に入社。国際障害者年の1981年、障害者と健常者が共に暮らすノーマライゼーションの福祉先進国デンマーク、ドイツなどを取材。「あすの障害者福祉」として掲載、大反響を呼び、取材班はその年の新聞協会賞を受賞した。また「医療最前線」「がん治療」「障害者就労」等の企画記事を多く取材した。共著に『医療福祉の源流』『ノーマライゼーションへの道』など。編纂人として『奥山典雄伝』『江草安彦伝』などをまとめた。

山陽新聞の阪本文雄です。「医療福祉の人　三木行治」というタイトルで、これから1時間話をさせていただきます。

三木さんは、丸い顔で円満福相であると思っていたら、この写真で見たら顔の輪郭は四角い顔に見えてあららと思ったのですけれども、二十代半ばで志を立て、十年間準備をして三十代半ばで上京し厚生官僚の道を歩み、岡山県知事になっても医療福祉の行政を貫いた。その意志の強さが四角な所に出ていた。アゴや鼻は丸く、人柄からいっても円満居士らしいなと思いました。

その右が賀川豊彦《かがわとよひこ》です。この人はキリスト教の社会事業家で、神戸のスラムの街で天国屋という一膳飯屋をしておりました。明治学院から神戸神学校へ進み、アメリカのプリンストン大学の神学校に行きました。自由の国アメリカを知っていて、国際派でグローバルな知見があり、大きな心を持った人でありました。三木さんが44歳、賀川豊彦が59歳の時に厚生省で出会います。三木さんにとっては、厚生官僚になって、40代の半ばの若さで局長になったという、人生の絶頂期に人生の師賀川豊彦と出会います。

その左が蜂《はち》谷《や》道《みち》彦《ひこ》です。蜂谷さんは横井小学校から矢掛中学（岡山県矢掛中学校＝現岡山県立矢掛高等学校）、第六高等学校、

三木行治

賀川豊彦

蜂谷道彦

川﨑祐宣

岡山医科大学と行ったのですけれど、三木さんは横井小学校から内山下小学校高等科、岡山一中（岡山県第一岡山中学校＝現岡山県立岡山朝日高等学校）、六高、岡山医大ですので、矢掛中学が違うだけで、あとは三木さんとずっと一緒の、いわゆる竹馬の友でありました。広島原爆投下で被爆者治療に活躍。『ヒロシマ日記』を出版、世界で読まれていました。

川崎祐宣《かわさきすけのぶ》先生とは、三木さんが岡山医大を卒業して、寄生虫学の博士論文を書くために岡山医大に通っていた時に知り合いました。川崎先生と三木さんは刎頸の友でありました。岡山県知事選の出馬を促した人です。川崎病院、旭川荘、川崎医大の創立者。

今日は、竹馬の友、刎頸の友、そして人生の師であるこの人たちを絡めながら、三木さんの人生を年代別に追ってみたいと思います。

三木さんは１９０３（明治36）年に生まれました。横井小学校では成績優秀、ずっと級長をしておりました。内山下小学校高等科から岡山中学に入って、中学を「四修」で卒業します。「四修」というのは当時は5年制だったのですけれども、飛び級で成績の優秀な人は1年早く卒業できました。それで、六高の理科に入って岡山医大に入る。三木さんのお父さんは大工の棟梁だったのですけれども、仕事

小学生の頃の三木

六高の頃

がうまくいかなくて途中から家が貧乏になっていく。14歳でお母さんは亡くなるという貧しい家庭の中で、寂しい少年期を過ごしました。

影響を受けた倉田百三『出家とその弟子』

これが六高時代の三木さんです。三木さんは晩年に随筆の中で、「魂のふるさとは六高だ」と書いておりました。本を乱読する日々で、読書にふけっていた。最も影響を受けた小説が、倉田百三の『出家とその弟子』でした。当時三木さんはお寺の境内で生活していて、仏教に触れる機会がありました。『出家とその弟子』は、親鸞とその息子の善鸞、そして弟子の唯円という若い人たちが、欲望と信仰の狭間で揺れる人間の姿を描いたものであります。三木さんは青春というさなかで、男と女の間で

岡山中学

六高

揺れていく人間を、自分の境涯と重ねて読んでいったのかなと思いました。

六高といえば、弊衣破帽、高歌放吟です。ところが、三木さんの写真を見ると、六高の記章はちゃんとまじめにあって、帽子は破れていませんでした。今の朝日高校の所にあった六高から旭川を渡り岡山の街に出て、高歌放吟というのはやっていたようですけれども、列の後ろを歩いていたといいます。クラス委員をしていて、事後措置係と自称していた。何かというと、例えばの話としてよく出るのが、街の洋食屋に行って、六高の生徒が酒の勢いでその店の絵を破ってしまった。お店から損害賠償をいわれて、三木さんが店と交渉して月賦で支払った。暴れた本人はそれを何も知らなかった。そういうことが事後措置係だと。三木さんは、いわゆる六高に入って自由奔放な生活をするのではなくて、一歩下がって大人のような存在として同級生のトラブルを解決する、人の世話をしていく人間であった。これが三木さんの六高時代です。

写真の右が竹馬の友の蜂谷道彦です。三木さんは写真のその左側、端のほうでポケットに手を入れて立っています。

大正14年に岡山医大に入った三木さんは、今度は社会的活動に奔走します。香川県の本島の診療所（分院）を作る話に乗り出した。三木さんのお父さんは塩飽諸島の船大工の末裔であったということで、縁があって島に診療所を作ってほしいといわれて、自分が大学に掛けあって島に診療

三木と蜂谷道彦（右）六高の頃

所を作るのを手伝った。それから、鳥取県三朝町の三朝温泉に温泉研究所（現岡山大学惑星物質研究所）と岡山医科大学病院の分院をつくる話。地元の町長と交渉をして土地の提供などの条件を引き出して、その話を大学に持って帰って実現へ道を開いた。後に三木さんは、厚生省の官僚や岡山県知事になりますが、そういう要素が既にこの頃から三木さんの中にあったのかなと思いながら、私は読みました。

岡山科大ではボート部で活躍

三木さんは、１９２９（昭和４）年の卒業生総代として答辞を述べた。「10年後、20年後に、公益事業をしたい。必ずやりたい」と大演説をぶった。この公益事業というのは、三木さんが厚生省の官僚になっていくということだと後に分かります。

岡山医大を卒業した三木さんは、１９２９（昭和４）年から１９３９（昭和14）年までの10年間、内科医として生活しました。１９３９（昭和14）年に上京して、厚生省の官僚になって１９５１（昭和26）年、岡山県知事選挙に立候補して帰るまでの12年間は中央官僚としての生活でした。１９５１年、立候補して１９６４（昭和39）年に亡くなる13年間が、県知事の生活でした。三木さんのライフステージというのは、内科医が10年、官僚が12年、県知事が13年。61歳の人生の26歳から61歳まで、３つのステージを三木さんは自分で選択して歩いています。

三木さんは、岡山医大の第一内科に入局をして内科医の道を歩み始めます。半年間、徳島県の小松島診療所の内科医としてお医者さんのイロハを学び、岡山に帰ってきて、岡山簡易保険健康相談所の内科医として9年間勤めた。今の岡山中央郵便局の東側の角に、健康相談所があったと聞いています。

三木さんは、どういうお医者さんであったのか。お医者さんの要素でいちばん大事なものは心理的なものであり、病気に不安を持つ患者に寄り添って説明をし、患者の立場に立って治療をするのが、内科医として大事なことだと考えていた。いわゆる医学者として研究を究めるとか、腕を磨いて難しい病気の人の命を救う名医を目指したのではない。三木さんが勤めたのは簡易保険健康相談所ですから、簡易保険に入った人に診療を受ける機会を与えるという、庶民を相手にした職場でありました。分かりやすくいえば市井の人や貧しい人に寄り添う赤ひげの道を目指していた。

そこで内科のお医者さんとして勤務しながら、岡山医大の細菌学教室へ夕方から通って、寄生虫をテーマにした博士論文を書く研究を始めた。そして1931（昭和6）年に、九州帝国大学法文学部に学士入学をして、3年間法学士の勉強をしている。これは何かというと、まさに自分の人生を自分で決断して歩んでいく第一歩なのですけれど、国の中央

研究室にて（岡山医大の頃）

官僚になるためには、帝国大学卒業という肩書きがあればよいという計算があったのだと思うのです。

厚生省の官僚を目指した10年

三木さんは一中、六高で頭が良かった。だから、六高から東京帝国大学や京都帝国大学への道も十分可能性があったと思うのですが、岡山一中、六高、岡山医大と進んでいる。例えば小学校も、途中から内山下小学校高等科に移るということは、岡山一中に入るという前提であった。それから六高の理科に入ったということは、岡山医大の医学部に進むという前提があった。三木さんは貧しい家庭だったので、おばさんが学費を出してくれた。ですから、おばさんが進路を決めてくれていたのかなと、私は思いました。三木さんは内科のお医者さんになって、自分で給料をもらい、生活できるようになって2年間で、中央官僚の道を目指して九州帝大法文学部で勉強を始める。ここで初めて三木さんは、自分の懐で自分の人生を歩みながら決断をした。そして、岡山医大の卒業式で言った「10年、20年後に公益事業をする」というのは、このことだった。その第一歩

新見郵便局で出張診療（簡易保険健康相談所の頃）

が九大の法文学部への入学であったのです。

こうして三木さんは、内科の勤務医としての生活と博士論文の研究、そして九州帝大での勉強、この3つに打ち込んで行く。三木さんが26歳から36歳の時代ですから、このまま内科のお医者さんとして人生を歩めば、結婚をして子どもができてという家庭の幸せも十分あったし、そこからいろいろな楽しい生活もあったと思うのですが、この10年間は、まさに雌伏10年、自分の将来のためにひたすら勉強をし、研究をし、内科医の仕事に励んだ。この時代の三木さんを見て、蜂谷さんは「三木菩薩」と書きました。いわゆる仏道修行の僧が、禁欲的な生活をして、ひたすら修行に励んで悟りを開いたのが菩薩であります。ひたすら上京して厚生省の官僚になるということを目指した。これが、三木さんの内科医としての10年であった。

この10年の間に、刎頸の友となる川﨑先生と出会っております。川﨑先生が27歳。背が高く、男前であります。お酒が強くて女にもてて、見るからの薩摩隼人でした。三木さんとはだいぶん違う人であります。三木さんは28

川﨑祐宣
（岡山医大入学当時、23歳）

三木行治
（岡山医大副手、26歳頃）

歳。三木さんが、痩せて、はつらつとした顔をしているのはこの写真だけであります。終生の友というのは川崎先生と同級生で、１９３１（昭和６）年岡山医大卒の高原滋夫先生と村上栄先生。高原先生は、１９４６（昭和21）年に岡山医大卒業の人としては初めて母校の耳鼻科教授になった人で、四修で中学を終えている秀才の誉れが高い人であります。アカタラセミアの研究で日本学士院賞を取って文化功労者になっております。もうちょっと長生きをしたら、文化勲章がもらえたのではないかと思っています。村上先生は微生物学教授です。この人たちの３人組に三木さんが入って４人組になり、終生の友として付き合いました。

三木さんは、自分の内科の臨床の最後の仕事として、上京する前に岡山博愛会の施療院の夜間診療所の医者として奉仕しました。貧しい人たちは、昼間日当を稼がなければならないので、病気の人には夜来てもらう。そのための夜間診療所をと三木さんが提案して、博愛会の主事であった更井良夫先生が受けて、岡山博愛会の施療院に初めて内科の夜間診療所ができた。これから上京して、国の中央官僚のエリートコースを行こうという人間が、内科の仕事の最後として選んだのが貧しい人のための夜間診療所のお医者さんであった。このことを私は博愛会の百年史の１９３９（昭和14）年のところで見て三木行治の名前がありました。更井哲夫先生（現

更井良夫（岡山博愛会）

岡山博愛会理事長）に「これは県知事の三木さんですか」と聞いたら、「三木さんは夜間診療所の開設という凄いことをしてくれたんだ」と。人間三木行治を理解するには、欠かせない事実だと思います。

この写真の上に、「蜂谷学兄ニ呈ス　昭和十四年二月八日」と書いてあります。左下に「三木行治」とサインがある。博愛会の施療院の夜間診療所の開院が2月4日でありました。ですから、貴重な写真に出会うことができました。三木さんの写真というのは、寂しそうな優しそうな顔が多いのですけれど、これはちょびひげを生やしておっさん顔で、男らしいなと思いました。青雲の志を立て、上京するその時、竹馬の友に贈った写真です。峰谷さんも広島逓信病院へ赴任する時。また川崎先生は外科川崎病院を開院し独立。三人が旅立の時であったのです。

蜂谷に贈ったサイン入り写真

三木さんは、東京に行ってまず最初に、簡易保険健康相談所を統括する保険院の監理課に勤務します。その時に、資料を読むと「高橋等に引き抜かれ」と書いてあったのです。それで高橋等というのはどういう人なのかなと思って調べたら、彼は広島県福山市の誠之館《せいしかん》中学（現広島県立福山誠之館高等学校）から六高に来て、東京大学から逓信省（現総務省）の官僚になって、池田勇人内閣の時の法務大臣をした人でありました。三木さんとは同じ年です。高橋は3月生まれですから一つ上の学年になり、三木さんは四修で卒業しているから、高橋等とは六高で同級生だった可能性もあります。卒業生名簿を見れば分かるかと思ったのですけれど、その時間がありませんでした。三木さんが高橋と知り合ったのは六高の時代なのか、あるいは岡山の簡易保険健康相談所の内科医の時か。同じ六高の出身ということで、引き抜かれたのかなと思っています。

三木さんは上京して簡易保険相談所が130あったのを300に増やして全国に拡充した。これが認められ三木さんは、今度は保健所を400から800に増やした。三木さんが立派だったのは、この保健所の所長を、事務屋ではなくてドクターに務めさせたことです。戦後の厚生省は、民主主義の台頭とともに公衆衛生が国民を対象にした国の医療政策の中心になっていた。公衆衛生は感染

上京する前、職場の人たちの送別会（1939年2月）

症の予防が大きなテーマになっていて、その感染症というのは当時は結核だった。三木さんがお医者さんになっていちばん困ったのが、結核の患者でした。感染症なので誰にでも病気がうつるのですけれども、貧しい人がなりやすかった。結核というのは、日当たりのよい場所で、栄養のある食事をとって休養するという生活を送ることが大事なのですけれども、貧しい人は仕事に追われて休む暇もなく働くので、結核に感染する患者が多かった。大正時代には年間９万人という患者が出て、昭和に入ると10万人を超えていた。ですから、内科のお医者さんにとっていちばん頭が痛いのは、結核の治療であったのです。その結核対策として保健所を作って、三木さんは厚生省で手腕が認められ、43歳で公衆保健局長になった。そして、１９４８（昭和23）年には公衆衛生局長になる。わずか10年ほどの間に駆け登って、厚生省の局長になっています。三木さんは、内科医の最後の時には、夜間診療所の医者をして貧しい人のために奉仕し、そして今度は、厚生省の最後の仕事として県知事になる前に結核予防法を立案している。つまり三木さんは、自分のライフステージの最後には必ず自分の志について考えて、その目的の遂行を果たしているわけです。なかなかの実行力であります。

　そして、三木さんは厚生省の時に人生の師である賀川豊彦に出会います。片山哲内閣で、日本社会党の委員長が総理大臣になった。賀川豊彦は１９４５（昭和20）年の日本社会党の結党に参加していた。ということで、厚生省の嘱託になった。１９２０（大正９）年には、『死線を越えて』というベストセラーを出した。戦後１９４７（昭和22）年、１９４８（昭和23）年、１９５６（昭和31）年には、ノーベル文学賞、平和賞の候補になった。三木さんが１９３９（昭和14）年に上京する前に、岡山博愛会の施療院の夜間診療所を一緒にした更井良夫さんは、１９３３（昭和８）年に同志社大学の神学を卒業して、伝道師として上海に赴任しているのですが、その同志社の神学科の学生の時から賀川豊彦、山室軍平と交流しており、薫陶を受けていた。だから、夜間診療所の時に更井さんから賀川豊彦の話を聞いていたということは十分考えられます。その話を聞いたり本で読んでいた賀川豊彦に、自分が官僚として局長に登り詰めた44歳で会った。黒住名誉教主が言われた賀川の心根の深い人間性に魅了されて、私淑するようになったと思われます。

それから1951（昭和26）年に岡山県知事に立候補して、医療福祉の視点を取り入れた初の地方行政をやったというのが、三木さんの功績であります。具体的には愛育委員をたくさん配置した。愛育委員というのは、母親の経験があって、子育てをしている。岡山県は当時、赤ちゃんの死亡率が高かったので、いわゆる妊娠の時からハイリスクベビーというのを重点的にチェックして、その人たちを保健所につないでいくという役割をしたのが「愛育委員」。この愛育委員が当時、家庭で医療も福祉の光もほとんど当たらず、教育の機会も与えられず、在宅障害児として生活していたのを救済しようと、施設開設運動に立ち上がってできたのが旭川荘の愛育寮でした。そしてその後の旭川児童院開設へとつ

賀川豊彦（左）と山室軍平

「病院の日」を制定（1952年）
入院患者を慰問

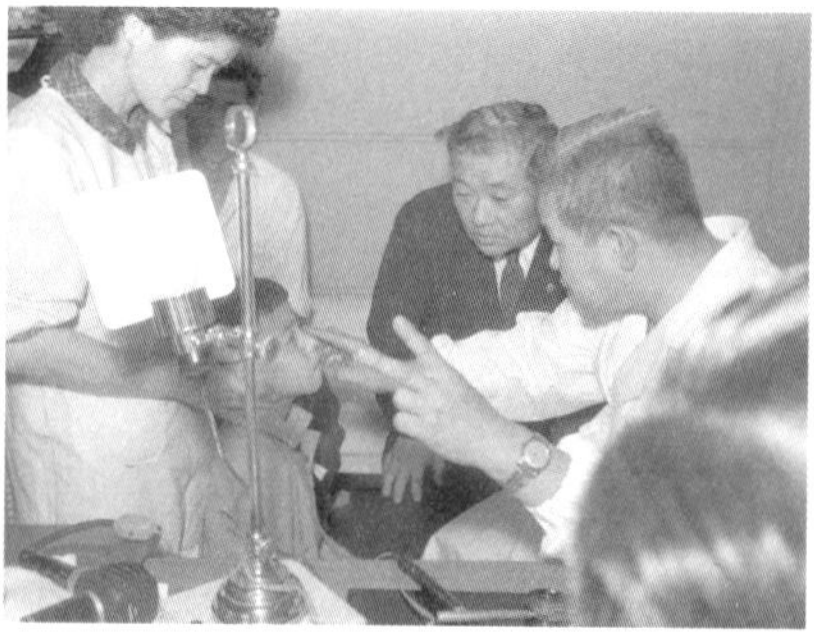

開眼運動を起こす（1961年）
三木は献眼第1号
三木の角膜が2人の女性に
移植された

がん撲滅運動を推進
岡山対がん協会発足（1959年）

「病院の日」に川﨑病院を慰問
左は川﨑祐宣院長(1963年5月)

赤ちゃんコンクール（1961年）

赤い羽根共同募金（1955年）

ながっていく。

それから、岡山県の地方事務所に福祉課を置いた。市には福祉事務所を開設した。「病院の日」を制定した。県の福祉計画、がん対策を推進し、アイバンクを作った。病院の日に川崎病院を訪ねて、川崎祐宣先生と三木さんが一緒に写真を撮っているのが、真ん中の写真です。

戦後間もなく岡山県内の行政に福祉と医療の人材を配置し、予算を付け、医療福祉の充実に重点的に取り組んだ。さらに三木さんが政治家、県知事として立派だったことは、市町村の合併を強く推進した。水島工業地帯へ企業誘致をして、農業県から工業県へと岡山の脱皮を図った。政治家として大きな素質があったのだなと思いました。

そして、いちばん川崎祐宣先生が世間から注目された仕事が、1954（昭和29）年7月の山陽新聞の朝刊ですけれども、「民間人の手で総合社会福祉センターを作りたい。身体障害児、知的障害児の施設、老人ホームなども作る。農園、牧場、果樹園など、自然と親しみながら自給自足する。千人が目標」と旭川荘の設立構想を発表したことです。川崎先生の依頼で旭川荘の設立趣意書を書

民間人の手で
総合社会福祉施設センター
岡山縣下に実現
理想的な平和郷　十年計画で建設
青年時代から念願

旭川荘の構想を発表（1954 年）

いたのは、更井良夫さんでした。賀川豊彦を通じて三木さんとはまさに同志的なつながりがあった。その更井さんが、「同志ここに相計り、新しい総合的社会福祉事業を実現させんと開拓者的計画を夢みている」と、胸をワクワクさせながら、この原稿を草稿したのがよく分かります。

旭川荘のグランドデザインを考えたのは賀川豊彦であった。「高度の立体農業を試みる。街路樹にクルミ、ペカン、クリ、桃などを植え、クルミ通り、ペカン通りと呼称する」として、リサイクル農業で障害者の自立を図ると。これが賀川豊彦が描いた旭川荘のスタイルであります。「天心児心」というのは、この時に賀川豊彦が寄稿して旭川荘に送った墨書であります。

「天には星　地には花　人には愛」

三木さんは、県知事として旭川荘をどのように考えていたのか。障害者や高齢者の医療福祉の拠点と考えていて、その旭川荘開設のいちばんの中核となったのが三木さんでありました。旭川荘の用地は旭川の真ん中の河原の土地でありましたので、国の占用許可がいった。これはとても難しいのですけれども、県知事の立場で三木さんが動いてくれて取得できた。この写真は開設当時の旭川荘の建物でありますが、この設計をしたのも三木さんが派遣した県の技師でありました。

開設当初の旭川荘（1957 年）

１９６４（昭和39）年9月22日付の山陽新聞のトップ記事には、「聖火秋の吉備路にもえる」「県民30万人」とあります。東京オリンピックの聖火が岡山に着いたその日、その記事の下に、「三木知事昨夜急死　心筋こうそく」と書かれています。三木さんは急に亡くなったのです。

三木さんという人間を理解するために、好きな言葉はなんだったのか。それを探して考えました。三木さんがいちばん好きだったのは、「天には星　地には花　人には愛」です。武者小路実篤が書いたことにより広まりました。絵を描くのが好きで、戦後間もなく、花や野菜など素朴な図柄に「友情」「仲善きことは美しき哉」などの言葉を添えて色紙にしていました。その中の一枚にこの言葉がありました。私たち戦後の世代から知る小説家は、丸顔で眼鏡をかけた好々爺であるのですけれど、若き日の実篤は１９１８（大正7）年に宮崎県の山の中で土地を切り開いて、農業による共同生活をして、野菜や米を作ってそれを分配して、若い農家の人たちとの共同生活を始めた。これが、当時の社会に大きな一石を投じた。

その「新しき村」にはどういう目的があったのか。国と国が争うのをやめなければいけない、階級格差、人と人が争うのはやめなければいけないというのが、武者小路実篤が考えた「新しき村」の目的であった。当時の社

武者小路実篤

会は小作争議が起こって、労働争議が起こって、下から上への突き上げがあった。それから、普選運動（普通選挙運動＝普通平等の選挙権獲得のための社会運動）があった。国民の大半は選挙権を持っていなかった。納税額によって国民に投票権が与えられていた。武者小路実篤は、京都の公家の家柄に生まれ、特権階級の人が農業をやる、共同生活をする、収穫は分配するという、大正デモクラシーの中で階級格差の解消を訴え、大きな波紋を呼んでいた。

当時、日本の社会には地主制度がありました。国民の大半の農家の人は、地主から土地を借りて、小作料を払って、税金を払って、その残りが小作の人たちの1年間の生活費であった。当時の生活は、農作物を自作自給し、生活費が足りないと地主や金貸しから金を借りて盆暮れに支払う生活をしていた。ところが、東北地方などでは、地理的条件や気象条件で、夏になっても日照時間が短かったり、気温が上がらなかったり、日照りが続いたり、台風が来たりということで、凶作、不作の年がある。そういう時に、農家の人たちは借金が払えなくなって夜逃げをしていた。夜逃げをし、多くの子どもを置き去りにされた町役場や村役場に、「コジ　オクレ」と岡山から電報を打ったのが石井十次の岡山孤児院でした。そして、親の借金のかたに女の子が夜の世界で働くようになる。そういう女性たちの解放に立ち上がったのが山室軍平であった。彼は旧哲多郡則安村（現新見市）に生まれて、東京で印刷工として働いていた時に、新島襄の同志社設立趣意書を読んで、京都に行って入学手続きをして、岡山に帰って、岡山孤児院で石井十次に会っている。

小作争議、労働争議が岡山県でも頻発し、全国各地で起きた。農民の小作料が高くて、小作の人たちの生活を圧迫しているということで、賀川豊彦が農民組合を作って、小作の人たちが地主に交渉をしやすいようにした。それから賀川は、スラムの町の人たちが不当に安い賃金で働かされていることを知って造船所の労働争議のリーダーとなった。明治の時代、岡山で貧しい人のために施療院を作ったのがアダムスであった。

信条は「ヒューマニズム」

そういうふうに、明治・大正の時代にキリスト教の自由、平等、博愛というテーマをもって、貧しい人たちのスラムに入って支援をして行ったのが、キリスト教の伝道師であり、社会事業家であった。それは社会正義の実現としての行動でもあり、武者小路実篤の『新しき村』も不条理な階級格差を生む社会への一石だった。

このように、当時の日本の社会の構造的なものの中に折り込まれて、不条理な地主制度があり、公娼制度があって、選挙制度があった。選挙制度で、国会の旗頭となって頑張ったのが犬養木堂であった。三木さんが卒業した１９２９（昭和４）年は世界恐慌の

スラムで生活実態調査をする賀川豊彦

年であった。世界中、日本中がみんな貧乏だった。それから不況が続いて、世界的に難しい状況が随分続いて、１９３２（昭和７）年には五・一五事件によって、犬養木堂が撃たれて亡くなった。兵の若い人たちは、自分の東北の農村が疲弊していると言って、立ち上がったという。

　そのような、日本はどうなるのか、戦争に向かっていくのかという閉そく感の中に一石を投じたのが、武者小路実篤の「新しき村」であった。白樺同人の岸田劉生が描いた二十八歳の「武者小路実篤像」はマユ毛が濃く眼鏡の奥に鋭い目が光り、きびしい顔付きだった。二十代、三十代、白樺派のリーダーだった実篤の覚悟をうかがわせた。それが若い三木さんの琴線に触れて、晩年、この言葉を色紙にも書いた。

犬養毅

　三木さんは晩年に、「私の信条はヒューマニズムである」「理想主義である」と書いています。武者小路実篤が小説に書いた人間愛、そして、武者小路実篤は自らを理想主義者と言っておりました。完全にふたりが一致をしています。それが三木さんの心の中にずっとあった。だからこそこの言葉を挙げていた。

　ところが、この言葉をもうひとりの人が好きだと言った。それが川崎祐宣だった。川崎医科大学の資料館の前に川﨑祐宣先生の銅像が建っている。その台座には、「天に星　地に花　人に愛」と刻んであります。私も、どうしてこんなことになるのかな、川﨑祐宣は「敬天愛人」ではないのかと。旭川荘で江草先生が山ほど言っていたけれど、どうしてかなと思ったのです。あることを思い出しました。川﨑祐宣は、旭川荘を開設する時に「旭川荘という新しき村を作ろう」という原稿を書いていました。なるほどそうだったなというのを思い出しました。川﨑先生が岡山市民病院の外科医長の時に、三木さんが貧しい患者の手術を紹介した。その人たちの中には、お金の払えない人が時々いた。そのお金をふたりで折半して払っていた。それから1939（昭和14）年に開設した外科川﨑病院の受付には、「支払いでお困りの方は相談してください」と書いてあったのです。

川﨑祐宣先生は、岡山の大きな病院の開設者であり成功した人でした。川﨑医大という戦後初の私立の医科大学を作った人で、お金持ちであるという印象を持っていました。もともと鹿児島の大きな地主の跡取り息子でありました。川﨑先生が私に話をしてくれたのですけれど、家で飯を食べる時に、当時は麦飯だった。麦と米を釜に入れて炊きあ

川﨑祐宣（旭川乳児院にて　1960年）

げると、浮力の軽い麦が上がって、米は釜の底のほうにたまる。農家の人たちが手伝いに来て、おやじと自分と家族みんなで一緒に飯を食べる。自分が茶わんを出したら、手伝いに来た女の人が釜の底にしゃもじを入れて、米がたくさん上がってくるようにかき上げて、自分についでくれた。小作の人に対しては、上の部分をサラッとついでいた。最初に見た時に自分はのどが詰まる思いがしたと言われていました。

川崎先生は、戦後、国会議員に付き合う時も、山崎始男、秋山長造という社会党の代議士や県会議員と付き合っていた。お金持ちのように見えて、終生、先生の軸足、政治的立ち位置は左にあった。そのふたりが旭川荘を作った。私は思い出して、このふたりというのは、胸の底の深いところでつながっているんだ。自分の思想信条というところで共鳴する部分があったんだなと思いました。

三木さんは清貧な生活を続けている。不条理、不公平な制度の中から差別、貧困が生まれ、そこに病気に苦しむ人たちがいた。施療院の夜間の医師をして、貧しい人たちのために医療が必要だという「医療福祉」を目指していた。それに対して川崎祐宣先生は、障害のある人に医療の光を当てようということで、外科医である川崎祐宣先生が旭川荘の理事長になって、小児科医である江草先生が知的障害児施設の施設長になって、整形外科医であった堀川龍一先生が肢体不自由児施設の施設長になった。医療の世界の医師が福祉施設に入って、医療と福祉を一体とした医療福祉の施設ケアの実践が旭川荘で行われた。旭川荘で初めて、三木行治と川崎祐宣の医療福祉が一つになった。そしてそれが、川崎医科大学、川崎医療福祉大学へとつながっていったのです。

医療と福祉一体の基本概念確立

三木さんは、明治の初めの日本の社会福祉のパイオニアといわれた石井十次、山室軍平、アダムス、留岡幸助という人たちと、戦後の岡山の福祉をつないだという大きな役割があった。この4人から10年、15年遅れて賀川豊彦が現れて、岡山県では1917（大正6）年、笠井信一知事が防貧対策として済世顧問制度を発足させた。更井良夫、三木さんがいて、1957（昭和32）年に旭川荘ができて、川﨑祐宣、川﨑明徳、江草安彦、堀川龍一、今、末光茂旭川荘理事長、岡山博愛会理事長の更井哲夫さんへとつながっていく。それが、岡山の明治からの福祉の源流であるのです。

1870（明治3）年の岡山藩医学館から始まって、岡山医学校、第三高等中学校医学部、岡山医学専門学校、岡山医科大学、それから戦後の岡山大学医学部。今年の11月に、岡山大学医学部は創立150周年、6月には川崎医科大学が50周年を迎える。

そういうふうに、岡山はずっと医師養成機関が岡山の街

三木と子どもたち

にあったので、医療の世界から福祉に入っていく人が多かった。だからこそ、1905（明治38）年に博愛会の施療院ができて、1914（大正3）年に笠岡の悲眼院ができて、1919（大正8）年に津山施療院ができた。備前、備中、美作の3つのエリアに施療院ができていた。そこには、やはり岡山の街で医者を養成していたというのが大きな要因となって、岡山の医師に、医療と福祉が一体になるという医療福祉の概念が生まれ、実践をされてきた。これが、三木さんがいちばん大きな役割を果たしたことなのかなと私は思いました。

こちらの写真は、先ほど講演をされた黒住宗晴名誉教主であります。29歳でまだ髪の毛がふさふさとしております。山陽新聞賞を受賞した年でありまして、29歳の最年少記録です。先ほどは三木知事が、黒住教の青年連盟大会を開いている時、突然激励をしに来たという話がありました。旭川荘の応援団長であった三木さんが、応援団長の旗を黒住青年連盟長に渡したのかなと思いながら聞いておりました。重症心身障害児というのは寝たきりで、命を守るところから始まるのですけれども、旭川荘の医療福祉が本格化したのは、旭川児童院、この重症児施設が

愛の九百万円生む
重障児募金運動を展開

社会事業功労
黒住宗晴氏（29）岡山市上中野

「こんどの受賞は、私個人のものでなく、この運動に参加した黒住教青年連盟の会員、また重障児施設建設の募金を投じてくれた県民みんなのものだと思っている。受賞はもちろんうれしい。だが、それ以上に、いままで社会の片すみで、救いの手もなく忘れられたままひっそりと暮らしていた重障児たちの存在に、社会の人たちが気づいてくれたことがなによりもうれしい」―。重障児施設募金運動を展開し、集まった善意の基金九百万円を岡山県に寄託した黒住さんの受賞の弁である。

黒住さんは、黒住教教主・黒住宗和さんの長男。幼いときから人のためにつくす環境のなかではぐくまれてきた。「道ばたで病人を見つけたとする。当然、病人を収容する救急車が必要だ。こんどの場合は、その病人がたまたま重障児だったわけで、われわれは"病人がいた。一刻も早く"病院へ"と大声をあげた通報者だ。あとは県という救急車、国という病院で手当てを受けてもらえばよいわけだ」―人間として当然の義務を果たしたまでだという青年宗教家である。

黒住さんが"重障児施設の建設を"と呼びかけ、運動を始めたのは四十年二月。募金よりも、一人でも多くの県民に現実を知ってもらいたかったという。「最初のうちはまったくの暗中模索。募金は二の次で"重障児のP.R."が一番のねらいだった。それが重障児ムードは高まるし、予想以上にたくさんの募金が集まって…。うれしい誤算だった」。

街頭募金には、黒住さんが先頭に立って約千五百人の会員が参加、また会員たちは、それぞれア

"恵まれない子に正月モチを…"と社会奉仕をつづける黒住宗晴氏＝旭川学園で

山陽新聞賞の受賞を知らせる記事（1966年）

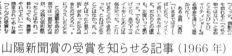

できてからでありました。黒住名誉教主は、旭川荘の理事としていまだに旭川荘を見守っておりまして、まさに三木さんから受け継いだ旗をまだ一生懸命振っておられる。

１９９１（平成３）年に、川崎学園に川崎医療福祉大学ができました。刎頸の交わりをした三木さんと川﨑祐宣さんのふたりが、医療福祉の実践をしたのが旭川荘であり、旭川荘で実践した医療福祉の理論的な熟成をして、大学の理念として川崎医療福祉大学が誕生した。これはまさに、三木さんと川﨑先生が残した大きな遺産だなと私は思います。この大学の設立の理事長が、川﨑祐宣先生の長男の川﨑明德先生でありました。明德先生は、三木さんが岡山県知事選挙に立候補した１９５１（昭和26）年は、朝日高校の3年だったそうです。川﨑家に支持者が集まり、自転車に「三木行治」と書いたのぼりを立てて、メガホンを持って選挙運動に出て行った。そういうのを毎日見ていて、自分も自転車で選挙運動をしたと。高校生がそういうことをしてもいいのかなと思って聞いたのですけれど、いい時代だったのでしょうね。

自分のおやじの川﨑祐宣とその刎頸の友が一緒になって築いた旭川荘、そして「医療福祉」

川崎医療福祉大学が開学（1991 年）
挨拶する川﨑明德理事長

という大看板、それを大学の理念にして、福祉のマインドを持った看護師やセラピストや検査技師ら、チーム医療を実践する専門職を育てようという川崎医療福祉大学が岡山にできた。これまでの医師中心ではなく、医師もナースもセラピスト、社会福祉士も横一線になってそれぞれが専門分野のサービスを患者や高齢者、障害者に提供して病気を治し、高齢者、障害者が健康で地域で暮らせるようにする。これは三木さんが残した大いなる遺産だと思うのですけれども、それは、これからの未来につながることなのです。さっき私は、明治の初めの福祉のパイオニアからつながっている岡山の福祉の土壌をつなぐのが三木さんの大きな役割であり仕事であったと言いましたが、それを受け継いで、川崎明徳先生が川崎医療福祉大学を開学し、これから先、若い人たちが医療福祉の推進役になるなと思いました。

清貧の生活、孤高の人

三木さんの好物はあんパンでありました。いちばん好きなのはピラフで、焼き飯を山ほど食べていた。それから、腹が減ったら握り飯とゆで卵を食べていた。三木さんは一生独身でありました。3つのライフステージである内科医の時代の10年、そして官僚としての12年、県知事としての13年には、いわゆる家庭に安住する生

あんパンが大好物

医療福祉の人　三木行治

活は微塵もなかった。三木さんは時々、「自分は親もなし、妻もなし、子もなし、金もなし」と言っていました。三木さんは死んだ時に、県の共済組合に20～30万の借金があったそうです。まさに、清貧の生活であり、孤高の人であった。寂しい生活をしながらも、10年、12年、13年というライフステージの中で、ひたすら一生懸命に生きていたのです。

　三木さんは、フィリピンからマグサイサイ賞を受けて帰った時も、体がだいぶん悪かったのですけれども、山陽新聞に原稿を書いています。「自分は生命の使徒であった」。つまり、内科のお医者さんから官僚になって県知事になってきたけれど、自分の人生は人の命を守る使徒であった、それが自分の人生だったと書いていました。命を守るという仕事をしたのが三木さんであったということで、今日の私の話は「医療福祉の人　三木行治」としました。

　そして、川﨑祐宣先生とは刎頸の交わりをした。自分が上京して三木さんと一緒に選挙を戦おうと言った。自由党の現職が対抗馬で、三木さんは厚生省の官僚であった。だから、厚生省のみんなが反対をした。ふたりは手をつないで、清水の舞台から飛び降りる思いで知事選挙を戦った。君のために首を打たれてもかまわない、それが「刎頸の友」であります。そういうふうにふたりは深いところでつながっているんだなということを、しみじみと思いました。

今日は、三木さんの人生は医療福祉の人であったという話をして、終わりたいと思います。ご清聴ありがとうございました。

◎参考文献

『私なき献身　三木行治の生涯』財団法人故岡山県知事三木行治顕彰会

『炎燃えつきるまで　三木さんの追慕』曽我与三郎監修　岡山第一出版社

「質問に答えて」

宗教法人黒住教名誉教主　黒住宗晴

株式会社山陽新聞社監査役　阪本文雄

司会
ＲＳＫ山陽放送アナウンサー　廣瀬麗奈

司会：質問コーナーを始めてまいりたいと思います。私、廣瀬の進行で、皆様から寄せられた質問にお答えいただきます。それでは、黒住先生、阪本先生、よろしくお願いいたします。
まずおふたりに、川崎病院創設者の川﨑祐宣さん、そして旭川荘の江草安彦さんとの交友関係について、簡潔にご説明してくださいというご質問です。よろしくお願いします。

阪本：江草先生は晩年に、県知事として選挙に出たらどうかとか、国会議員になったらどうかという話が来たのです。その時に断る理由は、「私は川﨑祐宣の弟子であります。川﨑祐宣に命を預けています。ですから、私は川﨑祐宣を裏切って政治家になることはできません」と断っていました。そして、江草先生がそう報告をした時、川﨑先生は、「三木さんは懐の深い大きな人物であった。君は三木さんを越える人間になれ」と言われたと話されていました。
ふたりの関係が分かり易いかなと、今、とっさに思い出しました。

黒住：川﨑先生が旭川荘をつくろうと志を立てられた時、江草先生は岡山大学医学部の浜本英次教授の元で、小児科医として将来を約束された立場におられました。その場を捨てて、いわば身を投ずるようにして、川﨑先生が進められる旭川荘に飛び込んでいかれました。それで、浜本先生は川﨑先生に「江草を奪った」と笑いながらグチったという話を聞いたことがあります。
それくらいの仲でしたから、いわばオヤジと息子といってもいいくらいの、そういう深い絆があったと思います。ですから、端から見ても、それは羨ましいくらいの〝戦友〟となりました。

司会：ありがとうございます。

それでは続いて、黒住名誉教主へのご質問です。

黒住先生は、神奈川県相模原市の身体障害者施設の殺人事件をどのように考えておられますか。

黒住：とにかく、何であろうと人が人を殺めるというのは絶対にいけません。許せるものではありません。それの一言です。

司会：ありがとうございます。

それでは続いて阪本先生に。三木元知事の私なき献身、そして県民への献身というのは、どこでどのように培われたのでしょうか。

阪本：三木さんは貧しい家に育って、そして世界も日本もみんなが貧乏であった時代に、お医者さんとして世の中に出ていった。自分が貧しい人の立場にあり、そのつらさ、苦しさを味わっていた。岡山一中、六高、岡山医大とエリートコースを進んだ。大正時代、大学進学率は３％。だから行政の道に進み、人々を救いたいと進路を決めたと思います。三木さんは「私なき献身」というのが若い駆け出しの内科医の時代から身に付いていたのだと思いました。だからこそ、貧しい人のため夜間診療所の医者として奉仕した。自分がこれから上京して行くという時に、内科の医者として最後の仕事をしたのだと思います。そういうところは「人のために」ということができる人であったのだと思いました。

そういうことがあったので、知事になってから貧しい人、生活に困る人に必要な医療と福祉が一つになった施策が展開できたのだろうと考えています。

司会：ありがとうございます。

それでは続いて黒住先生に伺います。三木知事から「行治」という名前をいただいたという方からの質問です。「行治」という名前は珍しいと思われますが、もしその名前の由来がわかるなら、教えてくださいということなのですが。

黒住：どなたが付けられたのか、たぶんご尊父が付けられたのではないかと思います。

これについては、信朝さんが面白く話しています。「三木が行（ゆ）けば治（なおる、おさまる）」と。それを思い出しました。

司会：ありがとうございます。

それではここで、私から黒住名誉教主へ質問をさせていただきます。重症心身障害児施設の建設のために中心となって活動してこられたわけですが、昔は今よりも障害者に対する偏見が強かったのではないかと思われます。その中でどのように世間を巻き込んで活動してこられたのでしょうか。

黒住：それは実に、先ほどの話した3人のお母さんの勇気です。あの姿を山陽放送のカメラマンの方がフィルムに収められた。写真もさることながら、まさに動画を目の当たりにした人は、大変なショックと同時に、放っておけないという思いをかき立てられた。そのあたりに、私は人間は信頼できると思うのです。あのフィルムは、人間の深いところにズボッと入っていき、多くの皆様が立ち上がることになったのだと思います。

　そうしたことを若い時に体験できたことは、私にとって貴重な時間をいただいたことだと思っています。ですから、私は重症児のあの彼ら彼女たちに、そしてその親御さんに足を向けては寝られないという思いがあります。これが正直な気持ちです。

旭川児童院の仲間たち（1968 年）

司会：ありがとうございます。それでは最後におふたりにお伺いします。今の時点での三木元知事への思いを、一言ずつ教えていただけますか。

阪本：私は15年程前に「名医の系譜」という連載記事を書きました。その名医の選定基準というのは、まず「医学の研究を極めた人」。例えば日本学士院賞を取った人は岡山大学で5人いるんですが、そういう人です。それから、「自分の医者としてのスキルで人の命を救った名医」。そして三番目に、「貧しい人や障害のある人、高齢者たちに救いの手を差し伸べた名医」という選考基準で30人ほどを選んでいます。その中には川﨑祐宣先生や江草安彦先生も入っておりますし、高原滋夫先生、三木行治も入っております。

「自分のスキルで人の命を救った」ということでは、榊原病院の創立者の榊原亨さんが、日本で最初の心臓外科手術を行った。国立岡山病院（現国立病院機構岡山医療センター）院長の山内逸郎先生が未熟児医療と赤ちゃんの死亡率を日本一低くしたということで、30人を選んだのです。ですから、三木さんは「赤ひげ」を目指し、厚生官僚、岡山県知事として貧しい人のために飛び回ったので、その三木さんの精神を今の若い医者が継いでくれたら

榊原　亨

山内逸郎

いいなと思っております。

黒住：今日がこのシリーズの最後ということを伺っておりまして、山陽放送が岡山は福祉の県ということでこういう時間を重ねてこられたことを本当にありがたく思っております。これは、岡山にそういう土壌があるということを、今の時代に訴えてくださったことだと思います。

知事さんで言うならば、三木知事があいうことで急逝され、そのあとに加藤武徳氏が参議院議員を辞めて知事になられました。加藤知事を、人は三木知事とは対極の人だ、という話を耳にしたことがありますが、少なくとも私どもが重症児運動を行っていた時に、加藤武徳知事は率先して協力してくださいました。また、何か集まりを持つと、その度に知事自身が駆け付けてこられ、重症児施設の大切さを訴えてくださいました。それは今の伊原木知事にしても同じです。非常に県財政が厳しい状況なのですが、努めて三木知事の精神を自分のものにしたいという思いを強く持っておられるように感じます。

実は今朝、三木知事のことについてお話しさせていただくということで、この講演会に来る前に、三木知事のお墓（岡山市北区横井上）にお参りして報告してきました。その墓には、そばに小さな箱が置いてあり、中に芳名録が入っていて、ここにお参りした人がメモするようになっています。そのノートに度々出てくる名前の方が先ほど紹介した当時の秘書の高山さんと、三木知事が水島コンビナートをつくった時のＪＦＥスチール（当時は川崎製鉄）の方、常に３人の方の名前があります。そしていちばん多いのが、伊原木隆太という名前です。昨年の９月21日の命日にも参っておられて、長々と岡山の水害のことなどを書いて報告されるとともに、「お守りください」と思いを綴られておりました。やはり三木知事に一歩でも近づこうという思いを持っておられることを感じて、今朝も感動いたしました。

司会：ありがとうございます。

他にもまだまだたくさんのたくさんのご質問をいただいているのですが、時間となりましたので、これで質問コーナーを終わらせていただきます。黒住先生、阪本先生、どうもありがとうございました。

図版提供一覧　映像紹介

252頁　街頭演説する三木行治（1959年）　岡山映像ライブラリーセンター

254頁　水島コンビナートへ川崎製鉄 立地調印式（1961年）　岡山県立記録資料館
ジャージー種乳牛を導入（1954年）　岡山県立記録資料館

255頁　岡山国体秋季大会で開会宣言（1962年）　岡山映像ライブラリーセンター

256頁　三木が誘致した当時東洋一の望遠鏡（1960年）　岡山映像ライブラリーセンター

257頁　マニラに向けて出発　岡山映像ライブラリーセンター

図版提供一覧　講演1

261頁　水島コンビナート予定地を視察する三木行治　信朝寛氏

262頁　三木行治関連年譜　『私なき献身　三木行治の生涯』等より作成

263頁　川崎祐宣（左）と黒住宗和（黒住教第5代教主）　社会福祉法人旭川荘

264頁　女性を県教育委員に起用。左から2人目が黒住千鶴子　黒住宗晴氏

265頁　障害者施設にオルガンを寄贈（1955年）　岡山県立記録資料館

266頁　「老人の日」に養老院を慰問（1961年）　岡山県立記録資料館

267頁　桃狩りを楽しむ（1956年）　岡山県立記録資料館

268頁　有本芳水と語る三木（1960年頃）　公益財団法人吉備路文学館

269頁　恵比寿に扮した三木　黒住宗晴氏

270頁　賀川豊彦　公益財団法人賀川事業団雲柱会　賀川豊彦記念松沢資料館

271頁　湯川秀樹　京都大学基礎物理学研究所
葉上照澄　黒住宗晴氏

272頁　世界連邦平和促進全国宗教者岡山大会（2011年11月）　宗教法人黒住教

273頁　蜂谷道彦　蜂谷道彦を顕彰する会

275頁　マグサイサイ賞授賞式（マニラ）　信朝寛氏
答辞を述べる三木　岡山県立記録資料館

276頁　三木の遺品　岡山県立記録資料館

277頁　旭川荘開設時の三木（1957年）　社会福祉法人旭川荘

278頁　河本花（愛育委員会連合会会長）　社会福祉法人旭川荘

279頁　旭川児童院開設（1967年）　社会福祉法人旭川荘

280頁　旭川児童院（1968年）　社会福祉法人旭川荘

282頁　重症児施設建設キャンペーン（黒住教青年連盟）　宗教法人黒住教
旭川荘開設10周年記念・重症心身障害児施設（旭川児童院）落成式（1967年）　社会福祉法人旭川荘

図版提供一覧　講演2

306頁　犬養 毅　国立国会図書館
307頁　川﨑祐宣（旭川乳児院にて　１９６０年）　社会福祉法人旭川荘
309頁　三木と子どもたち　信朝 寛氏
310頁　山陽新聞賞の受賞を知らせる記事（１９６６年）株式会社山陽新聞社
311頁　川﨑医療福祉大学が開学（１９９１年）　学校法人川崎学園
312頁　あんパンが大好物　『炎燃えつきるまで　三木さんの追慕』より

図版提供一覧　対談
319頁　旭川児童院の仲間たち（１９６８年）　社会福祉法人旭川荘
320頁　榊原 亨　心臓病センター榊原病院
山内逸郎　山内京子氏

※出版にあたり一部加筆修正しました。
※文中の書籍・論文等からの引用は原文のままとしました。
※本文中、現在ではあまり使われていない用語も含まれていますが、当時の時代背景など知る点からそのまま使用しています。

公益財団法人 山陽放送学術文化財団

山陽放送学術文化財団は科学技術の発展と文化の向上に寄与するため 1963 年に設立。以来、科学の基礎研究に対する助成のほか、学術調査や文化講演会などを実施し、地域の歴史の発掘・再発見と文化の継承に努めています。
2013 年に公益財団法人に移行しました。

慈愛と福祉 岡山の先駆者たち 2

2020 年 6 月 1 日　第 1 刷発行

編 著 者　公益財団法人 山陽放送学術文化財団・編
　編集／石野常久　装丁・デザイン／小坂仁士
発 行 人　桑田 茂
発　　行　公益財団法人 山陽放送学術文化財団
〒 700-8580 岡山市北区丸の内二丁目 1 番 3 号（RSK 山陽放送株式会社内）
電話 086-225-5531　ファクス 086-225-5046
ホームページ　www.rsk.co.jp/company/zaidan.html
発　　売　吉備人出版
〒 700-0823 岡山市北区丸の内二丁目 11 番 22 号
電話 086-235-3456　ファクス 086-234-3210
ホームページ　www.kibito.co.jp
E メール　books@kibito.co.jp
印　　刷　株式会社三門印刷所
製　　本　日宝綜合製本株式会社

ISBN978-4-86069-624-5　C0021